Der Steuerberater als Krisenmanager

Ines Scholz/Steffi Köchy-Gellfart/Martin Klumpp/Paul Liese/Daniel Terwersche

Der Steuerberater als Krisenmanager

Unternehmen zukunftsorientiert begleiten

1. Auflage

Schäffer-Poeschel Verlag Stuttgart

Bibliografische Information der Deutschen Nationalbibliothek

Die Deutsche Nationalbibliothek verzeichnet diese Publikation in der Deutschen Nationalbibliografie; detaillierte bibliografische Daten sind im Internet über http://dnb.dnb.de/ abrufbar.

Print: ISBN 978-3-7910-5037-9 Bestell-Nr. 13033-0001
ePub: ISBN 978-3-7910-5038-6 Bestell-Nr. 13033-0100
ePDF: ISBN 978-3-7910-5039-3 Bestell-Nr. 13033-0150

Ines Scholz/Steffi Köchy-Gellfart/Martin Klumpp/Paul Liese/Daniel Terwersche
Der Steuerberater als Krisenmanager
1. Auflage, November 2020

www.schaeffer-poeschel.de
service@schaeffer-poeschel.de

Bildnachweis (Cover): © Gorodenkoff, Adobe Stock

Produktmanagement: Rudolf Steinleitner
Lektorat: Claudia Lange

Schäffer-Poeschel Verlag Stuttgart
Ein Unternehmen der Haufe Group

SCHÄFFER
POESCHEL **myBook**

Ihr Online-Material zum Buch
Für den praktischen Einsatz finden Sie als kostenloses Zusatzmaterial im Online-Bereich Checklisten, Fragebögen und weitere Arbeitsmittel zum Thema für den Praxisalltag.

So funktioniert Ihr Zugang

1. Gehen Sie auf das Portal sp-mybook.de und geben den Buchcode ein, um auf die Internetseite zum Buch zu gelangen.
2. Oder scannen Sie den QR-Code mit Ihrem Smartphone oder Tablet, um direkt auf die Startseite zu kommen.

SP myBook:
www.sp-mybook.de
Buchcode: 5037-KriSt

Vorwort

»Notwendigkeit setzt alle Gesetze außer Kraft.«
Aus China

Die Welt steht Kopf und hält den Atem an. Eine bis dahin nie gekannte weltweite Krise testet die Belastungsfähigkeit der Menschen weltweit und damit auch die Wirtschaft. Das Corona-Virus als Ursache für das Einfrieren des Alltags und weiter Teile der Volkswirtschaften rund um den Globus ist ein Belastungstest für unsere Unternehmen. Mit Generaltugenden der betriebswirtschaftlichen Grundsätze sowie Strategie- und Führungsansätzen wollen wir im Folgenden einen sehr praxisnahen Fahrplan für ungewisse Zeiten vorstellen. Das Heft des Handelns in die Hand zu nehmen, auch wenn wir noch nicht alle Fakten kennen, ist jetzt das Gebot der Stunde. Unternehmer müssen sich um Themengebiete kümmern, die womöglich in der Vergangenheit liegen geblieben sind, weil es ohnehin gut und stabil lief. Die Wahrscheinlichkeit, dass die aktuelle Situation für viele bis dato gesunde Unternehmen zum Stresstest werden wird, ist leider sehr hoch.

Dieses Buch von Praktikern für Praktiker will eine Navigationshilfe für die Steuerberatung sein, um wichtige Themenfelder sowohl in den Unternehmen der Mandanten als auch in der eigenen Kanzlei zu überblicken und mittels Situationsanalyse die individuell erforderlichen Schritte zu ermöglichen. Zudem wird nur eine zukunftsorientiert aufgestellte Kanzlei ihren Mandanten auch ein zukunftsweisender Berater sein. Es soll als Denkanregung und mit ausführlichen Praxisbeispielen und -bezügen Arbeitshilfe in einer Krisenzeit sein sowie Unterstützung und Orientierung für die anstehenden Aufgaben und möglichen Handlungsfelder bieten.

Ein Klassiker der Managementliteratur ist das kleine, leicht zu lesende Buch »Who moved my Cheese« von Spencer Johnson. Darin wird beschrieben, wie man, wenn es die Situation erfordert, seine Laufschuhe anziehen muss und sich zu neuen Maßnahmen und Entscheidungen bewegt. Ein solcher Zeitpunkt ist für viele Unternehmen im Jahr 2020 gekommen. Die Krise hat das Tempo der Veränderungen in der Welt enorm beschleunigt. Wir alle sollten deshalb unsere Laufschuhe schnüren und uns mit den alten und neuen strategischen Fragen beschäftigen. So kann unser Masterplan in Richtung erfolgreiche Zukunft gelingen.

Im Oktober 2020
Ines Scholz
Martin Klumpp
Steffi Köchy-Gellfart
Paul Liese
Daniel Terwersche

Inhaltsverzeichnis

1 Einleitung

»Probleme sind gute Gelegenheiten zu zeigen, was man kann.«
Duke Ellington

Die Corona-Pandemie hat das Unvorstellbare Realität werden lassen: ein Lockdown des öffentlichen Lebens, wie wir ihn nie zuvor erlebt haben. Welche Auswirkungen dieser Lockdown langfristig auf unsere Gesellschaft und insbesondere auf die deutsche Wirtschaft haben wird, kann derzeit niemand mit absoluter Sicherheit sagen. Von Woche zu Woche wird jedoch immer deutlicher, dass die mit dem Lockdown verbundenen Veränderungen im Zusammenleben und -arbeiten besonders die Digitalisierung in einem Maße pushen, wie es niemand für möglich gehalten hätte.

Wer sich nicht nur dieser Tatsache stellt, sondern die Themen aktiv aufgreift und seine Kanzleizukunft strategisch plant, wird zu den erfolgreichen Unternehmen der Zukunft gehören. Die fünf Autorinnen und Autoren dieses Buches – Steffi Köchy-Gellfart, Ines Scholz, Martin Klumpp, Paul Liese und Daniel Terwersche – hat eben dieses Interesse an Veränderungen zusammengeführt. Als Steuerberaterinnen und Steuerberater waren sie in der Krise an allen Fronten gefragt: Technische Unterstützung bei Anträgen auf Soforthilfe oder Krediten leisten, Steuerstundungen veranlassen, bei Anträgen auf Kurzarbeitergeld helfen, verlässliche Zahlen liefern und nicht zuletzt einfach Mut zusprechen. Nach vielen Wochen im Krisenmodus hat sich nun eine gewisse neue »Normalität« eingestellt und es kristallisiert sich sehr deutlich heraus, dass der Berufsstand des Steuerberaters gefragter ist denn je. Allerdings verändert sich die Art und Weise der Dienstleistung. Die Mandanten haben neue Erwartungen, was die Branche wiederum vor neue Herausforderungen stellt und das unter deutlich geänderten Bedingungen.

»Die Krise ist eine Chance. Punkt«, sagt Paul Liese, Mitautor dieses Buches und Compliance-Software-Spezialist aus Hamburg. »Chancen ergreifen statt schwarz sehen in diesen verrückten Zeiten – das gilt ganz besonders für unsere Branche. Wir haben das steuerrechtliche und betriebswirtschaftliche Know-how, das unsere Mandanten jetzt brauchen. Wir sind bereits nah dran am Mandanten. Wir kennen die Zahlen unserer Unternehmen. Wir haben schon eine vertrauensvolle Partnerschaft und viel Einblick in interne Abläufe und Prozesse. Jetzt ist die Zeit, daraus mehr zu machen und unsere Mandanten jenseits von Fragen der reinen Steuergestaltung zu begleiten.«

Liquidität und Finanzierung, Umsatz-, Ertrags- oder Finanzplanung – das können Steuerberater alles. Auch zur Existenzsicherung in der Krise, Risikofaktoren und Möglichkeiten einer Neuausrichtung bis hin zu Strategieüberlegungen können sie Kunden fachlich fundiert beraten und damit neue Aufgabenfelder erschließen, während andere Tätigkeiten durch den Digitalisierungsschub vielleicht schon morgen automatisiert stattfinden. Die schwierige Wirtschaftslage wird sich unzweifelhaft auch in der Steuerberatung bemerkbar machen: Geringere Umsätze bei den Mandanten, eventuell auch Mandatsverluste durch Insolvenzen – zeitverzögert werden auch Steuerkanzleien die Auswirkungen der Corona-Pandemie und die dadurch befeuerte Rezession zu spüren bekommen. Doch gerade in der Krise zeigt sich auch, dass betriebswirtschaftliche Beratung und Controlling nie so wichtig waren wie heute. Mandanten brauchen einen soliden Gesprächspartner für fundierte, mitunter auch harte Entscheidungen. Die Zukunft gehört den flexiblen Unternehmensberatern, die kaufmännisches Faktenwissen mit neuen Methoden verbinden und das klassische Steuerberatergeschäft weiterentwickeln.

Gute Unternehmen machen eines: Sie stellen sich permanent in Frage. So gesehen ist Corona im Grunde genommen nur das Stichwort dafür, dass sich die Spielregeln mit einer sehr hohen Dynamik verändert haben und sich weiter verändern werden. Damit haben wir die Aufgabe, noch intensiver und in noch kürzeren Zeitintervallen zu hinterfragen, welchen Nutzen wir bei unseren Kunden stiften und welche Aufgaben wir künftig erfüllen wollen. Corona hat also nicht die grundsätzliche Aufgabe neu gestellt, sondern nur die Geschwindigkeit der Veränderung beschleunigt. Nun heißt es, die Weichen klug zu stellen. Viele Neukundenanfragen in der Krise resultierten übrigens daraus, dass jene Unternehmen nun merkten, wie schlecht sie in der Vergangenheit betreut worden waren. Das bestätigt uns Autoren umso mehr in unserem Tun, weil wir schon seit langem auf echte und umfassende Beratung der Unternehmen setzen und entsprechend Beratung, Umstrukturierungen, Strategieentwicklung und IT-Projekte einen ansehnlichen Teil unseres Geschäftes ausmachen.

Der Digitalverband Bitcom hat festgestellt, dass die ersten beiden Monate der Corona-Krise die Digitalisierung in Deutschland über zwei Jahre nach vorne gebracht haben. Wer jetzt – auch in der Steuerberaterbranche – immer noch nicht verstanden hat, wie wichtig Digitalisierung ist, der sollte schlichtweg den Beruf wechseln. Auch früher ablehnend eingestellte Kunden akzeptieren auf einmal das Thema Online-Kommunikation. Vorher hieß es oft: »Nein, komm' mal lieber her, wir wollen uns persönlich gegenübersitzen in der Besprechung.« Quasi über Nacht ist es nun aber das Normalste der Welt, in Online-Meetings schnell und effizient miteinander zu kommunizieren. Die Vergangenheit als Ausrede zählt nicht mehr. Aussagen wie »Das haben wir schon immer so gemacht« oder »Unsere Mandanten möchten das nicht«, die immer wieder auf vermeintliche Hindernisse verwiesen haben, sind nicht mehr zu hören. Damit sind wir genau am richtigen Zeitpunkt angelangt, um alles neu zu überdenken und nicht mehr nur auf die Vergangenheit abzustellen.

Stillstand ist Rückstand. In diesem Sinne haben wir im Folgenden die relevanten Themen für zukunftsorientierte Kanzleistrukturen und Mandantenberatung zusammengestellt und unsere eigenen Erfahrungen mit eingebracht. Ein Fahrplan in Ihre erfolgreiche Zukunft, nicht nur in Krisenzeiten.

2 Mit dem Zwölf-Punkte-Aktionsplan ins Handeln kommen

von Ines Scholz

> *»Ungewissheit ist gerade die Bedingung, die den Menschen zur Entfaltung seiner Kräfte zwingt.«*
>
> Erich Fromm

Als selbstständige Steuerberaterin bin ich seit vielen Jahren auf Themen der Digitalen Buchhaltung, des Controllings, der KMU-Beratung und Unternehmenssteuerung spezialisiert. Unser Krisen-Aktionsplan für Unternehmen hilft ad-hoc, die eigene Lage zu sondieren und anhand von Fakten fundiert und schnell Entscheidungen zur Krisenbewältigung abzuleiten. Diese zwölf konkreten Schritte helfen Unternehmen, handlungsfähig zu bleiben. Es ist sozusagen das Essential unseres Krisenkonzepts auf wenigen Seiten zusammengefasst.

Die zwölf Punkte im Überblick:

1. Bestandsaufnahme und Risiko-Check
2. Aktualität der Zahlen sicherstellen
3. Cash ist King – Fahrplan für Liquiditätsmanagement
4. Deine Mitarbeiter sind dir anvertraut – sorge gut für dein Team
5. Kunden- und Lieferantenfokus – Zeit für das »Mehr« an Aufmerksamkeit
6. Einsparpotenziale im Unternehmen entdecken
7. Die Unternehmenszahlen genau steuern und Änderungen simulieren
8. Reporting aufbauen
9. Die Kraft der Zielplanung nutzen – während der Krise auf Quartalsebene
10. Stelle einen detaillierten Unternehmens- und Finanzplan für das Unternehmen auf
11. Maßnahmen, Mitarbeitervereinbarungen und Umsetzungspläne priorisieren – gib den Zielen feste Termine
12. Umsetzung und Follow-up

Bei allen Maßnahmen gilt: **Kommunikation und Information first**! Wenn Sie diese zwölf Schritte abarbeiten, haben Sie in Sachen Notfallmanagement schon viel getan und können auf einen minimalistischen Fahrplan für Krisenszenarien zurückgreifen.

2.1 Punkt 1 – Bestandsaufnahme und Risiko-Check

In jeder schwierigen Situation ist es wichtig, schonungslos Bilanz zu ziehen und herauszufinden, wo man mit seinem Unternehmen aktuell steht. Dabei sollten Unternehmer in der Lage sein, möglichst mittels verschiedener Kriterien, die auch im Unternehmensrating der Banken eine Rolle spielen, eine eigene Einschätzung der Lage vorzunehmen. Wenn das Unternehmen dazu noch einige Mitarbeiter, die verantwortliche Führungspositionen innehaben, parallel befragt, ergibt sich ein sehr reales Bild der aktuellen Ausgangslage. Die Erfolgskriterien für Unternehmen sind allgemein bekannt und können über verschiedene Fragebögen und Tests ermittelt werden. Wir haben uns dazu entschieden, einen der EFQM-Methodik (von der European Foundation for Quality Management entwickeltes Qualitätsmanagement-System) angelehnten **Fragebogen für Unternehmer** zu entwickeln. Hierbei werden die verschiedenen Verantwortungsbereiche im Unternehmen dezidiert befragt: Es kann vom Unternehmen eine Bemerkung und eine sofortige Priorisierung des jeweiligen Themas vorgenommen werden. Die gemessenen Bereiche sind eher im »weichen« Bereich der nicht sofort messbaren Faktoren angesiedelt. Es erfolgt eine subjektive Einschätzung der erfolgsrelevanten Faktoren. Die Tabellen zu unserem Fragebogen und eine **Checkliste zum Corona- bzw. Krisenrisiko** finden Sie im Anhang und online auf SPmyBook (siehe Hinweis ganz vorne im Buch) zum Download und Einsatz in der Praxis.

Interessante Ergebnisse erhält man im Abgleich zwischen der Einschätzung der Firmenleitung und der befragten Mitarbeiter. Hier ergibt sich oftmals Klärungsbedarf, warum unterschiedliche Sichtweisen auf ein und dieselbe Frage vorhanden sind. Was kann man zur gegenseitigen Aufklärung beitragen? Welchen Stand haben wir wirklich im Unternehmen? Das Ergebnis kann in eine SWOT-Analyse münden, die im Folgenden noch näher beleuchtet wird.

2.2 Punkt 2 – Aktualität der Zahlen sicherstellen

Der zweite Teil der Analyse beschäftigt sich mit den sogenannten harten Faktoren. Hier sind auch die Bilanzkennzahlen vom letzten Geschäftsjahr, der letzte Stand des Bankenratings gemeint. Das allerdings nur als Vergleichsmaßstab für das aktuelle Jahr und den tagesaktuellen Stand der Zahlen aus der Buchhaltung, dem Mahnwesen und die aktuellen Auftragsstände. Wie viel Kapazität hat das Unternehmen? Wie sind Auslastung und Auftragslage?

Im Bereich der Analyse der Wirtschaftlichkeit des Unternehmens sollten die letzten sechs Monate als Anhaltspunkt dienen, um die Umsatz- und Kostensituation realistisch einzuschätzen. Wer seine Vorjahresbilanz noch nicht aufgestellt hat, sollte dies zügig nachholen. Auch hier gilt es, sich über die bestehende Ist-Situation ins Bild zu setzen, um den Handlungsrahmen erkennen. Es kommt derzeit sehr darauf an, wirtschaftlich stabil aufgestellt zu sein und ein gutes Bankenrating zu haben. Wer um seine Firmengesundheit weiß, kann daraus ableiten, wie stressresistent sich das Unternehmen in bestimmten Szenarien behaupten wird. In Krisenzeiten ist es das Gebot der Stunde, eine **zeitnahe Auswertung aller relevanten Zahlen**, Daten und Fakten zu organisieren. Es reicht keinesfalls, die Buchhaltung vierzig Tage nach Monatsschluss zu erledigen und auch die offenen Rechnungen gehören mindestens wöchentlich überwacht. Gut ist es, wenn die Unternehmen ohnehin ihre Abläufe digital organisiert und zeitlich gestrafft haben. Auch für Unternehmen, die ihre Buchhaltung extern durch Steuerberater und Buchführungsservice bearbeiten lassen, ist die zeitnahe Buchhaltung/Wochenbuchhaltung Pflicht und in modernen Kanzleien längst etablierte Arbeitsweise.

Wer in der Vergangenheit bisher keine aussagefähige **Kostenrechnung** im Unternehmen hatte, tut gut daran, diese nun im Unternehmen neu zu etablieren. Der genaue Überblick, in welchen Bereichen Geld verdient oder verloren wurde, ist elementar. Die Kostenrechnung kann über die Buchhaltung relativ einfach mit erstellt werden. Der Aufwand ist eher begrenzt, der Nutzen der gewonnenen Detailinformationen aber besonders hoch.

2.3 Punkt 3 – Cash ist King: Liquiditätsmanagement wahrnehmen

Cash ist der Sauerstoff für das Wachstum und die Stabilität eines Unternehmens. Die Zahlungsfähigkeit ist die Voraussetzung für die Marktteilnahme. Sie ist sozusagen die Eintrittskarte zum Mitspielen. Dabei gelten derzeit in der Corona-Krise ganz besondere Regeln und es gibt eine Vielzahl von Förder- und Finanzierungsangeboten. Das Management von Zahlungsmitteln hat in unsicheren Zeiten oberste Priorität. Die alte Formel **»Liquidität vor Rentabilität«** hat heute noch größere Bedeutung als in der Vergangenheit. Auch die Signalwirkung auf Kunden, Lieferanten, Mitarbeiter und Kreditgeber muss bedacht werden. Vertrauen in die Solidität des Unternehmens braucht es gerade in schwierigen Zeiten. Unternehmen tragen laut Gesetz das Betriebsrisiko. Nach der Betriebsrisikolehre sind Arbeitgeber unabhängig von äußeren Ursachen immer dafür verantwortlich, beispielsweise den Mitarbeitern deren Lohnansprüche zu vergüten. Zur Abmilderung dieser Norm wurde die Kurzarbeitergeld-Regelung für unsere Unternehmen zwar praktikabel verbessert, die grundsätzlichen Verpflichtungen bleiben aber jedem Arbeitgeber erhalten.

Wie viel **Finanzmittelreserve** benötigt aber nun ein Unternehmen im Normalfall? Das kann so pauschal nicht beantwortet werden. Alte Grundsätze geben uns jedoch eine Orientierung von ein bis zwei Monaten Barliquidität. Die Mittel sollten ausreichen, um für diesen Zeitraum alle anfallenden Kosten zu decken, wenn parallel keinerlei Einnahmen mehr entstehen. Es empfiehlt sich in jedem Fall, hierfür eine neue **Kennzahl** zu tracken: Wie viele Tage reichen die Barmittel des Unternehmens, um die anfallenden Kosten zu decken?

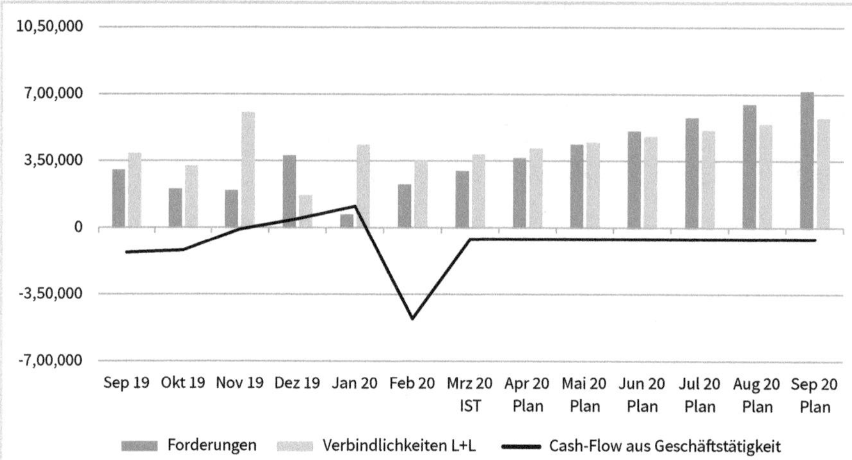

Abb. 1: Liquiditätsplanung (Quelle: eigene Darstellung)

Um die Liquidität der Unternehmen zu stärken, haben sich die EU, der Bund und die Länder förmlich überboten, um Hilfspakete für ein mehr an Liquidität zu schaffen. Es gibt Fördermittel, einige wenige als echten Zuschuss für Kleinstunternehmen und sehr viele Kreditoptionen. Was aber, wenn neue Darlehen nicht aufgenommen werden können, weil die Rückzahlungsfähigkeit der Unternehmen nicht ausreicht? Helfen die Bürgschaftsprogramme und Kreditangebote tatsächlich unter Beibehaltung des Hausbanken-Prinzips?

Dass es der EU und unserer Regierung sehr ernst ist, die Liquidität der Unternehmen zu stärken, erkennt man daran, dass auch das Finanzamt auf Zahlungen verzichtet. In nie da gewesener Großzügigkeit können Betriebe ihre fällig werdenden Steuern zinslos bis zum Jahresende stunden. Die geleisteten Umsatzsteuer-Vorauszahlungen der Dauerfristverlängerung können zurückgeholt werden. Das alles funktioniert dann, wenn man erklärt, dass man von Corona in nicht unerheblichem Ausmaß betroffen ist. Allerdings ist es auch das Gebot der Zeit, die Höhe der insgesamt gestundeten Beträge mit den Fälligkeiten aufzuzeichnen und Rücklagen für deren Zahlung anzusparen.

2.4 Punkt 4 – Sorge gut für dein Team

Die Menschen sind der wichtigste Erfolgsbestandteil von Unternehmen. Hier kommt es auf wahrnehmbare Arbeitgeberfürsorge für die Mitarbeiter an. Welche Regelungen gelten in der Krise? Wie halten Unternehmen Kontakt zu den Mitarbeitern? Welche Schutzmaßnahmen wurden getroffen? Das Allerwichtigste aber ist, die **Kommunikation im Unternehmen** lebendig zu halten und mit den Mitarbeitern auch über räumliche Distanz, etwa im Homeoffice, im Gespräch zu bleiben.

Exkurs Kurzarbeit

Zu den wichtigsten Arbeitgeberpflichten zählt die pünktliche und sichere Zahlung der Löhne. Bereits im vorherigen Abschnitt haben wir über das Betriebsrisiko des Arbeitgebers als elementare BGB-Regel gesprochen. Die Kurzarbeitergeld-Regelung ändert daran nichts, soll aber die Unternehmen effektiv und wirksam entlasten. Damit müssen die vollen Lohnkosten nicht selbst getragen werden und helfen so, womöglich länger am Markt »durchzuhalten«. In Zeiten von allgemeinem Fachkräftemangel und dem Wettbewerb um die besten Köpfe der Branche gibt es hier Gelegenheit, sich mittels pünktlicher Zahlungen, großzügiger Regelungen, transparenter Kommunikation und Einbeziehung der Mitarbeiter positiv abzuheben. Anderenfalls werden wir die guten Mitarbeiter bei Unsicherheit über die Zahlungsfähigkeit und Robustheit des Arbeitgebers verlieren, die weniger guten Mitarbeiter hingegen werden bleiben.

Entscheidungen, ob und in welchem Ausmaß Kurzarbeit beantragt wird, sollte immer klar kommuniziert werden. Ebenso ob und wie hoch etwaige Aufstockungsbeträge durch das Unternehmen zum Kurzarbeitergeld gezahlt werden. Wie gehen wir mit Mitarbeitern im Homeoffice um? Welche Regeln gibt es? Wie geht es Eltern, die ihre Kinder zu Hause wegen der Schulschließungen ganztags betreuen mussten? Wollen wir sie wirklich in dann notwendige Nachtschichten zwingen, wenn tagsüber in vielen Fällen kaum ein normaler Acht-Stunden-Tag realistisch ist? Welche Möglichkeiten haben wir, eine erträgliche Situation für alle Seiten zu schaffen?

Kommunikation

Sorgen Sie für eine offene Kommunikation und Transparenz Ihrer Entscheidungen. Ihre Mitarbeiter sind durch Kurzarbeit möglicherweise existentiell ebenso bedroht wie Ihr Unternehmen. Sie brauchen dann Führung und Vertrauen in die wirtschaftliche Stärke und Wandlungsfähigkeit ihres Arbeitgebers. Es ist eine Chance, die Mannschaft werteorientiert auf ein gemeinsames Commitment zu verpflichten. Wir haben erlebt, wie die Menschen in den Kliniken, Arztpraxen und Pflegeheimen ihren Teil der Verantwortung oftmals ohne vernünftige Arbeitsmittel übernommen haben. Eine hohe Arbeitsmoral und hohe ethische Grundsätze helfen, auch im Ausnahmezustand weiterzumachen und sein Bestes zu geben.

Es gibt ein Sprichwort, nach dem Krisen »Chancen in Arbeitskleidung« sind. Nutzen Sie die Chance, Ihre **Mitarbeiter als starke und verantwortungsvolle Menschen in den notwendigen Veränderungsprozess einzubinden**. Versuchen Sie, die bisher bestehende Firmenkultur weiter hochzuhalten und fortzuentwickeln. Seien Sie transparent und berechenbar für Ihr Team und kümmern Sie sich in dieser Ausnahmezeit ganz besonders um das Wohlergehen der Mitarbeiter und ihrer Familien. Seien Sie achtsam und fürsorglich. Noch nie war die Bedrohung durch den Tod oder der Verlust von Sicherheit für viele von uns so nah und omnipräsent wie in dieser Pandemie. Normalität zu spielen wird hier genauso wenig die Lösung sein wie in Vogel-Strauß-Manier in Schockstarre zu verfallen.

Führung
In Krisenzeiten sind die Tugenden guter Führungskräfte besonders gefragt. Ihre Mitarbeiter brauchen Halt und Orientierung. Sie sollten **aus Betroffenen Beteiligte machen** und klar und aufrichtig miteinander kommunizieren. Konsequent sollten Führungskräfte für die Einhaltung von Vereinbarungen und Standards sowie der Zielvereinbarung und Ergebnisfokussierung sorgen und so alles tun, um Mitarbeiter vor Ziellosigkeit und Verunsicherung zu bewahren. Überlegen Sie sich Aufgaben- und Rollenverteilungen. Auch in Zeiten von Homeoffice sollten die Chefs Kontakt zu Ihren Mitarbeitern halten und Meilensteine abstimmen. Die **internen Reportings** können dabei als Führungsinformationstool unterstützen. Gehen Sie mit gutem Beispiel voran, um die Situation zu meistern. Bedanken Sie sich bei Ihren Mitarbeitern für Arbeitsmoral und gute Leistungen. Gerade jetzt braucht es sehr viel Anerkennung und Wertschätzung durch die Führungskräfte – wohl wissend, dass diese derzeit einen besonders schwierigen Job haben.

2.5 Punkt 5 – Im Fokus: Kunden, Lieferanten und Banken

Ein weiterer wichtiger Aspekt ist das Vertrauen Ihrer Kunden in Ihre nachhaltige finanzielle Stabilität. Das Vertrauen, dass Ihre Kunden in Sie setzen, gilt meist der langfristigen und nachhaltigen Zusammenarbeit. Sollten Ihre Geschäftspartner den Eindruck haben, dass Ihr Unternehmen stark angeschlagen ist und die Zukunft für Sie als ungewiss einschätzen, gehen Kundenaufträge und Bestellungen sehr schnell zurück. Angeschlagene Lieferanten und wichtige Geschäftspartner könnten so die wirtschaftliche Existenz der Kunden gefährden. Deshalb wechseln in unruhigen Zeiten auch gern einmal Hauptkunden zur Konkurrenz. Vorsicht ist also geboten.

Hier schafft die ABC-Analyse einen Überblick über die **besten Kunden**, denen Sie sich dann mit dem Fokus auf mehr Kundenbindung widmen können. Gerade in der Krise kann sich die besondere Service- und Leidenschaftskultur eines Unternehmens zeigen. Die Kundenakquise kann sogar durch das Versagen anderer Marktteilnehmer begünstigt werden. Mein Plädoyer ist daher: Mehr für Kundenaufmerksamkeit und Vertrieb tun als vorher – wenn es die Branche erlaubt.

Auch **Lieferanten** haben jetzt einen besonderen Stellenwert für Unternehmen. Sie sollten weiterhin zuverlässig die bezogenen Waren und Dienstleistungen pünktlich und vollständig bezahlt bekommen. Wenn Teile der Kundenforderungen sich als unsicher erweisen, wird Ihre Belieferung ganz oder teilweise eingestellt. Die Lieferanten müssen sich selbst schützen und können und werden nicht auf langlaufende Kreditierung ihre Waren und Leistungen abgeben können. Auch die Warenkreditversicherer lassen in der Wirtschaftskrise allergrößte Vorsicht walten. Ein ungesunder Kreislauf beeinträchtigt den gesamten Prozess.

Banken bewerten und benoten Unternehmen. Das **Bilanzrating** und der **Risiko-Score** geben Auskunft über die Einstufung des Kunden hinsichtlich Kreditwürdigkeit und Zahlungsfähigkeit. Die Kapitaldienstgrenze der Unternehmen stellt von jeher einen wichtigen Indikator für mögliche Kreditrahmen dar. Bei Verschlechterung der Zahlungsfähigkeit kann es passieren, dass auch die Bank ihr Engagement überdenkt und die gegebenen Sicherheiten neu bewertet. Fatal wäre es, wenn die Kreditgeber ihre Kontokorrentlinien widerrufen und damit den Liquiditätsengpass erhöhen. Trotz derzeit umfangreicher Liquiditätshilfen braucht es für viele derartige Mittel die Begleitung der Hausbank. Unternehmen mit einem schlechten Score werden so auch den Zugang zu den staatlich gestützten Darlehen nicht erhalten. Es birgt also auch hier eine reale Gefahr, den Liquiditätsbedarf nicht ausreichend im Blick zu haben. Banken verteilen die Regenschirme bei Sonnenschein – wenn es aber regnet, wird der ein oder andere Schirm auch gern einmal eingezogen. Noch dazu haben es die Banken ebenso mit einer existenziellen Bedrohung zu tun. Die Folgen der Pandemie sind auch im Finanzmittelsektor derzeit nicht abzusehen.

2.6 Punkt 6 – Entdecke Einsparpotenziale im Unternehmen

Die Vertrags- und Kostensituation sollte von allen Unternehmen in den Fokus genommen werden. Es gilt, das eigene Unternehmen in Richtung Lean-Management bewusst zu verschlanken. Das bedeutet, den Fokus so auf die bisherigen Kosten zu richten, dass mögliche Einsparpotenziale sichtbar gemacht werden. Auf dieser Basis sollen Entscheidungen getroffen werden, die Unternehmen schlanker und flexibler werden lassen.

Dafür gibt es ganze Berater-Hundertschaften, die in größeren Unternehmen die Einsparpotenziale durchforsten und benennen. Das ist hier ausdrücklich nicht gemeint. Es geht wieder einmal darum, anhand der eigenen Kosten im Mehrjahresvergleich eine Ist-Analyse zu erstellen und dann klug abzuwägen, ob und welche Kosten künftig eingespart werden können.

Zur einfachen Analyse der einzelnen Bereiche empfiehlt es sich, die **Buchführung der letzten zwei oder drei Jahre** zu nehmen und die einzelnen **Sachkonten zu prüfen**. Ein weiterer wichtiger Schwerpunkt ist das **Vertragscontrolling**. Haben Sie im Unternehmen beziehungsweise für Ihre Mandanten eine Aufstellung über alle Verträge mit Laufzeiten und Kündigungsterminen? Gibt es Übersichten über Versicherungen und deren Leistungsinhalte? Liegt eine aktuelle Fuhrparkliste mit Detailangaben zu Verträgen und Nutzern vor? Gibt es Übersichten über Firmenhandys sowie Zeitschriften- und Software-Abonnements? Wenn nicht, dann sollte damit noch heute begonnen werden. Es lohnt sich. Und zwar nicht nur in Krisenzeiten.

2.7 Punkt 7 –Unternehmenszahlen genau steuern und Änderungen simulieren

Beim Status quo und der Ermittlung der aktuellen Zahlen sollte der Fokus auf gut lesbare und verständliche Informationsbereitstellung gelegt werden. Diese Zahlen sind unverzichtbar, um eine flexible Steuerung zu schaffen. Es empfiehlt sich, die Liquiditätsströme der letzten sechs Monate zu analysieren. Dabei sollte die dynamische **Cashflow-Rechnung** herangezogen werden. Wer den Überblick hat, welche Einzahlungen und Auszahlungen im Normalbetrieb monatlich gelaufen sind, kann abschätzen, welche Monatsausgaben anfallen und wie hoch die Bargeldreserven sein müssen, um etwaige Rückgänge von Umsätzen und Einzahlungen zu verkraften. Dabei kommt es darauf an, neben den Kontoguthaben auch die offenen Kundenforderungen zu kennen und deren fristgerechte Zahlung zu forcieren. Weiter gilt es zu prüfen, ob und in welcher Höhe noch nicht ausgeschöpfte Kredit-/Kontokorrentlinien bei der Bank bestehen. Gibt es Möglichkeiten der Gesellschaftereinlage von Geldern?

Der wichtigste Faktor in Krisenzeiten ist die Zahlungsfähigkeit und die Flexibilität des Unternehmens hinsichtlich des Handlungsrahmens. Ist die Zahlungsfähigkeit nicht mehr gegeben, drohen Insolvenz, eine jahrelange Abwärtsspirale und irgendwann das endgültige Aus. Es empfiehlt sich, für das eigene Unternehmen einen Stresstest zu simulieren: Was passiert, wenn ein Umsatzrückgang von X % zu verkraften ist? Wie hoch muss der kostendeckende Stundensatz bei den Fertigungslöhnen sein? Welche Auswirkungen hat eine Preiserhöhung meiner Lieferanten auf das eigene Unternehmen? Die zehn entscheidenden Hebel zur Ergebnisverbesserung werden an anderer Stelle noch ausführlicher vorgestellt. Ich bin davon überzeugt, dass jedes Unternehmen aus dieser Simulation neue Erkenntnisse zieht, was das eigene Pricing und die Verhandlungspositionen im Einkauf und Absatz anbelangt. Die verschiedenen Ansatzpunkte können auch kurzfristig für einen besseren Cashflow sorgen. Wenn die Dinge transparent sind, weiß man, warum zum Beispiel 2 % Skonto für manches Unternehmen eine Katastrophe sein können. Die zehn Simulationen, die sich in der Praxis vereinfacht schematisch berechnen lassen, sind:

1. Preiserhöhung
2. Stundensatz erhöhen
3. Höhere Verkaufsmenge
4. Herstellungskosten/Direkte Kosten senken
5. Betriebsausgaben reduzieren
6. Forderungen effizienter eintreiben
7. Kunden Skonto gewähren
8. Optimierte Lagerhaltung/Umlaufbestand reduzieren
9. Zahlung von Verbindlichkeiten verzögern
10. Skonto ausnutzen

2.8 Punkt 8 – Reporting aufbauen

Nie war Controlling wichtiger als heute. Wenn Unternehmen in ungewissen Zeiten mit absoluter Sicherheit zuverlässig wissen, wo sie gerade stehen und ob die notwendigen Ziele erreicht wurden, ist viel getan, um krisenfester in die Zukunft blicken zu können. Zugegeben: Garantien aus dem Controlling der Vergangenheit lassen sich nicht für die Zukunft geben. Aber zumindest ist man auf unterschiedliche Eventualitäten bestmöglich vorbereitet.

Geschäftsführer und Inhaber sind häufig eng in das operative Tagesgeschäft eingebunden. Sie haben in der Regel wenig Zeit, ihrer Führungsaufgabe jederzeit und gegenüber allen Mitarbeitern gerecht zu werden, jeden Mitarbeiter ausreichend zu informieren und Entwicklungen im Unternehmen am Puls der Zeit aufzunehmen. Doch so wie Sie ihre betrieblichen Kennzahlen regelmäßig im Blick behalten sollten, ist auch ein umfassender **Überblick über die Abläufe und Kernprozesse** im Unternehmen wichtig. Hier kann ein monatliches Berichtswesen für die jeweiligen Verantwortungsbereiche helfen. Vordefinierte Fragen zu den wichtigsten Geschäfts- und Entwicklungsbereichen werden durch die Abteilungsleiter/Teamleiter monatlich beantwortet und gewährleisten so eine stetige Fokussierung auf relevante Themen. Mit Hilfe dieses Reportings lässt sich auch die Erreichung der gesteckten Ziele kontrollieren. Es ermöglicht rechtzeitige Gegenmaßnahmen und dient als Gesprächsgrundlage für die Termine der Führungsebene. Dabei sollten Monatsberichte alle wichtigen Themen von klassischen Umsatz- oder Kostenzielen über Qualitätssicherung, Mitarbeiter- und Kundenthemen bis hin zu Prozessorganisation und Jahreszielplanung beinhalten. Unternehmen, die eine Balanced Scorecard implementiert haben, sollten diese auch zum Gegenstand des Reportings machen.

Ein Beispiel zum Monatsreporting finden Sie online auf SPmyBook (siehe Hinweis ganz vorne im Buch).

2.9 Punkt 9 – Nutze die Kraft der Zielplanung auf Quartalsebene

Ein gutes Reporting ist wichtig und trotzdem nur die halbe Miete, weil wir damit »nur« die Vergangenheit analysieren. Was uns jetzt noch fehlt, ist der Blick in die Zukunft. Während in der Vergangenheit die Jahreszielplanung ein gutes Instrument der kraftvollen Umsetzung von Jahreszielen sein konnte, kommt nun der Wochen- und Quartalsplanung eine besondere Wirkungskraft zu. Fest steht, dass viele der verabschiedeten Jahrespläne der von Corona betroffenen Unternehmen im Jahr 2020 hinfällig geworden sind. Nun ist der Wochen- und Quartalsplan auf die Tatkraft der vielen notwendigen kleinen Schritte abgestellt. Er gibt zudem den Mitarbeitern ein Messinstrument an die Hand, mit dessen Hilfe wieder Überblick, Orientierung und auch eine angepasste Ergebniserreichung im Fokus stehen. Dabei kommt es darauf an, den Status quo des Unternehmens mittels relevanter Analysen und Kennzahlen für sich selbst zu reflektieren und das Krisenmanagement, neue Projekte, wichtige Vorhaben und Prioritäten wieder fest in der Agenda zu verankern. Hilfreich dabei kann ein (externer) Sparringspartner sein. Elementar hilfreich ist es, mindestens vierteljährlich einen Zielabgleich zu relevanten Themenfeldern der selbst ausgewählten Zielsetzungen vorzunehmen. Folgende **Kategorien der Zielüberwachung** haben sich bewährt:

- Mitarbeiter
- Finanzen
- Kunden
- Prozesse
- Investitionen
- Vertragsänderungen
- Umsatzplanung 12-Wochen-Vorschau
- Meilensteinplanung 12-Wochen-Vorschau
- Festlegung nächste Schritte

Ob regelmäßige Mitarbeiter-Informationen mit Auswertung der eigenen Zahlen bereits gelebte Praxis sind oder das regelmäßige Review-Meeting mit der unternehmenseigenen Buchhaltung – wichtig ist, einen Termin zu haben und diesen einzuhalten. Nur wenn man den eigenen Zahlen Aufmerksamkeit schenkt, können sich Dinge verbessern und verändern. Selbstbestimmung im unternehmerischen Handeln mündet in gute Betriebsergebnisse und solide Bilanzen. Dafür braucht es allerdings Zeit, Raum und Durchhaltevermögen. Wer dieses Vorgehen im Unternehmen implementieren möchte, sollte sich mit der OKR-Methode oder 4DX-Methode näher befassen – mehr dazu in Kapitel 11, Beratungsansätze von A bis Z.

2.10 Punkt 10 – Stelle einen detaillierten Unternehmens- und Finanzplan auf

Wenn die »grobe« Richtung gemäß Punkt 9 feststeht, geht es an die Feinplanung. In diesem Schritt verknüpfen wir unsere Zahlen, Daten und Fakten aus den Vorjahren des Unternehmens mit dem Blick nach vorn. Eine detaillierte Planungsrechnung erfolgt also auf Grundlage von Vergangenheitswerten unter Beachtung der bereits bekannten Veränderungen des kommenden Geschäftsjahres sowie der Fortschreibung der Erlöse und Kosten. Es sollte also eine vorausschauende Sechs-Monatsplanung der Umsätze und Kosten vorgenommen werden. Trotz grober Unterstellungen und vieler Unsicherheiten (keiner kann wirklich wissen, was dieses Jahr bringen wird) sollten Sie gemeinsam mit Ihren Mandanten eine Planungsrechnung erstellen. Wir wissen, dass im derzeitigen Stadium (Jahresmitte 2020) noch niemand sagen kann, ob sich die Wirtschaft nach dem Lockdown tatsächlich schnell erholen wird.

Dennoch muss ein Plan aufgestellt und Monat für Monat erneuert werden. Skeptiker sagen, dass Pläne nur den Zufall durch Irrtum ersetzen würden. Aktuell ist der Plan aber (am besten mit Worstcase-, Bestcase- und Realcase-Szenarien) das beste Mittel zur Verteidigung und Findung einer Strategie. Man muss wissen, wie viel Umsatz es braucht, um die notwendigen Fixkosten zu decken. Man braucht Kenntnis über den Mindestgewinn, den Break-Even und die notwendigen Zahlungen für Darlehenstilgungen und Dauerverträge wie Miete und Versorgungen. Welche Auswirkungen ergeben sich für den Gewinn? Reicht die Liquidität, um die geplante Anschaffung zu realisieren? Auch hier tun es zunächst recht einfache Berechnungen, um einen Überblick zu gewinnen. Es geht hierbei nie um absolute Perfektion, sondern um die Idee des überschlägigen Rechnens, um schnell ins Handeln zu kommen. Entscheidungen müssen getroffen werden. Anhand der kalkulierten Fakten lässt sich so manche Unsicherheit in Gewissheit auflösen. Planungsrechnungen per se sind eher eine betriebswirtschaftliche Trockenübung. Kraft bekommen diese Berechnungen immer dann, wenn das Unternehmen Soll/Ist-Abgleiche vornimmt und eine Ertragshochrechnung auf Basis der Ist-Monate zuzüglich der noch offenen Planmonate erstellt. Dies sollten besonders Unternehmen mit einer dünnen Kapitaldecke tun.

2.11 Punkt 11 – Priorisiere Maßnahmen, Mitarbeitervereinbarungen und Umsetzungspläne

Wenn die einzelnen Punkte, deren Veränderung man anstoßen will, und die Unternehmensplanung klar sind, sollte terminiert und priorisiert abgearbeitet werden. Welche Maßnahmen sind von wem zu erledigen? Was können einzelne Mitarbeiter oder Abteilungen tun, um die angestrebten Ergebnisse und Veränderungen zu bewirken? Führungskräfte sollten sich die notwendige Zeit für eine Ziel- und Umsetzungsplanung nehmen und sich regelmäßig einige Fragen hinsichtlich Verbesserung und notwendiger Veränderungen stellen. Mögliche Themen – wobei sich die Liste selbstverständlich fortsetzen ließe – sind:

- Welche beruflichen Ziele haben wir?
- Welche Umsätze, Gewinne und Kosten erwarten wir?
- Ist unser Bilanz-Rating gut/sehr gut?
- Sind Organisation und Investitionsausstattung gut?
- Wie können wir unser Kapital/unsere Finanzierung verbessern?
- Nutzen wir unsere besonderen Stärken und bauen damit unseren Vorsprung konsequent aus?
- Wie können wir die eigene Wettbewerbsfähigkeit verbessern?
- Betreiben wir konsequent eine kontinuierliche (Prozess-)Verbesserung?
- Welches Know-how fehlt uns beziehungsweise wollen wir entwickeln?
- Wie ist unsere Mitarbeitersituation (Fluktuation, Auszubildende, ältere Arbeitnehmer)?
- Was können wir für Kontinuität und gleichbleibende Leistungen tun?
- Hat das Unternehmen eine Corporate Identity bzw. einen stimmigen Außenauftritt?
- Wird das bestehende Netzwerk ausreichend gepflegt und aktiv genutzt?
- Welche Nutzenverbesserung für unsere Kunden streben wir an?
- Welche Nutzenverbesserung für unsere Mitarbeiter streben wir an?

Nur wenn ambitionierte und zugleich auch realistische Ziele vorgegeben sind, behält man als Unternehmen den Vorsprung am Markt und die eigene Konkurrenzfähigkeit.

2.12 Punkt 12 – Umsetzung und Follow-up

Es ist wichtig, Strategieplanung als wirksames Instrument der Krisenbewältigung zu nutzen und den Mitarbeitern so Orientierung und Handlungsoptionen zu geben. Die Lösung hat drei Buchstaben: TUN. Bei allen Planungsroutinen ist das Gebot der Schriftlichkeit und Transparenz zu beachten. Wer seine Ziele und Entscheidungen schriftlich fixiert, ist um einiges erfolgreicher als diejenigen, deren Ziele nur in den Köpfen der Chefs existieren. Eine gemeinsame Ergebnisfokussierung setzt Synergien und Teamkräfte frei. Der Sinn jeder Unternehmensplanung besteht in der Umsetzungskontrolle der selbst gesteckten Ziele. Dabei ist erwiesen, dass man selbst gesetzte Ziele zuverlässiger erreicht, wenn Zielklarheit besteht und schriftlich die einzelnen Bereiche des Unternehmens geplant sind: Umsatz, Sachkosten, Personal, Aufträge usw. Das gilt ganz besonders in der Depression in Verbindung mit kürzeren Planungshorizonten. Zu den wirksamen Instrumenten, mit denen Unternehmensführung praktikabel gelingen kann, gehört zwingend ein gutes Controlling mit relevanten Chef- und Mitarbeiter-Informationen. Durch Planung wird die Wahrscheinlichkeit der Zielerreichung erhöht, und wenn es gelingt, Entwicklungen und Ergebnisse transparent zu machen, wird Buchhaltung zum wahren Schatz für alle Beteiligten.

3 Der Steuerberater als Unternehmensberater mit Rundumblick

von Ines Scholz

Unser Beruf des Steuerberaters ist interessant, vielfältig und anspruchsvoll. Täglich haben wir in unseren Kanzleien neue Anforderungen zu erfüllen, täglich sind wir mit vielfältigen Aufgaben betraut. Dabei arbeiten wir in der Regel für Leistungs- und Verantwortungsträger unserer Zeit: für Unternehmer, Selbstständige und Geschäftsführer. Nicht erst seit der Krise müssen wir ständig auf dem Laufenden bleiben, um für unsere Mandanten loyale Verbündete und fachkundige Umsetzer zu sein. Für sie suchen und finden wir Antworten auf komplexe und oft auch auf (für uns) einfache Fragen. Warum also jetzt auch noch Unternehmensberater werden? Ganz einfach: Weil wir es im Grunde genommen doch längst sind! Als Steuerberater haben Sie bereits Detailkenntnisse über die Unternehmen Ihrer Mandanten wie kaum ein anderer. Sie kennen alle Zahlen, die Trends der Vorjahre ebenso wie die Schwachstellen und Risikofaktoren. Darüber hinaus sind Sie gerade bei langjährigen Mandanten nah dran, können Ihre Mandanten gut einschätzen und haben auch ein Gespür dafür, wie die Region tickt, in der sie leben. Während renommierte Unternehmensberatungen mit großen Beraterteams aus Berlin, Hamburg oder Düsseldorf anreisen und ein Unternehmen bewusst von außen in den Blick nehmen, haben Sie als Steuerberater Heimvorteil. In doppelter Hinsicht. Denn als langjähriger Begleiter eines Unternehmens haben Sie bereits Einblick in wichtige Interna und gleichzeitig genügend Distanz, um eine externe Einschätzung abgeben zu können.

Allerspätestens seit 2020 wissen wir, dass auch unsere Branche vor einem neuen Digitalisierungsschub steht. Eine Vollautomatisierung der Finanzbuchhaltung oder Lohnbuchhaltung? Nicht mehr undenkbar und sehr wahrscheinlich technisch viel schneller machbar als manchem in der Branche lieb sein dürfte. Bislang haben wir in unserer Branche eine relative Auftrags- und Planungssicherheit, denn mit jedem Monat sind Buchführung und Umsatzsteuer sowie die Lohnabrechnungen für Mitarbeiter zwingend erforderlich. Unsere Mandanten benötigen weiter Jahr für Jahr eine Steuererklärung und einen Jahresabschluss. Wir gehören zu den Glücklichen, deren Auftragsbücher für das laufende Jahr bereits im Januar zu 80 % mit Wiederholungsaufträgen gefüllt sind. Noch! Doch die zunehmende Digitalisierung und Automatisierung wird auch am Beruf des Steuerberaters nicht spurlos vorbeigehen. Umso wichtiger ist es, dass wir uns hier und jetzt zukunftssicher aufstellen und selbst Veränderungen vorantreiben, anstatt darauf zu warten, dass sie uns ereilen.

3.1 Die sieben Rollen des Unternehmensberaters

Der Begriff Unternehmensberater mag für manchen unangenehm und abgedroschen klingen. Tatsächlich ist der Begriff des Unternehmensberaters auch nicht gesetzlich geschützt. Auch gibt es in Deutschland keine gesetzliche Definition des Berufsbildes. Berufsverbände haben eigene Richtlinien entwickelt, um den Begriff einzugrenzen. Ganz allgemein berät ein Unternehmensberater Unternehmen in betriebswirtschaftlichen Fragen, indem sie oder er Geschäftsabläufe und Prozesse analysiert und optimiert. Darin liegt auch die Ursache für den oftmals schalen Beigeschmack, wenn über die Branche der Unternehmensberater gesprochen wird.

Fachkompetenz, eine strenge Berufsordnung und ein Verhaltenskodex, der in unserem Berufsrecht verankert ist und die Prinzipien Unabhängigkeit, Sachlichkeit, Gewissenhaftigkeit und Eigenverantwortlichkeit geben den Rahmen vor und lassen Zweifel am Berufsethos keinen Raum. Als Steuerberaterinnen und Steuerberater bringen wir also die idealen Voraussetzungen mit, unsere Mandanten zu unterstützen, weil wir auch die Zahlen bereits kennen und verstehen und in der Regel auch mit ihren Abläufen vertraut sind. Viele andere Branchen wollen als Datensammler Geschäftsmodelle aufbauen und überlegen, wo und wie sie an relevante Daten kommen. Unsere Mandanten stellen uns bereits tagtäglich eine Fülle relevanter und bedeutsamer Daten zur Verfügung. Uns vertraut der Unternehmer seinen Datenschatz an – das können, ja das müssen wir nutzen. In der Rolle eines Unternehmensberaters können wir dies auf zwei Arten tun:

- Wir helfen einem Mandanten, ein Problem zu lösen oder ein definiertes Ziel zu erreichen.
- Wir lösen ein ganz bestimmtes Problem für unseren Mandanten bzw. erreichen ein Ziel für das Unternehmen.

Im Laufe des Beratungsprozesses nimmt ein Unternehmensberater verschiedene Rollen ein, um ein Unternehmen gemeinsam mit seinem Kunden voranzubringen. Je nach Kundenprojekt kann sich eine Beratung sehr unterschiedlich gestalten – in der Regel übernehmen wir meist mehrere der vorgestellten sieben Funktionen bzw. Rollen ein. Die Transparenz der Rollen und der daraus zu ziehenden Konsequenzen macht den Support im Alltag und die Auftragsabgrenzung wesentlich leichter. Achtung: Alle sieben Rollen gleichzeitig ausfüllen zu wollen ist aber faktisch unmöglich!

Rolle 1: Der Konzeptentwickler
Der Konzeptentwickler analysiert und evaluiert Modelle und Methoden, mit denen sich ein bestimmtes Problem lösen lässt. Dabei sieht er sich die ganz konkreten Prozesse im Unternehmen des Mandanten an und entwickelt anhand des Praxisfalls wiederum ganz konkrete Ideen zur Umsetzung oder Änderung von Abläufen.

Rolle 2: Der Implementierer

Als »Macher« setzt er die zuvor entwickelten Konzepte, Ideen und Pläne werden in die Realität um und bringt ein Projekt sozusagen auf die Straße, wie es so schön heißt. Gerade als Steuerexperten sind wir für diese Rolle prädestiniert, denn das Finden flexibler Lösungen ist unser Tagesgeschäft.

Rolle 3: Der Gutachter

Auch die Rolle des Gutachters ist Steuerberatern wie auf den Leib geschnitten. Als Gutachter bewerten wir den aktuellen Zustand eines Unternehmens anhand von Detailanalysen oder Kennzahlen. In der Rolle des Gutachters schauen wir uns zunächst die Ist-Situation an und geben dann konkrete Empfehlungen zu Maßnahmen, wie wir diese Ist-Situation optimieren können.

Rolle 4: Der Trainer

In dieser Rolle agieren wir als Sparringspartner unserer Mandanten. Als Unternehmensberater geben wir unser Wissen und Know-how an unsere Kunden und deren Mitarbeiter weiter und befähigen sie damit zu eigenverantwortlichem Handeln. Für diese Rolle bedarf es einer guten Menschenkenntnis und sozialer Kompetenz, um verschiedene Charaktere abzuholen und zum Beispiel im Rahmen von Schulungen neue Ideen und Methoden nicht nur oberflächlich abzuhaken, sondern wirklich Begeisterung zu wecken.

Rolle 5: Der Spezialist im Hintergrund

Als Steuerexperten bringen wir jede Menge fundiertes Fachwissen mit, das weit über Steuergesetze hinausreicht und tief in der Betriebswirtschaft verankert ist. Vieles von dem, was wir dann in unserer Rolle als Unternehmensberater im Laufe einer Beratung mit unserem Mandanten teilen, wird dieser auch in anderen Situationen anwenden – bewusst oder unbewusst. Es sollte Ihnen also klar sein, dass diese Informationen, dieses Wissen und diese Erfahrungen nicht nur in das beauftragte Projekt einfließen. Doch ist das nicht zwingend ein Nachteil: Wenn sich unsere Mandanten – wie zu Beginn der Corona-Pandemie – mit all ihren Fragen an uns wenden und erleben, dass wir tatsächlich Antworten auf all diese Fragen haben, werden wir zum wichtigen Sparringspartner. Wir bieten somit einen echten Mehrwert. Umso wichtiger ist es daher für uns als Steuerberater, Vertrauen zu schaffen und somit auf lange Sicht zum Unternehmensbegleiter zu werden.

Rolle 6: Der Überbringer

Warum Unternehmensberater nicht immer nur einen guten Ruf genießen, dürfte auch mit dieser Rolle zusammenhängen. Denn das Überbringen schlechter Nachrichten, beispielsweise im Falle von Budgetkürzungen, fällt mitunter in die Zuständigkeit eines Beraters. Die Chefetage schützt das vor einer unangenehmen Situation, zugleich wird die unpopuläre Maßnahme trotzdem umgesetzt. Da wir diese Rolle bereits bei den Steuerberechnungen und fälligen Nachzahlungen kennen, sind wir darin schon trainiert.

Rolle 7: Der Sündenbock
Bleibt trotz Beratung der erhoffte Erfolg aus, finden wir uns als Unternehmensberater manchmal ungewollt in der Rolle des Sündenbocks wieder. Klappt etwas nicht so, wie es angedacht war, ist es mitunter einfacher, dem Berater die Schuld in die Schuhe zu schieben, anstatt nach eigenen Fehlern in der Umsetzung zu suchen. Hier kommt es ganz besonders auf ein vertrauensvolles Verhältnis zum Mandanten an, um ein Scheitern gemeinsam anzugehen und im Miteinander noch einmal nach einer anderen Lösung zu suchen.

(Quelle: Angelehnt an *Schulz, Christopher*: Das perfekte Beratungsangebot. Zeit sparen – Entscheider begeistern – Erfolgsquote maximieren)

3.2 Das Geschäftsfeld Unternehmensberatung aufbauen

Sie haben bislang vor allem klassisch als Steuerkanzlei gearbeitet und nur dann Antworten gegeben, wenn Sie vom Mandanten gefragt wurden? Perfekt. Dann sind Sie in Sachen Controlling und Reporting fit. Jetzt müssen Sie eigentlich nur noch lernen, Ihr Know-how verkaufsfähig zu gestalten. Das klingt einfacher, als es tatsächlich ist? Ganz falsch ist das nicht. Aber eben auch nicht ganz wahr. Denn Sie haben bereits eine vertrauensvolle Beziehung zu Ihren Mandanten. Diese rufen Sie an, wenn Sie ein Problem mit ihren Zahlen und Büchern haben. Der wesentliche Unterschied zum »Stand-alone«-Unternehmensberater ist, dass Sie nun proaktiv auf Ihre Mandanten zugehen sollten, anstatt darauf zu warten, dass diese sich an Sie wenden. Statt gesetzlich verordnetem Zwangsgeschäft der Steuerberatung ist die betriebswirtschaftliche Beratung für den Mandanten keine Pflicht, sondern Kür. Dementsprechend müssen der Mandant und der Berater vom Nutzen dieser Leistung überzeugt sein.

3.2.1 Bestandskundenberatung erweitern

Wenn Sie also ein neues Geschäftsfeld in der betriebswirtschaftlichen Beratung aufbauen möchten, überlegen Sie zunächst:

- Haben Sie sich mit Ihrer Kanzlei bereits auf bestimmte Branchen oder Themen wie Unternehmensnachfolge, Existenzgründung etc. spezialisiert?
- Über welches Know-how verfügen Sie in Ihrer Kanzlei?
- Welche thematischen Vorlieben haben Sie ganz persönlich als Kanzleiinhaberin oder Kanzleiinhaber?

Nehmen Sie sich nun – idealerweise mit einigen ausgewählten Mitarbeitern oder Führungskräften Ihrer Kanzlei – Ihren **Mandantenstamm** vor.

- Bei welchen Unternehmen erkennen Sie Beratungsbedarf?
- Was könnten mögliche Beratungsthemen sein?
- Arbeiten Sie in einem Netzwerk gut mit anderen Kanzleien zusammen, um ggf. Know-how einzukaufen, über das Sie in Ihrer Kanzlei nicht verfügen?

Skizzieren Sie anschließend einen knapp formulierten Businessplan, in dem Sie grob festhalten, in welchem Umfang Sie beraten wollen und welche Prozesse Sie dafür intern neu aufsetzen müssen. Denken Sie dabei immer wieder aus der **Perspektive Ihrer Mandanten**: Welchen Nutzen haben diese von Ihrer Leistung? Wo ist der Mehrwert? Sie als Steuerberatung »verkaufen« klassischerweise Buchhaltung, Jahresabschluss, Lohnabrechnung, Einkommensteuererklärungen, aber damit verbunden eben auch Wissen, Know-how und Erfahrungswerte. Ihr Mandant wiederum »kauft« Sie nicht als Steuerberater ein, sondern als Problemlöser, als Arbeitserleichterung. Er braucht Sie für seine Sicherheit und seine Sorgenfreiheit, für das gute Gefühl, dass seine Zahlen stimmen. Machen Sie deutlich, dass Sie noch mehr von Nutzen sein können, weil Sie den Überblick haben und in der Lage sind, noch mehr aus eben jenen Zahlen herauszuholen.

Gerade am Anfang werden Sie gemeinsam mit Ihren Mitarbeiterinnen und Mitarbeitern ein wenig Zeit investieren müssen, um neben dem klassischen Geschäft beispielsweise im Bilanzgespräch einen Gesprächsansatz zu finden und Ihre Mandanten für Ihre »neuen« Leistungen zu begeistern. Aber wenn Sie den Nutzen einer solchen weiterführenden Beratung erfolgreich herausstellen, werden Sie Stück für Stück zum unverzichtbaren Unternehmensbegleiter und sichern sich somit neben der eigentlichen Steuerberatung ein zukunftsfestes Standbein.

3.2.2 Neukunden-Check: Welcher Kunde passt zu uns?

Neben der Beratung Ihrer bestehenden Mandanten lohnt es sich natürlich auch, das Thema Neukunden von Beginn an mitzudenken. Durch die Abstandsregelungen sind Online-Seminare gerade der Renner. Warum nicht auch in Zukunft auf dieses Medium setzen, um als Referent Ihre Kanzlei und Ihr Know-how unter die Leute zu bringen? Weitere Möglichkeiten sind das Netzwerken vor Ort, sei es im Unternehmerverein, bei der IHK oder – besonders naheliegend – über zufriedene Mandanten als Multiplikatoren. Sie sind eben nicht die große Unternehmensberatung aus Berlin, München oder Frankfurt – dafür aber ein vertrauensvoller Partner vor Ort, der die Region und die Menschen kennt und weiß, wie sie ticken.

Wichtig bei Neukunden: Anders als mit Ihren Mandanten stehen Sie erst am Anfang einer Geschäftsbeziehung. Gegenseitiges Vertrauen muss also erst noch entstehen und wachsen. Überlegen Sie daher gut, welche »Art« Kunde gut zu Ihnen passen könnte. Das betrifft insbesondere die Einstellung gegenüber Ihnen in der Rolle des Beraters. Sie bieten mit dieser Leistung mehr als die bloße Analyse von Zahlen, Daten, Fakten. Diese Leistung sollte daher auch eine Wertschätzung erfahren. Dasselbe trifft auch auf die Ausrichtung Ihrer Kanzlei zu. Setzen Sie beispielsweise schon voll und ganz auf das Thema Digitalisierung? Dann werden Sie sich nicht nur als Steuerexperte, sondern auch in der Unternehmensberatung eines durch und durch analog tickenden Unternehmens unwohl fühlen. Eine Idee wäre, einen kleinen **Fragebogen zu Zielen und Erwartungshaltungen** zu entwickeln, mit dem Sie ins Vorgespräch mit dem potenziellen Neukunden gehen. Ein Muster dazu finden Sie im Anhang (unter 3 Neukundencheck) und auf SPmy-Book (siehe Hinweis ganz vorne im Buch) online zum Download und Einsatz in der Praxis.

Neben der persönlichen Ebene sollten Sie aber auch die Zahlen nicht außer Acht lassen. Eine Abfrage bei der Creditreform ist kein Misstrauen gegenüber einem neuen Kunden, sondern gesundes Risikomanagement. Nicht zuletzt lässt sich das Standbein Unternehmensberatung nicht ohne Ihre Expertise als Steuerberater denken: Wenn Sie ein echter Unternehmensbegleiter für Ihre Kunden sein möchten, zielen Sie nicht auf kurzfristige Extra-Umsätze in der Beratung ab, sondern auf eine langfristige Bindung dauerhafter Mandate – die Sie dann wiederum mit Ihren Mitarbeitern umfassend begleiten und beraten.

3.2.3 Freies Honorar in der Unternehmensberatung – sich nicht unter Wert verkaufen

Als Steuerberaterinnen und Steuerberater sind wir es gewohnt, feste Sätze nach der Steuerberatervergütungsverordnung (StBVV) zu berechnen. Es gibt natürlich Gestaltungsspielraum, aber durch den Gebührenrahmen hat der Gesetzgeber vergleichsweise enge Grenzen gesetzt. In der Wirtschafts- und Unternehmensberatung gelten andere Spielregeln. Sie müssen Ihr Honorar frei vereinbaren – die Kosten Ihrer Beratung sind also Verhandlungssache. Das klingt erst einmal gut, birgt aber auch Tücken. Es ist naheliegend, schlicht und einfach die aufgewendete Zeit nach vorab festgesetzten Stundensätzen abzurechnen. Damit machen Sie es aber Ihrem Mandanten schwer, die Kosten einer Beratung im Vorfeld einzuschätzen. Erfahrungsgemäß gibt es nach der Erbringung der Leistung hinsichtlich der Abschlussrechnung dann Diskussionen über die Höhe des Beraterhonorars.

Eine andere Variante ist ein fest vereinbartes **Pauschalhonorar**. Das dürfte Ihren Mandanten gut gefallen, das Risiko liegt damit allerdings komplett auf Ihrer Seite. Stellt sich im Laufe einer Beratung heraus, dass es mit einem Kunden doch nicht so schnell vorangeht wie ursprünglich gedacht, laufen die Kosten schnell aus dem Ruder und es ist fraglich, ob Sie unter dem Strich an dem Auftrag noch etwas verdienen. Dennoch ist ein Pauschalhonorar eine gute Variante, wenn Sie auf folgende Punkte achtgeben:

- Definieren Sie vorab in einem möglichst kurz gehaltenen **Beratervertrag** beziehungsweise in einer Beratungsvereinbarung Auftragsumfang, Mitwirkungspflichten des Kunden und geben Sie Ihrem Mandanten eine exakte Leistungsübersicht.
- Damit weiß Ihr Mandant genau, was er von Ihnen erwarten kann und was er für sein Geld von Ihnen bekommt. Und Sie als Berater stecken ebenfalls Ihre Grenzen ab und sind somit gezwungen, festzulegen in welchem (inhaltlichen und zeitlichen) Umfang Sie beraten werden, und was eben nicht Bestandteil ist.
- Achten Sie bei der **Formulierung** eines solchen Vertrags auf eine Sprache, die beiderseitig Vertrauen schafft und nicht nur von einem juristischen Absicherungsgedanken geprägt ist. An diesem Punkt geht es naturgemäß immer wieder um den Preis einer Beratungsleistung. Auch wenn es viele denken: Eine Preissenkung oder das Signal, dass Sie einen Nachlass gewähren, zum Beispiel weil sich Ihr Mandant in einer schwierigen Phase befindet, führt nicht automatisch zu mehr Vertrauen und einer besseren Kundenbeziehung.

Eine Reduzierung Ihres Honorars führt hingegen schnell zu dem Gedanken, dass Ihre Leistung gar nicht so viel wert ist. Statt über den Preis zu argumentieren, sollten Sie also den Wert Ihrer Beratung kommunizieren, Ihrem Mandanten einen echten Nutzen bieten und das auch entsprechend kommunizieren.

3.2.4 Beratungsvereinbarung schafft Klarheit

Eine Beratungsvereinbarung zwischen Ihrem Mandanten und Ihrer Kanzlei ist nicht nur sinnvoll mit Blick auf die Abrechnung eines Auftrags. Sich im Vorfeld Gedanken zu machen, zu welchen Themen und in welchem Umfang man beraten möchte, bringt Ihnen und Ihrem Team Klarheit über die neue Leistung. Sie müssen sich gemeinsam damit auseinandersetzen, was Ihre Kanzlei anbieten will und anbieten kann. Welcher Mitarbeiter hat welche Stärken, welches Know-how, welche Spezialisierung, die es auszuspielen gilt? Sie können Pakete schnüren, zum Beispiel für bestimmte Zielgruppen wie Existenzgründer oder Unternehmen auf der Suche nach einem Nachfolger, für Unternehmen, die das Thema Controlling angehen und mehr aus Ihren Zahlen machen wollen, für Unternehmen, die sich digitaler aufstellen wollen usw. Ganz gleich, welche Ansätze Sie konkret ausarbeiten – eine Beratungsvereinbarung hilft Ihnen dabei, genau festzulegen, was Ihre Mandanten von Ihnen als Berater erwarten dürfen.

Beispiel

Sie bieten eine betriebswirtschaftliche Beratung im Rahmen der Corona-Krise an. Ziel einer solchen Beratung ist es, den Mandanten bei der Überwindung negativer wirtschaftlicher Auswirkungen aufgrund der Pandemie zu unterstützen. Was bedeutet das konkret im Einzelnen?

Lösungsansatz:
Gemeinsam mit dem Unternehmer bzw. der Unternehmensleitung geht es darum, das Unternehmen durch unsichere Zeiten zu führen, den Geschäftsbetrieb aufrechtzuerhalten und konkrete Maßnahmen dafür zu entwickeln. Die Arbeitsplätze gilt es zu sichern ebenso wie die Liquidität des Unternehmens. Sie geben Empfehlungen für organisatorische Maßnahmen und beraten zu Steuererleichterungen und Soforthilfen. All das lässt sich kurz und knapp in einer Beratungsvereinbarung skizzieren. Notieren Sie die **Beratungsgegenstände** im Einzelnen, wie zum Beispiel

- die Analyse des Ist-Zustands,
- eine Schwachstellenanalyse,
- eine Schwellenwertberechnung zur Umsatzgrenze des Unternehmens oder
- Hilfe bei der Beantragung von Subventionsmaßnahmen.

Ergänzend sollten Sie Angaben zum zeitlichen Umfang machen und das Gesamthonorar benennen.

3.2.5 Welche Eigenschaften braucht ein Berater?

Ihre besten Mitarbeiter in Sachen Finanzbuchhaltung, Controlling oder Lohnabrechnung sind nicht auch automatisch Ihre besten Berater. Gerade wenn Sie erst ein neues Geschäftsfeld aufbauen und interne Prozesse erarbeiten müssen, sollten Sie darauf achten, veränderungsbereite und flexible Mitarbeiter als Erstes ins Boot zu holen: Selbstbewusste Kolleginnen und Kollegen, die Lust darauf haben, die exzellente Arbeit der Kanzlei bewusst ins Schaufenster zu stellen und auf authentische und glaubwürdige Art und Weise Ihren Mandanten einen Mehrwert »verkaufen« können. Klarheit, Aufgeschlossenheit, die persönliche Motivation, ein Steuerberater »plus« zu sein anstelle des klassischen Buchhalters, der lediglich auf Zuruf agiert (wobei diese Tätigkeit mitnichten zu unterschätzen ist). Mitarbeiterinnen und Mitarbeiter, die Ihren Beruf mit Herz und Seele machen, wissbegierig und neugierig sind, haben die Chance, in der Rolle als Unternehmensberater und Unternehmensbegleiter ihr ganzes Potenzial zu entfalten. Doch auch Angestellten, die es sich selbst zunächst nicht zutrauen, in diese neue und noch ungewohnte Rolle zu schlüpfen, können Sie mit ein wenig Übung und gut durchdachten Prozessen behutsam auf die Sprünge helfen. Entscheidend für das Thema Beratung ist in jedem Fall eine sorgfältige Vorbereitung – und Sorgfalt gehört zur DNA unserer Steuerfachberufe. Eine Muster-Stellenbeschreibung zum Unternehmensberater in der Steuerkanzlei finden Sie im Anhang (unter 4 Stellenbeschreibung …) und auf SPmyBook (siehe Hinweis ganz vorne im Buch) online zum Download und Einsatz in der Praxis.

Vor einem Gespräch mit Mandanten steht immer die inhaltliche Vorbereitung. Auf der Sachebene muss man topfit sein, die Zahlen des Kunden kennen und verstehen. Doch auch auf persönlicher Ebene sollte man sich im Vorfeld mit dem Gesprächspartner auseinandersetzen. Im Verlauf eines Gesprächs zeigt sich, wie gut man seine Hausaufgaben gemacht hat. Echte Aufmerksamkeit und Gehör bekommt man nur dann geschenkt, wenn das Gegenüber spürt, dass es als Person tatsächlich ernst genommen wird und nicht nur eine Nummer unter vielen ist.

Das zeigt sich auch durch den Ansatz der **Nutzenidee.** Nehmen Sie sich für jedes Gespräch vor, Ihrem Mandanten einen echten Nutzen zu bieten. Bereiten Sie daher jeden Kundenkontakt gründlich vor und zeigen Sie, dass Sie Ihren Kunden nicht für selbstverständlich nehmen. Das ist mühevoll und bedeutet zusätzliche Arbeit, aber es ist eine wichtige und wertvolle Aufgabe, die sich langfristig mit Blick auf die Kundenbeziehung und Kundenbindung auszahlt. Genauso sollte ein Berater vor jedem Gespräch mit einem Kunden wissen, mit welchem **Ziel** er ins Gespräch geht. Fehlt dieses Ziel, fehlt es auch an Überzeugungskraft. Dabei empfiehlt es sich, wenn man sich ein maximales Ziel steckt, aber auch eine minimale Erwartungshaltung klar definieren kann. Zudem sollte man sich vorab ein wünschenswertes bzw. zumindest akzeptables Ergebnis des Gesprächs überlegen.

Zum Gespräch selbst laden Sie ebenfalls überlegt ein: Drei Punkte sollten in jeder **Einladung** vorkommen, ganz gleich ob postalisch, per E-Mail oder telefonisch. Worum soll es in dem anstehenden Gespräch gehen, was ist das Thema? Was ist das Ziel und wie viel Zeit planen Sie ein? Damit ist für beide Seiten Transparenz gewährleistet und Sie geben nicht nur sich, sondern auch Ihrem Mandanten die Möglichkeit, sich auf das Gespräch vorzubereiten. Während des Beratungsgesprächs ist der rote Faden der springende Punkt – ganz gleich, wie sehr die Gesprächspartner abschweifen, Sie können Ihren roten Faden immer wieder aufnehmen und effektiv auf Ihr Ziel hinarbeiten. Noch ein Tipp: Egal, wie heikel das anstehende Thema auch ist, versuchen Sie stets einen positiven Gesprächseinstieg zu finden. Denn die Atmosphäre, die Sie am Anfang einer Unterhaltung schaffen, begleitet Sie durch den ganzen Termin.

Dank Ihrer gründlichen Vorbereitung können Sie Ihr Thema und Ihr Angebot strukturiert, prägnant und zielorientiert zur Sprache bringen. Behalten Sie dabei stets im Hinterkopf, welchen Nutzen Ihr Mandant durch Ihre Beratung hat. Vergessen Sie aber auch nicht, dass Sie als Berater vor allem **zuhören** können müssen. Nehmen Sie jede noch so kleine Information Ihres Kunden auf. Führen Sie das Gespräch durch gezielte Fragen, um Informationen in Erfahrung zu bringen, die Ihnen als Berater weiterhelfen können. Nur wer wirklich zuhört, kann auch etwas erfahren! Sind Ihnen Details oder Hintergründe unklar? Fragen Sie! Arbeiten Sie nicht mit Annahmen, von denen Sie nicht wissen, ob Sie auf das Unternehmen Ihres Mandanten zutreffen. Treffen Sie zudem klare Absprachen mit Ihrem Kunden – welche Informationen sind noch zu beschaffen, welche Entscheidungen sind zu treffen? Wer macht was bis wann? Und schließlich: Auch wenn es lapidar klingt, ein ehrliches »Danke« am Ende eines Gesprächs macht den Unterschied.

Ebenso wichtig wie die Vorbereitung ist die **Nachbereitung** eines Mandantentermins. Dabei geht es auch um die Frage, was man als Berater am eigenen Gesprächsverhalten optimieren kann, um sich auf diese Weise kontinuierlich zu verbessern. Halten Sie in ihrer Kanzlei Prozesse vor, wie ein Beratungsgespräch aussehen kann. Eventuell könnten Sie auch ein gemeinsames Format entwickeln, um solche Gespräche zu trainieren. Auf diese Weise können »Naturtalente« in der Rolle des Unternehmensberaters ihr Wissen und Know-how an unerfahrenere Kollegen weitergeben, die in das neue Leistungsspektrum der Kanzlei erst noch hineinwachsen müssen.

3.3 Beratungskoffer: Dieses Know-how sollten Sie im Gepäck haben

Entscheidend für eine tatsächlich erfolgreiche und überzeugende Beratung ist das eigene Know-how. Wer eine »Ich-mache-alles«-Botschaft sendet, wirkt verdientermaßen unglaubwürdig. Das Feld der Betriebswirtschaft ist zu umfangreich, als dass eine Kanzlei in der Lage wäre, in allen Bereichen als absoluter Experte aufzutreten. Vergessen Sie unseren wissensorientierten Dienstleistungen ganz schnell die »eierlegende Wollmilchsau«! Setzen Sie stattdessen als Kanzleiinhaberin oder Kanzleiinhaber klare Prioritäten: Welche Leistungen beherrschen Sie tatsächlich? Welche Spezialgebiete liegen Ihnen besonders am Herzen? Welche Branchen sind Ihnen nahe? Mit welchen Berufszweigen verbindet Sie etwas? Sind Sie in der Lage, kurze und prägnante Leistungsbeschreibungen für Ihre wichtigsten Beratungsleistungen zu verfassen, idealerweise auf einer DIN A4-Seite (die so genannte One-Page-Only-Methode)? Nur das, was Sie selbst knackig auf den Punkt bringen können, bringen Sie im Beratungsgespräch mit Ihren Mandanten auch überzeugend herüber.

Als Steuerberater sind Sie prinzipiell eher zahlenlastig unterwegs. Zahlen, Daten, Fakten – das ist Ihr Kerngeschäft. Dennoch haben Sie als Chefin oder Chef vielleicht ein besonderes Interesse an der Beratung von Gründern, optimieren gern Prozesse oder haben topfitte Mitarbeiter in Sachen IT? Dann sind auch das alles Themen, die Sie durchaus anbieten könnten. Im Folgenden möchten wir Ihnen einen kurzen Überblick zu den fünf strategischen Geschäftsfeldern der Unternehmensberatung geben. Nehmen Sie diese Übersicht vor allem am Anfang gern immer wieder zur Hand, um herauszufinden, auf welche Bereiche Sie sich gemeinsam mit Ihren Mitarbeitern konzentrieren könnten oder sollten.

Geschäftsfeld	Dienstleistung bzw. Produkt
Betriebswirtschaftliche Beratung	• Rechnungswesen • Existenzgründung • Unternehmensnachfolge • Unternehmensbewertung • Controlling • …
Organisationsberatung	• Projektmanagement • Qualitätsmanagement • Optimierung von Geschäftsprozessen • …
Personalberatung	• Personalbeschaffung • Personalentwicklung • …
IT-Beratung	• Software-Implementierung • IT-Systemprüfung • Netzwerkbetreuung • …
Seminare und Vorträge	• Steuerrecht • Änderungen im Insolvenzrecht • Rechnungswesen • Arbeitsrecht • …

Wenn Sie Klarheit darüber haben, was Sie anbieten möchten, packen Sie Ihren individuellen **Beratungskoffer**. Dieser beinhaltet die wichtigsten Werkzeuge, die Ihre Mitarbeiterinnen und Mitarbeiter damit jederzeit zur Hand haben. Das reicht von Vorlagen für wiederkehrende Berichte über konkrete Maßnahmenpläne für Problemstellungen, die Ihnen bei Ihren Mandanten immer wieder begegnen, bis hin zu digitalen Tools beispielsweise in punkto Liquiditätsplanung, Mitarbeiter-Zeit-Erfassung oder Analyse der Ist-Situation, die Sie somit jederzeit ohne lange Vorbereitungszeit griffbereit haben.

Denken Sie auch an **Fördermittel**! Eine umfassende Auflistung können und wollen wir an dieser Stelle zwar nicht geben. Dafür sind die Förderinstrumente in den verschiedenen Bundesländern zu unterschiedlich, die Programme und Strukturen zu flexibel. Dennoch sollten Sie in jedem Fall im Vorfeld einer Beratung Ihre Mandanten darauf aufmerksam machen, dass es zahlreiche Förderinstrumente gibt. Viele Kanzleien wussten etwa nicht, dass zum Beispiel das Bundesamt für Wirtschaft und Ausfuhrkontrolle (BAFA) schon seit langem Kosten für eine Unternehmensberatung in Höhe von bis zu 80 % bezuschusst. Der Corona-BAFA-Fehlstart sorgte zumindest für eine gewisse Bekanntheit des Programms und für die Klarstellung, dass Steuerberater grundsätzlich zur BAFA-Beratung berechtigt sind und im erforderlichen Beantragungsfall von der Behörde akkreditiert werden. Damit will die Bundesregierung kleine und mittelständische Unternehmen motivieren, externen Rat in Anspruch zu nehmen, um leichter Zugang zu unternehmerischem Know-how zu bekommen. Das Programm wird neben Mitteln aus dem Bundeshaushalt überwiegend über den Europäischen Sozialfonds (ESF) finanziert. Doch auch die einzelnen Länder fördern in den verschiedensten Programmen und Richtlinien veränderungswillige Unternehmen. Es lohnt sich für Ihre Mandanten also, sich zu informieren. Einige Förderungen müssen vorfinanziert werden, andere dürfen erst anlaufen, wenn ein Bescheid vorliegt – in jedem Fall ist Ihre Kompetenz als Berater gefragt, Ihre Kunden im Antragsprozedere zu unterstützen und zu begleiten, um eine Ablehnung aufgrund vermeidbarer Fehler zu verhindern.

3.4 Der Beratungsprozess

Bevor Sie oder einer Ihrer Mitarbeiter in den ersten Beratungstermin mit einem Mandanten gehen, erarbeiten Sie gemeinsam einen **Fahrplan** mit den wichtigsten Schritten des Beratungsprozesses. Warum so förmlich? Weil es für Ihre Mandanten und Ihre Mitarbeiter gleichermaßen wichtig ist, dass eine Beratung auf den Punkt stattfindet, also inhaltlicher und zeitlicher Umfang feststehen, ein klares Ziel benannt ist und mögliche Meilensteine inklusive einer Zeitschiene definiert sind. Ganz allgemein gesprochen umfasst ein solcher Prozess fünf Schritte: Problem definieren, Ist-Zustand analysieren, Konzepte und Maßnahmen entwickeln, Risiken aufzeigen, konkrete Maßnahmen umsetzen. Je nach Größe des Unternehmens, des Problems und der jeweiligen Zielsetzung zieht sich dieser Prozess über mehrere Etappen hin. Idealerweise sollte in einem sechsten Schritt ein Review stattfinden, also zum Beispiel binnen sechs Monaten geprüft werden, was die Maßnahmen gebracht haben.

Fallbeispiel

Im Beratungsprozess geht es um einen Handwerksbetrieb mit weniger als zehn Mitarbeitern. Der Inhaber ist Mitte 50 und macht sich Gedanken über die Zukunft seines Betriebs und seinen Ruhestandseintritt (Dabei gibt es bei der Nachfolge niemals ein »zu früh«, da das Ausfallrisiko von Unternehmern bereits seit der ersten Gründungsstunde relevant ist).
Die Beratung erfolgt hier in »Bausteinen«, da zunächst die aktuelle Situation zu klären ist und wichtige Vorsorgeoptionen für Krankheit und Stellvertretung besprochen werden. Im Einzelgespräch mit dem Unternehmer ergeben sich zumeist mehr offene Fragen als sofortige Antworten des Beraters. Nur, wenn der Unternehmer Klarheit über seine eigenen Prioritäten und persönlichen Ziele auch über die Rolle des Unternehmers hinaus hat, ist die Basis für eine planvolle Nachfolgebegleitung geschaffen.

Inhalt der Beratung ist zumeist die **Unternehmensanalyse**: Wie steht es um die finanziellen und rechtlichen Verhältnisse des Betriebs, welchen Wert hat das Unternehmen? Aber auch die private Situation muss zwingend beleuchtet werden: Von der Vermögensbilanz bis zu Rentenansprüchen und familiären Verhältnissen gehören die Fakten auf den Tisch. Gibt es bereits mögliche Nachfolger? Wer sind die Schlüsselpersonen im Unternehmen? Handelt es sich dabei um die Kinder des Unternehmers oder sonstige Erben?
Als Nächstes geht es darum aufzuzeigen, welche **Möglichkeiten der Nachfolge** es gibt: Erhaltung und Weiterführung durch interne Nachfolge, Verkauf, Schenkung, Umwandlung, Verpachtung oder die Betriebsaufgabe. Für alle Optionen gibt es »Preisschilder« und steuerliche Rahmenbedingungen, die benannt und bewertet werden müssen. Die Vielzahl der verschiedenen Alternativen überfordert. Es kommt darauf an, die im vorliegenden Sachverhalt tatsächlich in Frage kommenden Konstellationen gemeinsam auszuloten, die Vor- und Nachteile sichtbar zu machen und zu erläutern, welche finanziellen Folgen die jeweilige Alternative mit sich bringt. Auch, wenn Ihr Mandant mit der Bereitschaft zur Beratung beweist, dass er handeln möchte, sollten Sie trotzdem deutlich machen was passieren könnte, wenn nichts unternommen wird. Das Gebot heißt in der Nachfolgeberatung: Verfolgen Sie das Konzept der kleinen Schritte und bringen Sie so den Prozess in Gang. Die Erfahrung zeigt, dass selbst ein dramatischer Wechsel von der geplanten familiären Nachfolge durch Kinder zu einem Verkauf an Dritte gut zu bewältigen ist, wenn die vorhergehenden Handlungsschritte bereits eingeleitet wurden. Je nach Interessenlage des Unternehmers erhält er so einen umfassenden Überblick, welche Optionen er für eine geregelte Unternehmensnachfolge hat. Neben den Möglichkeiten der Steueroptimierung steht die Sicherung der Altersvorsorge im Mittelpunkt, zudem lassen sich von vornherein Erbstreitigkeiten weitestgehend vermeiden. Das alles zusammen ist der unmittelbare Kundennutzen. Stellen Sie diesen im Gespräch immer wieder heraus!
Dokumentieren Sie die unterschiedlichen Optionen in einem **Ergebnisbericht**, der Ihrem Mandanten zugleich als Entscheidungshilfe dient. Dieser sollte das Ziel der Beratung sowie die einzelnen Beratungsleistungen analog der anfangs besprochenen Beratungsvereinbarung aufgreifen. Neben der Analyse des Ist-Zustands listen Sie die individuellen Handlungsempfehlungen auf und geben eine konkrete Anleitung zur Umsetzung: Wie lässt sich die Nachfolge konkret wirtschaftlich und (auch) steuerlich gestalten? Welches Finanzierungsmodell kommt in Frage? Wer muss in den Prozess involviert werden? Außer dem Unternehmer der potenzielle Nachfolger, später auch wichtige Führungskräfte, ein Rechtsanwalt, Notar usw. Benennen Sie mögliche Risiken und Schwachstellen. Erstellen Sie einen detaillierten Maßnahmenplan mit Verteilung der entsprechenden Aufgaben.

Eine solche Nachfolgeberatung sichert Ihnen nicht nur kurz- und mittelfristig einen Auftrag. Wenn Sie Ihrem Mandanten ein wertvoller Begleiter sind, wird er Sie auch an seinen Nachfolger weiterempfehlen und Sie haben somit die Chance, auch weiterhin für dieses Unternehmen tätig zu sein – trotz neuer Ansprechpartner. Aber auch wenn Sie kein Spezialist für die Unternehmensnachfolge sind, beim Thema Controlling und Kostenrechnung sind wir als Steuerberater von Haus aus bestens vorbereitet. Gerade unvorhersehbare Ereignisse wie die Corona-Pandemie zeigen, wie präsent dieses Thema ist, und zwar unabhängig von der Größe eines Unternehmens. Für die Beratung bietet sich im Grund genommen jedes mittelständische Unternehmen an. Ganz gleich, in welcher Branche Ihr Mandant tätig ist, die Erstellung einer **Risikopotenzialanalyse** ist der Ausgangspunkt Ihrer Beratung. Ziel für das Unternehmen ist es, kritische Situationen frühzeitig zu erkennen, um zeitnah auf der Grundlage betriebswirtschaftlicher Kennzahlen reagieren zu können.

Anschließend ermitteln Sie im Gespräch mit dem Kunden seine Anforderungen an ein Controllingsystem und konzipieren anhand dessen relevante Controlling-Inhalte. So geht aktives praktisches Risikomanagement heute.

3.4.1 Standardisierung von Anfang an

Sie haben gemeinsam mit Ihren Mitarbeiterinnen und Mitarbeitern ein Leistungsspektrum entwickelt und Ihre wichtigsten Beratungsleistungen definiert sowie kurz und bündig notiert. Sie kennen die Schlüsselkompetenzen Ihrer Berater und wissen, wer am besten mit welchem Mandanten zurechtkommt. Sie sind also schon mittendrin im Prozessmanagement. Auch in punkto Beratungsprozess sollten Sie von Anfang an darauf achten, gewisse Standards und Checks einzubauen, um von vornherein systematisch an den Aufbau Ihres neuen Geschäftsfeldes heranzugehen.

Sicher handhaben Sie es auch in der Steuerberatung so, dass verschiedene Mitarbeiter für verschiedene Leistungen verantwortlich sind, also arbeitsteilig für Ihre Mandanten tätig werden. In der Unternehmensberatung empfiehlt es sich ebenfalls, für unterschiedliche Beratungsprodukte unterschiedliche Kolleginnen und Kollegen als Verantwortliche zu benennen. Denken Sie daran, für Urlaubs- oder Krankheitszeiten frühzeitig Stellvertreter als Produktverantwortliche aufzubauen. Zudem sollten Sie über die Produktverantwortlichen – und damit Spezialisten auf einem Gebiet – das Wissen und Know-how in die Breite tragen. Entwickeln Sie ein zu Ihnen und Ihrer Kanzlei passendes Format, wie internes Wissen weitergegeben und Know-how aufgebaut wird. Diese Trainings sollten regelmäßig stattfinden und einen festen Platz im Terminkalender Ihrer Kanzlei haben. Somit halten Sie nicht nur das ganze Team stetig auf dem Laufenden, sondern machen es auch neuen Mitarbeitern leichter Fuß zu fassen und Ihre – standardisierten – Prozesse von Anfang an umzusetzen. Gleichzeitig stellen Sie auf diese Weise einen kontinuierlichen Verbesserungsprozess sicher: In Feedback-Runden und Auswertungsgesprächen können Sie gemeinsam mit Ihren Mitarbeitern evaluieren, was gut läuft und wo es noch klemmt, sei es mit Blick auf den eigentlichen Beratungsprozess, die Kompetenzen Ihrer Berater oder die Vermarktung Ihrer neuen Leistungen.

3.4.2 Entscheidungen treffen: verstehen vor verändern

Im Laufe einer Beratung stellen wir unseren Mandanten für ein bestimmtes Problem oder ein genau definiertes Ziel verschiedene Handlungsoptionen vor. Wir zeigen die Risiken auf und erläutern die Folgen. Welche Veränderungen ein Unternehmen am Ende aber tatsächlich vornimmt, diese Entscheidung liegt nicht bei uns als Berater. Damit unser Mandant jedoch eine fundierte Entscheidung treffen kann, muss er zunächst ein Verständnis für die Konsequenzen seines Handelns entwickeln. Um dabei von vornherein gemeinsam an einem Strang zu ziehen, braucht es ein strukturiertes Vorgehen auf beiden Seiten. Eine Möglichkeit, einen kontinuierlichen und damit nachhaltigen Verbesserungsprozess anzustoßen, ist der so genannte **PDCA-Zyklus**:

- P: Plan (Planen)
- D: Do (Umsetzen)
- C: Check (Überprüfen)
- A: Act (Handeln)

Entwickelt wurde dieser vierstufige Regelkreis von William Edwards Deming und Walter Andrew Shewhart. Er wird deshalb auch als Deming-Kreis oder Shewhart Circle bezeichnet.

In Schritt 1 (P) werden das Problem und der Ist-Zustand beschrieben, die Ursachen eines Problems analysiert und das Ziel formuliert. Nach dieser anfänglichen Planung geht es in Schritt 2 (D) ans Machen: Der zuvor gefasste Plan wird umgesetzt. Dabei geht es aber noch gar nicht so sehr um eine endgültige Umsetzung der angedachten Maßnahmen, sondern eher darum, die Ideen in der Praxis zu testen. Entscheidend ist dann, wie diese in Schritt 3 (C) abschneiden. Die gemachten Erfahrungen und erzielten Ergebnisse werden reflektiert und falls nötig nachjustiert. Im letzten Schritt wird das Resultat evaluiert und daraus werden dann Standards für das zukünftige Vorgehen abgeleitet. Ziel des PDCA-Zyklus ist es, am Ende von Schritt 4 (A) einen neuen Standard im Unternehmen zu etablieren, der das eingangs beschriebene Problem löst oder zumindest eine Verbesserung darstellt. Dieser neue Standard ist dann wiederum der Ausgangspunkt für weitere Optimierungen.

Auf diese Weise befähigen wir unsere Mandanten, ihre Probleme im Unternehmen gemeinsam mit uns zielorientiert und strukturiert anzugehen. Durch schriftliche Dokumentation wird die Komplexität aufgelöst. So werden nicht nur fundierte Entscheidungen getroffen, sondern auch wirklich nachhaltige Maßnahmen umgesetzt. Nichts ist schlimmer als Ideen eines Unternehmensberaters, die so wenig nachhalten, dass sie im Alltag direkt vergessen werden.

3.4.3 Für echte Veränderung: Vom Trainer zum Coach

Wie eingangs beschrieben, arbeiten wir als Unternehmensberater in zwei Richtungen: Entweder helfen wir einem Mandanten, ein Problem zu lösen oder ein definiertes Ziel zu erreichen. Zweite Möglichkeit: Wir lösen ein ganz bestimmtes Problem für unseren Mandanten bzw. erreichen ein definiertes Ziel für sein Unternehmen. Damit sind wir bei einem entscheidenden Unterschied im Selbstverständnis als Berater. Wir können uns als **Trainer** definieren, der seinen Kunden zeigt, welche Optionen es gibt oder wie es geht. Damit nehmen wir eine tragende Rolle ein, sind vertrauensvolle Sparringspartner und im Falle einer gelungenen Geschäftsbeziehung langjährige Berater des Unternehmens. So weit, so gut.

Wir können aber auch einen Schritt weitergehen und uns selbst als Coach betrachten. Ist das nicht dasselbe? Ist es nicht. Als **Coach** helfen Sie Ihren Mandanten dabei, selbst zu erlernen, wie sie ein bestimmtes Problem lösen oder ein Ziel erreichen. Nur dann sind diese in der Lage, von sich aus Veränderungen anzustoßen und nicht bei jedem kleinen Schritt Hilfe von außen zu suchen. Damit werden Sie als Berater zum Begleiter, der sich auf der einen Seite natürlich ab einem gewissen Punkt entbehrlich machen könnte. Auf der anderen Seite befähigen Sie Ihre Kunden aber dazu »Change« selbst zu leben – und diese positive Erfahrung werden diese mit Sicherheit gern als Multiplikatoren in ihrem Netzwerk weitergeben. Potenzielle spannende Neukunden also anstelle abhängiger Kundenbeziehungen.

3.4.4 Der Abschluss

Gemeinsam mit Ihrem Mandanten haben Sie konkrete Maßnahmen und Handlungspläne entworfen und sind auch schon in die Umsetzung gegangen. Mit Abschluss der Beratung bleiben noch ein paar Dinge zu tun. Weil Sie langfristig als Unternehmensbegleiter für Ihre Kunden da sein wollen, empfiehlt es sich direkt einen Review zu vereinbaren, etwa nach einem Monat oder einem Vierteljahr. Zudem kann ein kurzes Feedback-Gespräch aufschlussreich sein in Sachen weitere Beratungsansätze. Auch die konkrete und offen formulierte Frage nach einer Weiterempfehlung sollte zum Schluss des Beratungsprozesses nicht fehlen. Wenn beide Parteien mit der Arbeit zufrieden waren, ist Mund-zu-Mund-Propaganda noch immer das beste Marketinginstrument.

Handelt es sich nicht »nur« um einen Beratungskunden, sondern auch um einen Mandanten Ihrer Steuerkanzlei, könnten Sie mit Ihren Mitarbeitern außerdem einen Wiedervorlage-Prozess erarbeiten. In regelmäßigen Abständen bis zu einem vereinbarten Review-Termin sollte der zuständige Sachbearbeiter den Mandanten in den Blick nehmen, um so weiteres Optimierungspotenzial zu heben und Fürsorge Ihrer Kanzlei erlebbar zu machen. Denn allzu oft geraten die in der Vergangenheit durch die Kanzlei betreuten Projekte in Vergessenheit. Die gemeinsam festgelegten Maßnahmen werden häufig nicht nachgehalten und später einfach vergessen. Wie wertvoll ist es, wenn sich der Berater an das erinnert, was gut und teuer war. Die Inhalte sind es wert, daran zu erinnern.

3.5 Erfolgsfaktoren im Überblick

Eine gute Beratung steht und fällt mit Transparenz – auf beiden Seiten. Sie als Berater müssen sich auf die Angaben Ihres Mandanten verlassen können. Ihr Mandant wiederum muss das Gefühl haben, bei Ihnen in (fachlich) guten Händen zu sein. Denken Sie an die »eierlegende Wollmilchsau« und versprechen Sie nicht zu viel und auch nicht zu schnell, was Sie später nicht halten können. Achten Sie im Beratungsprozess zudem auf eine umfängliche Beratung. Zeigen Sie Alternativen und Handlungsoptionen auf, um Ihren Kunden zu eigenen Entscheidungen zu befähigen. Geben Sie aus Ihrer Sicht aber auch ganz konkrete Handlungsempfehlungen, an denen er sich orientieren kann. Treffen Sie konkrete Verabredungen und definieren Sie im Detail, wer wann welche Maßnahmen ergreifen soll, um am Ende tatsächlich Ergebnisse zu erzielen.

Folgende Fragen für einen erfolgreichen Beratungsablauf sollten Sie im Blick behalten:

- Hat die Unternehmensleitung ein gemeinsames Ziel?
- Steht die Unternehmensleitung voll und ganz hinter der Beratung?
- Ist die Unternehmensleitung zu Veränderungen (auch bei sich selbst) bereit?
- Können wir die Erwartungen des Mandanten erfüllen (besser noch übererfüllen)?
- Haben wir einen straffen, aber realistischen Zeitplan?
- Verlieren wir uns zu sehr in Details (insbesondere bei der Analyse)?
- Achten wir darauf, Einzelfälle nicht übermäßig zu berücksichtigen (80/20-Prinzip)?
- Ist unsere Kommunikation offen und vertrauensbildend?
- Und schließlich: Haben wir ein Umsetzungscontrolling sichergestellt?

Konzentrieren Sie sich ganz bewusst und fokussiert auf die Stärken und Kompetenzen Ihrer Kanzlei und Ihres Teams. Nutzen Sie dafür Ihr Know-how als Steuerberater, denn die wichtigsten Zahlen, Daten, Fakten Ihrer Mandanten halten Sie jeden Tag schon in den Händen. Bauen Sie sich darüber hinaus gern ein kleines, aber tragfähiges Netzwerk mit

Kolleginnen und Kollegen der eigenen, aber auch anderer relevanter Branchen auf, um einen Kunden umfassend begleiten zu können. So fühlt sich ein Unternehmen in allen Bereichen gut betreut, hat mit Ihnen einen ersten zentralen Ansprechpartner, ohne dass Sie dabei alle Aufgaben selbst übernehmen müssen, die nicht Ihren Kompetenzen entsprechen. Wenn Sie nur ein wenig über das Thema Steuern hinausdenken, eröffnen sich Ihnen eine Vielzahl neuer Chancen und ein enormes Potenzial an Neukunden. Denn Controlling war nie so wichtig wie heute! Angesichts einer nie da gewesenen Situation haben Sie mit Ihrer betriebswirtschaftlichen Expertise die Möglichkeit, Ihren Mandanten neue Wege in die Zukunft zu zeigen.

4 Personalcontrolling und Arbeitgebersupport

von Ines Scholz

»Unternehmensführung ist nicht die Beschäftigung mit Gegenwartsproblemen, sondern die Gestaltung der Zukunft.«
Daniel Goeudevert

Die Lohnabrechnung gehört ganz klassisch zum Geschäft eines Steuerberaters, das sich problemlos nach Gebührenordnung abrechnen lässt. Die fehlerfreie Entgeltabrechnung unterliegt der sogenannten 1000-Augen-Kontrolle durch die Belegschaft unserer Mandanten. Monat um Monat ist die 100 %ige Fehlerfreiheit Maßstab bei den Berechnungen als Basis-Kerndienstleistung der Steuerberatung. Die in diesem Bereich tätigen Mitarbeiter haben in aller Regel ein sehr hohes Maß an persönlicher Eigenverantwortung, ein umfassendes Erfahrungs- und Fachwissen und wissen um die besondere Sensibilität der von ihnen erstellten Arbeitsergebnisse. Warum also nicht aus dem Informations- und Vertrauensvorsprung hinsichtlich der Personaldaten unsere Dienstleistung erweitern und über neue Ansätze und Strategien das Feld der **Beratung rund um Lohn neu denken**?

Die Mitarbeiter sind für jedes Unternehmen das wichtigste Kapital. Und das ist schon lange keine leere Floskel mehr! Ohne die gute und zuverlässige Arbeit sowie den Ideenreichtum der Angestellten gibt es keine Wertschöpfung. Daher ist es umso wichtiger, den Mitarbeiterberechnungen der Unternehmen besondere Aufmerksamkeit zu schenken. Das gilt in Krisenzeiten einmal mehr! Richtige Führung, klare Entscheidungen, gemeinsame Ziele und eine langfristig gedachte Strategie zur Mitarbeiterentwicklung – all das sind Themen, mit denen sich Unternehmer gerade in schwierigen Zeiten befassen müssen. Als Steuerberater sollten Sie Ihre Mandanten dabei maßgeblich unterstützen. Denn Steuerberaterinnen und Steuerberater sind nah am Puls der Zeit und können oft die Personalabteilung eines mittelständischen Unternehmens stark entlasten oder gar ersetzen. Dazu müssen wir diese Informationen lernen zu nutzen und vor allem nutzbar machen. Denn über die Lohnbuchhaltung laufen jede Menge relevante Daten in Ihrer Kanzlei zusammen. Es ist an der Zeit für ein durchdachtes Personalcontrolling in kluger Ergänzung zu unserer herkömmlichen Lohnabrechnung! Die Lohninformationen unserer Mandanten liefern unseren Kunden wichtige Entscheidungsgrundlagen und uns wichtige Beratungsansätze. So geben beispielsweise Entwicklungsverläufe und erreichte

Stundensätze Orientierung. Das zahlt sich in wirtschaftlich schwierigen Situationen doppelt aus. Selbst das Instrument der Kurzarbeit, auf das aktuell nicht wenige Betriebe angewiesen waren, um ihre Existenz zu sichern, kann hier von Vorteil sein – Stichwort Krise als Chance! Für viele Unternehmen ist und war Kurzarbeit der Ausweg mit Blick auf den Abbau von Arbeitsplätzen in Zeiten von Nullumsatz. Doch in Betrieben, in denen nur einzelne Abteilungen von der Kurzarbeit betroffen sind, ermöglicht dieses Instrument auch neue Auswertungen zur Produktivität der übrigen arbeitenden Bereiche.

4.1 Kostenrechnung in der Lohnabrechnung

Detaillierte Auswertungen einzelner Bereiche können Sie ergänzend bei etwas Vorbereitung zu jeder Zeit über eine Kostenrechnung erstellen. Diese vereinfacht als Bestandteil des Controllings die Zuordnung von einzelnen Buchungspositionen zu vorher definierten Kostenstellen. Beraten Sie gemeinsam mit Ihrem Mandanten, welche Auswertungen für ihn sinnvoll sind und wie die Kostenstellen strukturiert werden sollen. Arbeitet er in verschiedenen Abteilungen, die unabhängig voneinander agieren? Oder werden bei Großprojekten Mitarbeiter aller Bereiche einbezogen? Wenn die Struktur erst einmal steht, bildet sie gemeinsam mit der Buchhaltung die Grundlage für ein qualitätsgesichertes Controlling. Um dem Unternehmen noch mehr Aussagekraft zu bieten, können sie diese Kostenstellen noch um weitere betriebliche Kennzahlen ergänzen – so geht Controlling heute und wird auch für den Mittelstand greifbar.

4.1.1 Nutzen Sie den Datenschatz

Mit der Lohnabrechnung speichern Sie in Ihrer Kanzlei zahlreiche Informationen, die die optimale Basis für betriebswirtschaftliche Auswertungen bieten. Aus Geburtstagen wird somit eine Aussage zur Altersstruktur, aus der monatlichen Abrechnung eine Lohnkostenanalyse. Zeigen Sie Ihrem Mandanten, wie es um seine Mitarbeiterstruktur bestellt ist. Werten Sie zum Beispiel aus, welche Stellen in den nächsten Monaten und Jahren geplant frei werden, weil Mitarbeiter in den Ruhestand gehen. So hat Ihr Mandant mit seinem Unternehmen die Möglichkeit, diese Informationen bei geplanten Umstrukturierungen einzubeziehen oder sich frühzeitig um passende Nachfolger zu kümmern. In Zeiten fehlender Fachkräfte ist dieser Vorsprung besonders wichtig und kann entscheidend für die Besetzung einer Stelle mit qualifizierten Mitarbeitern sein.

4.1.2 Cheftresor® erzählt Lohndaten neu aus

Auf dem Markt gibt es dafür bereits eine Reihe von Lösungen und Tools von Vor- und Nachsystemen. Exemplarisch möchten wir hier Cheftresor® nennen. Wir haben für uns eine Lösung gesucht und eine eigene Software-Komponente in der Softwarelösung Cheftresor® implementiert. Diese funktioniert als Vorsystem, um die Meldungen der Mandanten zu den Stammdaten und Neueinstellungen barrierefrei an die Kanzlei zu übermitteln. Die Kanzlei kann dann auf Knopfdruck in den Abrechnungsdaten die Infos übernehmen. Der integrierte Konverter übernimmt ebenso die Daten zu Kurzarbeit, Kostenstellen, Urlaub und Reisekosten. Der zweite Aspekt von Cheftresor® ist die Nutzung der Lohndaten zur Unternehmerinformation hinsichtlich der Lohndaten, von monatlichen Lohnreports über die Personalkostenanalyse im Detail und den Mitarbeiterabrechnungen im Einzelnen bis hin zu Analysen, der Erinnerung an Mitarbeiter-Geburtstage, Ende von Probezeiten und Befristungen. Hier ist Cheftresor® als Nachsystem imstande, den Chefs die relevanten Daten aus der Lohnabrechnung einfach darzustellen und das Wichtigste zur richtigen Zeit auszuerzählen. Auch die Kanzleimitarbeiter profitieren von den neuen Auswertungen, denn im Kanzleialltag stellen diese Auswertungen ein Novum dar. So gelingt auf der »alten« Datenbasis mehr Transparenz auf beiden Seiten. Unsere Datenbestände und Berechnungen erzeugen einen ganz anderen Nutzen. Verstehen Sie diese Zeilen unbedingt als dringenden Appell an Sie, die Nähe zu unseren Mandanten in Sachen Personal als Beratungsansatz und die Lohndaten zu weit mehr zu nutzen als bisher!

4.1.3 Das digitale Lohnbüro – gehen Sie mit der Zeit

In der alten Welt der Steuerberatung geben wir den Mandanten die Lohnzettel und das Lohnjournal an die Hand. Die unübersichtliche Aneinanderreihung von Zahlen, Daten und Mitarbeiter-Informationen mutet in ihrer Aufmachung wie aus einer anderen Zeit an. Selbst eine übervolle Excel-Tabelle lässt sich angenehmer lesen. Im Look and Feel der 1990er-Jahre (und damit im letzten Jahrhundert!) stehen geblieben, eignen sich diese Lohnjournale auf Papier so bestens als Füllmaterial im Aktenordner. Das ist es auch, was die meisten Mandanten mit diesen so wertvollen Informationen machen: Abheften und vergessen. Arbeiten hingegen kann mit diesen Daten aufgrund der Unübersichtlichkeit leider kaum jemand. Einen Mehrwert bieten diese Zahlenkolonnen schon gar nicht. Unter Lohnbuchhaltung in der Neuzeit und mit den heutigen Möglichkeiten nur die Lohnabrechnung und Lohnzettel zu verstehen – das reicht einfach oft nicht mehr aus!

Stattdessen sollten wir lernen, den vorhandenen Datenschatz, den die Lohnbuchhaltung uns als Branche bietet, endlich wirklich zu nutzen und als Steuerberater das Thema Personal umfassend in den Blick zu nehmen.

4.2 Wozu braucht es eine Personalkostenplanung?

In einem kleinen Handwerksbetrieb mit einer Handvoll Mitarbeitern mag Ihr Mandant seine Personalkosten noch im Blick (und wahrscheinlich sogar im Kopf) haben. Doch schon ab zehn Mitarbeitern mit unterschiedlichen Positionen wird es unübersichtlich. Zudem ändern sich beispielsweise Tarifverträge, Mindestlöhne oder die Sachkosten.

Man kann es nicht oft genug wiederholen: Der Mensch ist das wichtigste Kapital des Unternehmens. Aber auch das Teuerste. Einfach nur Mitarbeiter einstellen, das ist längst nicht mehr ausreichend. Als Steuerberater sollten wir dazu beitragen, unsere Mandanten dazu zu befähigen, das Humankapital im Unternehmen genauso akribisch zu planen, wie es bei anderen Investitionen der Fall ist. Personalkostenplanung lautet das Stichwort. Selbst steuern statt (unangenehm) überrascht werden heißt das Motto. Nehmen wir zum Beispiel einen Pflegedienst mit 50 Mitarbeitern. Mit dem zuvor beschriebenen Lohnjournal ist es für die Chefin oder den Chef eines solchen Unternehmens schon eine Herausforderung, auf Anhieb den Gesamtbruttolohn des Arbeitgebers zu bestimmen.

Wie dieser im Verhältnis zum Rohertrag steht, ob die Personalkosten im Vergleich zum Vormonat oder Vorjahr steigen, geschweige denn warum – das alles würden die Lohnzahlen sogar verraten, wenn man die Black Box denn auslesen könnte. Ziel muss es also sein, den Mandanten darin zu unterstützen, selbst handlungsfähig zu werden, Trends und Entwicklungen in der Bezahlung seiner Arbeitnehmer zu (er)kennen und gezielt gegenzusteuern, wenn es nötig ist. Wenn die Corona-Krise eines gezeigt hat, dann, dass es an der Zeit ist, dem Thema Personal und Personalkosten deutlich mehr Beachtung zu schenken als bisher. Denn auch trotz der nicht absehbaren wirtschaftlichen Auswirkungen werden viele Branchen weiterhin Fachkräfte benötigen. Das Argument, ohnehin keine Mitarbeiter zu finden, zählt nicht als Ausrede, seine Hausaufgaben nicht zu machen und das wichtigste Pfund des Unternehmers nicht auch als solches in den Fokus zu nehmen.

4.3 Wertschöpfung und Produktivität der Mitarbeiter

Gute Mitarbeiter kosten gutes Geld. Was ihre Mitarbeiter wirklich leisten, bestimmen viele Unternehmer aber eher über ihr Bauchgefühl als über nackte Zahlen. Das mag funktionieren, solange der »Laden läuft«, wie es so schön heißt. Ratsamer wäre es aber genau beziffern zu können, welche **Wertschöpfung** das eigene Team tatsächlich erbringt. Wer Personal- und Sachkosten pro Stunde ins Verhältnis zum Rohertrag setzt, hat einen fundierten Überblick über die reale Leistung des eigenen Unternehmens und gewinnt wertvolle Erkenntnisse. Denn anhand dieser Informationen, die uns wiederum die Lohndaten liefern, lassen sich auch Verrechnungspreise bzw. die **Stundensatzkalkulation** ableiten. Ganz gleich, ob Ihr Mandant einen Handwerksbetrieb, einen Pflegedienst oder ein Unternehmen im produzierenden Gewerbe hat – es sollte Ihre Top-Priorität als Steuerberater sein, die Mandantendaten so aufzubereiten, dass Sie diese Informationen liefern können.

Sind die Personalkosten im Vergleich zum Rohertrag stabil, gehen sie nach unten oder nach oben? Ein Arbeitgeber, der jeden Monat die Verantwortung für die Zahlung zehntausender Euro an seine Mitarbeiter hat, sollte die Antwort auf diese Fragen kennen. Mithilfe dieser Zahl, der **Mitarbeiterwertschöpfung**, können Ihre Mandanten Ihr Unternehmen verantwortungsvoll steuern. Die Personalkosten sind in vielen Firmen der größte Hebel, der größte Kostenfaktor – und zudem ein entscheidender Leistungsfaktor auf Seiten des Unternehmers. Denn als Arbeitgeber trägt er Verantwortung für seine Mitarbeiter.

Sinkt der erwirtschaftete Umsatz je eingesetztem Euro Personalkosten über einen längeren Zeitraum, dann gibt es dafür verschiedene mögliche Gründe: Das Unternehmen hat die falschen bzw. zu viele Mitarbeiter für die Aufgaben angestellt. Das Team arbeitet nur mit geringer Produktivität, hat eventuell viele Ausfallzeiten und ist nicht motiviert. Als Steuerberater können Sie anhand der Lohnabrechnung prüfen, ob sich auch die Arbeitsausfälle gehäuft haben. In diesem Fall können Sie Ihrem Mandanten hinsichtlich Personalführung, Gesundheitsförderung und Mitarbeiterauswahl beratend zur Seite stehen. Ein weiterer Grund: Die Prozesse ermöglichen kein produktives Arbeiten und sollten überprüft werden. Hier kann zum Beispiel die Einführung einer neuen Anlage oder eines neuen Programms der Auslöser sein, wenn das neue Arbeitsmittel noch nicht optimal in den Arbeitsablauf eingebunden ist. Ein Vergleich der Arbeitszeiten und des Produktionsergebnisses (beispielsweise gefertigte Produkte, erledigte Aufträge oder Projekte) kann Ihnen Aufschluss über das Problem geben. Als Steuerberater können Sie auch ganz konkret Ihre Hilfe anbieten, um **Verwaltungsprozesse** zu verbessern. Optimieren Sie gemeinsam mit Ihrem Mandanten die Belegzuarbeit und Abstimmung mit Buchhaltung und Lohnabrechnung. Was das Ihrem Mandanten bringt? Bei den ausführenden Mitarbeitern werden mehr Kapazitäten für andere Aufgaben und damit die eigentliche Wertschöpfung frei.

Sie sehen in Ihrer Analyse, dass die Personalkosten Ihres Mandanten überproportional zu den Verkaufspreisen steigen? Sicher ist, dass Unternehmen ihre Verkaufspreise regelmäßig überprüfen und der Kostenentwicklung anpassen sollten. Nutzen Sie die Daten aus Lohnabrechnung und Buchführung, um eine Kostenrechnung zu erstellen und zeigen Sie Ihren Mandanten die Entwicklung der letzten Jahre als Basis für eine neue Preiskalkulation. Der vierte mögliche Grund: Das Unternehmen verzeichnet einen Umsatzrückgang, passt aber die Personaldecke nicht an. Doch der Umsatz und damit die Einnahmen des Unternehmens sind nun einmal die Beschäftigungsgrundlage für alle Mitarbeiter. Bricht dieser weg, müssen zwangsläufig auch Stellen abgebaut werden. Ist diese Entwicklung aber frühzeitig erkennbar, hat das Unternehmen die Chance, einen Weg zu finden, die freien Kapazitäten mit neuen gewinnbringenden Tätigkeiten zu füllen, anstatt in eine ernsthafte Schieflage zu geraten. Bestes Beispiel ist die Entwicklung eines neuen Produkts oder auch das flexible Umstellen auf neue Gegebenheiten, wie es die Textilindustrie in der Corona-Krise beispielhaft vorgemacht hat.

Die Mitarbeiterwertschöpfung bietet aber noch einen weiteren Vorteil: Diese Kennzahl ist eine gute Möglichkeit für Ihren Mandanten, seine Arbeitnehmer ins Boot zu holen, sie in die Verantwortung für das erfolgreiche Agieren eines Betriebs am Markt zu nehmen. Damit Mitarbeiter aber wissen, wo ihr Unternehmen steht, braucht es Transparenz. Viele Chefinnen und Chefs, gerade im kleineren Mittelstand, scheuen sich aber davor, ihren Mitarbeitern offen Umsatzzahlen oder Personalkosten von mehreren hunderttausend Euro in Summe offenzulegen. Über die Mitarbeiterwertschöpfung schlagen Ihre Mandanten also zwei Fliegen mit einer Klappe: Mehr Transparenz und Verantwortlichkeit auf beiden Seiten.

4.4 Stundensätze richtig kalkulieren

In direktem Zusammenhang mit den Personalkosten stehen auch die Stundensätze. Für uns als Steuerberater sind sie neben der Vergütungsverordnung die Basis für unsere Honorarberechnung. Ebenso ergeht es unseren Mandanten, speziell im Dienstleistungssektor und im Handwerk. Genau wie die Abverkaufspreise im produzierenden Gewerbe müssen Stundensätze regelmäßig der allgemeinen Preisentwicklung angepasst werden. Unterstützen Sie als betriebswirtschaftlicher Berater Ihre Mandanten auch bei der Stundensatzkalkulation. Die Lohnbuchhaltung macht es möglich und einfacher, als man denkt. Grundsätzlich gilt für die Berechnung folgende Formel:

$$\frac{\text{Gesamtkosten}}{\text{Anzahl mögliche Leistungseinheiten pro Jahr}} = \text{Stundensatz}$$

Die tatsächlichen **Gesamtkosten** inklusive der Betriebskosten (Gemeinkosten zur Aufrechterhaltung des Betriebs), des Unternehmerlohns und der kalkulatorischen Kosten (Abschreibungen, Zinsen, Wagnisse) liegen als Ergebnis der Buchführung bereits vor.

Die möglichen **Leistungseinheiten** ergeben sich aus den jährlich verfügbaren Arbeitsstunden aller Mitarbeiter (ohne Fehlzeiten, Feiertage, Urlaub usw.) abzüglich unproduktiver Zeiten (das betrifft beispielsweise aufgewendete Zeit für Verwaltung oder Weiterbildung). Evaluieren Sie diesen Parameter gemeinsam mit Ihrem Mandanten – er kann am besten einschätzen, welchen Produktivanteil seine Mitarbeiter und er selbst tatsächlich leisten können.

Als Ergebnis dieser Berechnung erhalten Sie den **Mindeststundensatz**, den das Unternehmen ansetzen muss, um kostendeckend zu arbeiten. Dieser sollte anschließend noch mit einem Gewinn- und Wagniszuschlag versehen werden. Damit ist die Gewinnspanne klar definiert und bereits ein Puffer für unvorhergesehene Kostensteigerungen vorgesehen. Natürlich muss der ermittelte Stundensatz immer im Verhältnis zum Markpreis betrachtet werden. Ist dieser höher, kann auch der Stundensatz nach oben korrigiert werden und die Gewinnspanne wächst. Diktiert der Markt allerdings niedrigere Preise, muss die Kostenstruktur angepasst werden, damit ein Unternehmen konkurrenzfähig arbeiten kann. Dann können Sie gemeinsam mit Ihrem Mandanten wiederum prüfen, welche Prozesse effizienter und damit kostengünstiger gestaltet werden könnten.

Beispiel

Ermittlung der Leistungseinheiten

Ein Handwerksbetrieb hat fünf Produktiv-Mitarbeiter (Jahreslohn je 36.000 €), einen Geschäftsführer (50 % Verwaltungszeiten) und eine Vollzeit-Verwaltungskraft.

Verrechenbare Stunden = Produktivität	Tage	Stunden
Arbeitsstunden pro Tag		8,00
Arbeitstage	260	
Arbeitsstunden pro Jahr		2.080,00
davon Feiertage	./. 11	./. 88,00
davon Urlaub	./. 25	./. 200,00
davon Krankheit/sonstige Fehltage	./. 10	./. 80,00
Zwischensumme		1.712,00
davon »unproduktive« Zeiten	20 %	342,00
verfügbare »produktive« Zeit bei Vollauslastung		1.370,00
anzusetzende »produktive« Zeit bei 75 % Auslastung		1.028,00

Ermittlung der Kosten

	Beispiel
Betriebskosten gesamt	60.850 €
Kalkulatorische Kosten	
Kalkulatorische Abschreibungen	3.000 €
Kalkulatorischer Unternehmerlohn (60.000 €) Davon 50 % Verwaltungszeiten	30.000 €
Kalkulatorische Zinsen	800 €
Kalkulatorische Wagnisse, Miete …	
Summe Gesamtkosten	**94.650 €**

Ermittlung Stundensatz

Gehaltskosten je Nettoarbeitsstunde (Produktivmitarbeiter) bei Vollauslastung	26,28 €
Gehaltskosten je Nettoarbeitsstunde (Produktivmitarbeiter) bei 75 % Auslastung	35,02 €
Gesamtkosten	94.650 €
Verfügbare Produktive Zeit bei Vollauslastung … bei 75 % Auslastung	6.850 Stunden 5.138 Stunden
Mindest-Gemeinkostenzuschlag je Stunde … bei Vollauslastung … bei 75 % Auslastung	 13,82 € 18,43 €
Gewinn- und Wagniszuschlag 5 %	0,70 €
Kalkulierter Stundensatz Minimum bei Vollauslastung	**40,81 €**
Kalkulierter Stundensatz Minimum bei Auslastung 75 %	**54,15 €**
Durchschnittlicher Stundensatz am Markt	49,00 €
Stundensatz für Angebote (netto)	**?? Euro**

4.5 Balanced Scorecard – Ziele und Strategien messbar umsetzen

Umsatz und Liquidität hat man als Unternehmer meist im Blick. Darüber hinaus die Arbeit der eigenen Steuerkanzlei messbar zu machen, ist ein spannender Ansatz, der sich nicht nur im Rahmen der betrieblichen Neuausrichtung lohnt. Mit Sicherheit haben Sie neben dem klassischen Tagesgeschäft viele weitere Pfunde, mit denen Sie wuchern können, seien es das Kanzleimarketing, Seminare (und inzwischen vor allem Online-Seminare) oder die Weitergabe des eigenen Know-hows an Ihre Mandanten in Form von Newslettern oder Blogbeiträgen. Um jedoch regelmäßig einen solchen Überblick über das eigene Unternehmen zu gewinnen und einen entsprechenden Report zu erstellen, braucht es Zeit, die dann vielleicht an anderer Stelle fehlt. Also muss eine standardisierte Lösung her, die einfach umzusetzen ist und das gesamte Team einbezieht. Balanced Scorecard (kurz BSC) lautet die Antwort.

BSC ist ein **Konzept zur Erfolgsmessung der strategischen Zielgrößen** eines Unternehmens. Dieses Instrument misst standardmäßig die vier Dimensionen Kunden, Mitarbeiter, Prozesse und Finanzen. Grundidee dabei ist, das klassische monatliche Kennzahlensystem um andere Strategiebestandteile und so genannte »weiche Faktoren« zu erweitern. So lassen sich damit beispielsweise auch die Ideenkultur eines Unternehmens oder Wissensergebnisse mit Blick auf die interne oder externe Weiterbildung Ihrer Mitarbeiter bewerten. Das BSC-Konzept ist durch regelmäßige Fortschrittskontrollen eine gute Strategieumsetzungshilfe. Dabei legen Sie die für Ihr Unternehmen wichtigsten Kontrollkriterien selbst fest und entwickeln eine Matrix Ihrer relevanten Informationspunkte. Besonders viel Wirkung erzielt die BSC, wenn Sie Ihre Mitarbeiter bereits in die Entwicklung und Festlegung dieses individuellen Systems einbeziehen und die Ergebnisse im Unternehmen zudem regelmäßig kommunizieren.

Neben klassischen Trackingzahlen wie dem erwirtschafteten Umsatz gibt es zahlreiche andere Indikatoren rund um Kunden, Finanzen, Mitarbeiter und Prozesse, deren regelmäßige transparente Auswertung sich lohnt, vor allem im Zusammenspiel mit Ihrem Team. Das Modell der Balanced Scorecard vereint ausgewählte Aspekte aus allen Unternehmensbereichen und ist daher eine ideale Basis für zukünftige Entscheidungen jedweder Art. Machen Sie sich also die Mühe und legen Sie die zu messenden Punkte im Miteinander fest. Für die Akzeptanz bei allen Mitarbeitern ist es wichtig, die Bestandteile und Bewertungsgrundlagen klar zu kommunizieren und die Ergebnisse regelmäßig zu zeigen. Vor allem aber müssen Ihre Mitarbeiterinnen und Mitarbeiter wissen, wie sie selbst mit ihrem Handeln das Ergebnis beeinflussen können. Werten Sie zum Beispiel die Kundenzufriedenheit aus, so wird jeder einzelne Kundenkontakt zum Baustein für das Gesamtergebnis. Werden Ideen und Verbesserungsvorschläge eingereicht, optimiert das Prozessabläufe und minimiert beispielsweise die Fehlerquote. Fördern Sie die Beteiligung und machen Sie Ihre Mitarbeiter zum hauseigenen Innovationsteam!

4.5.1 Praxisbeispiel: MALICK – die Balanced Scorecard der Ines Scholz Steuerberatungsgesellschaft

Das MALICK-System der Ines Scholz Steuerberatung mbH misst Mitarbeiterstimmung, Krankenstand, Umsatz und Liquidität, Wissenszuwachs, Kundenorientierung und Servicequalität sowie weitere wichtige unternehmensspezifische Kennzahlen wie zum Beispiel die Zielerreichung im Bereich der Jahresabschlüsse oder die Entwicklung digitaler Prozesse und die indexierte Entwicklung des Kundenbestands. Aber auch die Punkte Ideen- und Lernkultur sowie Leidenschaft finden sich in der **Umfrage** wieder, um über das operative Tagesgeschäft hinauszublicken. So erfragt diese BSC unter anderem, wie es den Mitarbeitern geht, wie die Stimmung unter den Kolleginnen und Kollegen ist. Zudem sollen sie ihr eigenes Arbeitspensum und die interne Kommunikation einschätzen. Außerdem wird der Krankenstand erfasst. Grundvoraussetzung ist naturgemäß ein ehrliches Feedback. Nur so lassen sich negative Entwicklungen frühzeitig erkennen und entsprechend entgegenwirken.

Beim Kundenindex geht es hingegen um klar definierte Zahlen: Erfasst werden Mandatsabgänge und -zugänge. Diese Veränderungen des Mandantenbestands werden wiederum durch Punktwerte mit den zugrundeliegenden Umsätzen verknüpft. Auf diese Weise weiß die Kanzlei genau, welches Wachstum es braucht, um die vorgehaltenen Kapazitäten untersetzen zu können. Denn es greift längst zu kurz, nur Umsätze und Liquidität im Blick zu haben. Dann können Sie zwar sagen, ob es gut oder schlecht läuft. Wo genau es hakt, wissen Sie aber trotzdem nicht. Über eine detaillierte und an der Kanzleipraxis orientierten Analyse des Ist-Zustands haben Sie jedoch die Möglichkeit, jeden Monat an kleinen Stellschrauben zu drehen, um das gewünschte Ergebnis zu erzielen.

So geht es in punkto Leidenschaft darum einzuschätzen, inwiefern sich die Kanzlei von anderen Kanzleien abhebt. Wie gelingt zum Beispiel Wissens- und Lernkultur? Das kann die Entwicklung neuer Merkblätter und interner Wissensdokumente sein, die wiederum das Wissensmanagement der Kanzlei stärken. Aber auch der besondere Einsatz für ein wichtiges Projekt oder die Vorbereitung und Durchführung von Mandantenveranstaltungen gehören in diese Dimension. Auf diese Weise macht sich das Team der Autorin Monat für Monat bewusst, welche Extrameilen man gemeinsam gegangen ist. Im Detail setzt dieses BSC-Modell auf wenige Kennzahlen, die anhand einer Schulnote für den gesamten Monat und anhand von Teilnoten in den einzelnen Bereichen ausgewertet werden. Aufgabe ist es, mit sieben Fragen jeden Monat aufs Neue zu ermitteln, wo die Kanzlei steht. Die vereinbarten Kriterien fließen in die Bewertung ein, an deren Ende je Dimension eine Schulnote von 1 bis 6 vergeben wird. Daraus ergibt sich schließlich eine Gesamtnote, die auf einen Blick zeigt, wo das Unternehmen aktuell steht. Die Auswertung wird anschließend in einer grafischen Darstellung auf einer Seite zu einer Schulnote verdichtet. Die

Mitarbeiter erhalten jeden Monat eine Erinnerung, sich an der Umfrage zu beteiligen, die in maximal fünf Minuten ausgefüllt ist. Mittlerweile wird die Befragung sogar wöchentlich durchgeführt, um ein noch besseres und direkteres Ergebnis zur Einschätzung von Stimmung und Wissenskultur im Unternehmen zu erhalten.

Warum eine Schulnote? Weil wir stets einen Bewertungsmaßstab brauchen, um Zahlen einschätzen zu können. Schulnoten sind jedem von uns vertraut. Wir wissen somit auf einen Blick, ob unsere Leistung sehr gut, befriedigend oder mangelhaft war. Besprechen Sie das Ergebnis zudem regelmäßig in entsprechenden Planungsrunden, zum Beispiel im Wochenmeeting, und überlegen Sie gemeinsam mit Ihrem Team, ob und welche Maßnahmen zu ergreifen sind, wenn Ihre Kanzlei im gelben oder sogar im roten Bereich liegt.

4.5.2 Balanced Scorecard im Alltag integrieren

Noch einer kleiner Praxistipp: Die Auswertung selbst sollten die Mitarbeiter übernehmen. So nehmen Sie als Kanzleileitung keinerlei Einfluss auf diese Statistik, sondern nehmen vielmehr als Teil des Teams selbst an der Befragung teil. Zudem fördern Sie damit das Vertrauen Ihrer Mitarbeiter – sowohl untereinander als auch zur Unternehmensführung, der somit keinerlei »Trickserei« oder »Schönfärberei« nachgesagt werden kann. Auch sehr wichtig: Es geht mit einem BSC-Modell nicht darum, jeden Monat immer nur im grünen Bereich zu sein, damit sich alle wohlfühlen. Wäre das der Fall, wären die gesteckten Ziele wohl nicht ambitioniert genug. Vielmehr geht es um eine ehrliche Betrachtung und ein genaues Hinschauen. Es geht um ein wirkliches Miteinander. Ein BSC-Modell bietet also ein gutes Monatsreporting und einen wertvollen Überblick über die wesentlichen Bereiche eines Unternehmens. Die Bewertung nach Schulnoten und klare Zielvorgaben machen die BSC zu einem transparenten Informationsinstrument für Geschäftsführung und Mitarbeiter.

Wer es für den Anfang ein weniger leichter möchte, kann auch auf die Idee eines **Scoreboards** zurückgreifen. Ähnlich wie bei einem Fitnesstracker werden die wichtigsten Aspekte wie zum Beispiel in punkto Finanzen, Kundennutzen oder Teamgeist erfasst. Dabei handelt es sich quasi um eine abgespeckte Version der Balanced Scorecard, mit der grundsätzliche Fehlentwicklungen aber ebenfalls schnell sichtbar werden. Ein Scoreboard können Sie sich wie eine große Anzeigetafel vorstellen, auf der der aktuelle Spielstand Ihres Teams angezeigt wird – wie im Sport. Wenn ein Team nicht weiß, wie das Spiel steht, kann es weder seine Taktik noch sein Verhalten anpassen. Diese einfache Erkenntnis wird auf die Führung eines Unternehmens übertragen. Über ein Scoreboard stellen Sie sicher, dass Ihre Mannschaft die wichtigsten Kennzahlen kennt – wobei es darauf ankommt, dass Ihre Mitarbeiter diese Zahlen auch verstehen. Außerdem kennen alle den Spielstand und können gemeinsame Ziele vereinbaren. Wenn jeder weiß, was aktuell im Unternehmen geschieht, lassen sich Entscheidungen einfacher treffen und führen sehr wahrscheinlich auch zu besseren Ergebnissen. Ganz gleich, ob Sie den umfangreicheren Ansatz der Balanced Scorecard oder die Light-Variante des Scoreboards bevorzugen – diese Form des Reportings gehört in jedes Unternehmen unabhängig von seiner Größe und Mitarbeiterzahl.

4.6 Planungshorizonte schaffen: Jahreszielplanung im Check-up

Jahreszielplanung – das klingt nach starren, unflexiblen Zielvorgaben? Ganz im Gegenteil. Es ist ein kraftvolles Instrument zur effektiven Umsetzung gemeinsam vereinbarter Ziele. Eine Wirtschaftskrise wie die Pandemie macht dieses Vorgehen auf den ersten Blick hinfällig. Tatsächlich gewinnt nun die Wochen- und Quartalsplanung eine ganz neue Bedeutung, dazu weiter unten mehr. Zunächst wollen wir uns aber erst einmal ansehen, was es mit dem langfristigen Planungshorizont auf sich hat. In anderen Branchen seit langem gang und gebe, tun sich viele Berufskolleginnen und -kollegen der Steuerberatungsbranche bislang schwer mit einer konkreten Zielplanung. Es stimmt: Unsere Branche hat scheinbar gesicherte Umsätze und immer wiederkehrende Aufgaben zu lösen. Dennoch sollten Sie Ihre Kanzlei zielgerichtet weiterentwickeln und zukunftsfähig aufstellen.

Denn jenseits unseres »sicheren Zwangsgeschäfts« stellt sich uns als Unternehmer eine entscheidende Frage: Will ich mich vom Zufall treiben lassen? Gebe ich mich ausschließlich mit Standarddienstleistungen zufrieden in der Hoffnung, dass keiner meiner Mandanten abspringt und sich einen Steuerberater sucht, der ein wenig mehr mit der Zeit geht? Oder will ich gemeinsam mit meinen Mitarbeitern zeitgemäße Dienstleistungen entwickeln? Will ich meine Mandanten wirklich proaktiv beraten und mich gemeinsam mit ihnen auf den Weg in die Zukunft machen? Will ich die Möglichkeiten der Digitalisierung nutzen, um meinen Mandanten und meiner Kanzlei die Arbeit zu erleichtern? Will ich nicht zu guter Letzt als Steuerberater auch zukünftig noch relevant sein oder will ich warten, bis sich mein Berufsbild überholt hat, weil ich nicht zu Veränderungen bereit bin? Wer sich nicht vom Zufall treiben lassen will, braucht also ein Ziel. Und eine fundierte Jahreszielplanung ist der beste Anfang. Doch wo genau anfangen, wenn bislang der Zufall regiert hat? Zunächst empfiehlt es sich für Sie als Kanzleileitung, gemeinsam mit zwei, drei engen Mitarbeitern eine **Arbeitsgruppe** zu bilden. Sammeln Sie erste Ideen und stellen Sie eine spannende Agenda auf, die Ihre Mitarbeiter mitnimmt und möglichst nah dran ist an Ihrer beruflichen Praxis. Widmen Sie sich zunächst den brennendsten Fragen. Versuchen Sie, unterschiedliche Perspektiven einzunehmen. Formulieren Sie konkrete Fragen- und Aufgabenstellungen.

Um ein solches Format erstmals umzusetzen und zum Leben zu erwecken, sollten Sie sich viel Zeit in der Vorbereitung nehmen. Wichtig ist zudem, dass die Jahreszielplanung im November, spätestens im Dezember stattfindet, damit Sie mit Ihrer Mannschaft gleich zu Beginn des neuen Jahres richtig loslegen können. Ein Termin im Januar ist dagegen eher ungünstig. Zum einen bleibt in der Hochdruckphase am Jahresende wenig Zeit und Muße für eine gründliche Vorbereitung. Zum anderen wird es schnell März, bevor Sie mit Ihren neuen Zielen konkret starten werden. Klären Sie für sich, was Sie mit einer Jahreszielplanung erreichen wollen, welche Erwartungen Sie haben, welche wichtige Rolle den Mitarbeitern zukommt – und erklären Sie all das Ihren Angestellten. Denn: Die wichtigsten Berater eines Unternehmens sind die eigenen Mitarbeiter! Nutzen Sie die Jahreszielplanung also auch dazu, Ihren Angestellten direkt und indirekt Ihre Wertschätzung zu zeigen. Machen Sie deutlich, wie wichtig Ihnen offener Austausch und ein ehrlicher Umgang miteinander sind und Sie werden erleben, wie sich Ihr Team auf dieses Format einlassen wird. Natürlich werden Sie auch auf Vorbehalte und Widerstände stoßen. Nicht alle Mitarbeiter werden sich auf Anhieb mitreißen lassen. Denn eine gemeinsame Jahreszielplanung, an der das ganze Team mitwirkt, bedeutet auch, dass sich der Einzelne nicht verstecken kann, sondern aktiv etwas beitragen muss.

Gerade in kleinen und mittelständischen Unternehmen, in dem die Mitarbeiter nah beieinander sind, empfiehlt sich eine solche Jahreszielplanung als konzentriertes Tagesmeeting. Nehmen Sie sich einmal im Jahr Zeit, um gemeinsam zu verabreden, was Sie im darauffolgenden Jahr miteinander erreichen wollen. Andere Termine gibt es an diesem Tag nicht, das gesamte Team sollte dabei sein. Begreifen Sie eine solche Planungsrunde weniger als Möglichkeit Umsatzzahlen oder die Anzahl neuer potenzieller Mandanten auszuloten. Natürlich sollte zu Beginn der Rückblick auf das zu Ende gehende Jahr stehen. Sehen Sie sich dafür die einzelnen Geschäftsbereiche einzeln an und stellen Sie sich folgende Fragen: Passt das, was Sie tun, noch zum aktuellen Stand und zu dem, was Sie als Team in der letzten Jahreszielplanung miteinander vereinbart haben? Was können Sie noch besser machen, welche Prozesse noch optimieren? Welche der verabredeten Meilensteine haben Sie erreicht, welche nicht und warum? Ist es Ihnen gelungen, alle Mitarbeiter mitzunehmen oder müssen Sie in Teilbereichen noch einmal speziell weiterbilden? Sind Sie noch nah genug dran an Ihren Mandanten, stimmt die Kommunikation mit Ihren Mandanten?

Nach dieser einleitenden Review-Phase sollte es dann jedoch vielmehr darum gehen, sich gemeinsam Ziele zu stecken, diese fest zu vereinbaren und sich miteinander auf ein konkretes und arbeitsteiliges Vorgehen zu einigen. Achten Sie darauf, an diesem Tag eine besondere Atmosphäre der Wertschätzung und des Miteinanders zu schaffen – ganz gleich, ob Sie in den eigenen Betriebsräumen oder an einem externen Veranstaltungsort zusammenkommen. Lassen Sie als Kanzleileitung jeden in der Runde wissen, dass diese Klausurtagung nicht dem Selbstzweck dient, nicht der Wunsch einer einzelnen Person ist, sondern von allen gelebt werden darf und gelebt werden soll. Machen Sie die Jahreszielplanung zu einem Projekt, zu dem jeder Mitarbeiter seinen Teil beiträgt und lassen Sie jeden wissen, dass es auf sie oder ihn genauso ankommt wie auf die Kollegin oder den Kollegen nebenan. Hier ist die Jahreszielplanung in der Vorbereitung vor allem als Aufgabe der Kanzleileitung skizziert. Analog gilt für größere Kanzleien, dass ein solches Vorausdenken eine der wichtigsten Aufgabe Ihrer Führungskräfte sein muss. Ganz gleich wie Ihr Unternehmen aufgestellt ist: Gerade in unserer schnelllebigen Zeit kommt es darauf an, eine Strategie zu haben, daraus konkrete Ziele abzuleiten und diese im Zusammenspiel mit den Mitarbeiterinnen und Mitarbeitern anzugehen. Eine Jahreszielplanung ist eine gute Möglichkeit, systematisch vorzugehen und die eigenen Zielsetzungen mittel- und langfristig im Blick zu behalten. Fest steht natürlich, dass durch Corona sämtliche Jahrespläne vieler betroffener Unternehmen gründlich über den Haufen geworfen wurden. Deshalb muss es nun in einem Wochen- und Quartalsplan um die vielen notwendigen kleinen Schritte gehen. Gerade in Ausnahmesituationen geht es bei einer solchen Planung auch darum, gemeinsam im Team wieder Überblick und Orientierung zu gewinnen. Zudem müssen Ergebnisse und deren Erreichung an die geänderten Gegebenheiten angepasst werden.

Reflektieren Sie gemeinsam mit Ihrem Mandanten, wo das Unternehmen aktuell steht. Nutzen Sie die Zahlen, Daten und Fakten der Buchhaltung, um Krisenmanagement, neue Projekte sowie wichtige Vorhaben fest in den Blick zu nehmen. Mindestens einmal im Quartal sollte ein Zielabgleich stattfinden: Was hat sich getan hinsichtlich der wichtigsten Themen wie Finanzen, Mitarbeiter, Kunden oder Prozesse? Zudem sollten eine Umsatzplanung und eine Meilensteinplanung fester Bestandteil der Überlegungen sein, beides jeweils mit einem Planungshorizont von zwölf Wochen. Wichtig ist, sich im Team auf einen festen Termin zu einigen und diesen einzuhalten. Unternehmer sollten den eigenen Zahlen immer besondere Aufmerksamkeit schenken, aber auch beim »Business as usual« können sich Dinge nur verbessern und verändern, wenn die ganze Mannschaft dranbleibt.

Wenn Sie dieses Vorgehen im Unternehmen implementieren möchten, können Sie sich unter anderem näher mit der OKR-Methode oder 4DX-Methode befassen. Mehr dazu erfahren Sie in Kapitel 11 – Beratungsansätze von A bis Z. Entscheidend ist in jedem Fall, Strategieplanung als wesentliches Instrument der Unternehmensführung und Krisenbewältigung zu begreifen, damit man auch in wirtschaftlich schwierigen Zeiten ins Handeln kommt. Beachten Sie zudem wie bei allen Planungsroutinen das Gebot der

Schriftlichkeit und Transparenz. Wenn Ziele schriftlich festgehalten werden, gelingt die Umsetzung im Team erfolgreicher. Nutzen Sie die Intelligenz vieler, um Ihr Unternehmen zu steuern, egal wie groß die Herausforderungen gerade sind.

4.7 Personalbüro 4.0: Noch mehr aus Lohndaten machen

Als Ansprechpartner für die Lohnabrechnung verwalten Sie als Steuerberater wichtige Daten zum Mitarbeiterstamm und haben einen Überblick, der manchem Geschäftsführer in seinem Arbeitsalltag fehlt. Über technische Lösungen wie zum Beispiel DATEV Unternehmen Online und Arbeitnehmer Online lassen sich diese Informationen bündeln und in sicherer Umgebung digital bereitstellen. Gut funktionierende Prozesse und schnelle Informationsbeschaffung sind wichtige Kriterien für Unternehmen, gerade auch in wirtschaftlichen Schwierigkeiten. Helfen Sie Ihren Mandanten, die Mitarbeiterverwaltung zu verschlanken, Kosten zu sparen und trotzdem immer aktuell informiert zu sein. Über Unternehmen Online können Sie beispielsweise digitale Personalakten anlegen, Dokumente sammeln und aktuelle Lohnauswertungen zur Verfügung stellen. Arbeitnehmer Online macht aus analogen Lohnzetteln digitale Information, die die Mitarbeiter selbst einsehen können. Das Porto für den Versand der Briefe oder die Verteilung im Haus entfällt.

Haben Sie Ihre eigene monatliche Lohnmeldung bereits digitalisiert? Arbeiten Sie am besten mit Vorlagen oder einem gemeinsamen Portal, über das Zahlen und Belege übertragen werden können. Programme wie der Lohnkonverter ermöglichen das automatische Einlesen der erhaltenen Meldung in Ihr Lohnabrechnungsprogramm. Das bringt eine höhere Produktivität für Ihre Mandanten und Mitarbeiter mit sich – eine Win-win-Situation. Die genannten Stichpunkte ergeben sich aus den von Ihnen ohnehin erbrachten Leistungen und ergänzen diese. Es gibt aber noch weitere Ansätze, mit denen Sie Ihre Mandanten unterstützen können als Personalbüro 4.0. in punkto Personalführung und -entwicklung. Vieles davon setzen Sie wahrscheinlich bereits im eigenen Kanzleialltag um. Besonders in turbulenten Zeiten sind klare Zuständigkeiten, strukturierte Prozesse und gemeinsame Zielvereinbarungen das A und O. Die folgenden Punkte sollten unbedingt schriftlich und für alle (Befugten) zugänglich festgehalten werden:

- Führungsebene und Führungsverantwortung (z. B. Team- oder Abteilungsleiter mit klarer Angabe der zugeordneten Mitarbeiter)
- Stellenbeschreibungen mit Zuständigkeiten für bestimmte Aufgaben oder Themengebiete (dazu im nächsten Abschnitt mehr)
- Ziele für das Unternehmen, Abteilungen und einzelne Mitarbeiter, die auf Monats- oder Quartalsbasis ausgewertet werden

- Hauptprozesse inklusive aller Bearbeitungsschritte und betrieblichen Vorgaben dazu
- Regeltermine z. B. zur gemeinsamen Abstimmung im Team, Aufgabenverteilung, Fortbildung usw.
- Spielregeln für die Zusammenarbeit und Aufrechterhaltung der Unternehmenskultur

In jedem Unternehmen gibt es (mehr oder weniger) klare Hierarchien. Eine gute Führungskraft sollte nicht nur fachlich sattelfest sein, sondern auch für die jeweilige Position geeignet und an der richtigen Stelle eingesetzt sein. Um herauszufinden, wer auf welchem Posten sein volles Potenzial entfalten kann, können Sie zum einen regelmäßig das Fachwissen Ihrer Mitarbeiterinnen und Mitarbeiter abfragen. Bitten Sie Ihr Team, sich hinsichtlich verschiedener Fachgebiete ihres Berufs aber auch zu allgemeinen Tätigkeiten zu positionieren. Auf welchen Gebieten sehen sie sich als Experten? Wo besteht noch Nachholbedarf? In welche Richtung möchten sich die einzelnen Kolleginnen und Kollegen entwickeln und weiterbilden? Wie steht es um das Kommunikationsvermögen mit Ihren Mandanten oder den Umgang mit der Technik? Einen beispielhaften Kompetenz-Fragebogen dazu finden Sie im Anhang (unter 5 Kompetenzfragebogen) und online auf SPmyBook (siehe Hinweis ganz vorne im Buch) zum Download und Einsatz in der Praxis.

4.8 Die richtigen Bewerber einstellen und dauerhaft binden

Doch wie schafft man es gerade in schwierigen Zeiten Mitarbeiter zu finden, die zur Unternehmenskultur passen, die fachlich fit sind, aber auch menschlich eine wertvolle Ergänzung des Teams? Und vor allem: Was hat das mit Ihnen als Steuerberater zu tun? Wenn Sie das Personalbüro 4.0 weiterdenken, können Sie Ihre Mandanten auch hier wie kaum ein anderer externer Berater unterstützen. Sie liefern erneut den wichtigen Blick von außen: Welche Aufgabenbereiche gibt es im Unternehmen Ihres Mandanten? Welche Stellung haben die jeweiligen Stellen/Funktionen innerhalb der Organisation? Welche Kompetenzen und Kenntnisse braucht es dafür? Welche Ergebnisse erwartet das Unternehmen? Tragen Sie gemeinsam mit Ihren Mandanten ganz konkrete Stellenbeschreibungen zusammen. Aufschreiben bringt Klarheit! Dabei orientieren sich zeitgemäße Stellenbeschreibungen nicht an internen Zielvorgaben, sondern an der Wertschöpfungskette eines Unternehmens, also daran, was den Kunden Ihres Mandanten den größtmöglichen Nutzen bietet.

Führung und Betriebsorganisation gehören unbedingt zusammen. Die **Stellenbeschreibung** ist also keine Stellenausschreibung, sondern ein unerlässliches Instrument der Mitarbeiterführung. Daraus eine Stellenausschreibung zu entwickeln, ist der nächste Schritt. Wichtig für beides ist die Vorüberlegung, wen man konkret sucht. Einfacher funktioniert die Beantwortung über die Frage »Wer soll sich auf keinen Fall bewerben?«

Im Team werden dafür Eigenschaften zusammengetragen, die eine Zusammenarbeit unmöglich machen würden. Anschließend ins Positive gewendet, ergibt sich ein Anforderungskatalog, den Sie gemeinsam mit Ihrem Mandanten als Basis für Stellenbeschreibung, Stellenausschreibung und daraus abgeleitet Stellenanzeigen und Co. verwenden können. Denn nur wer sich darüber im Klaren ist, wen er eigentlich sucht, wird auch die Mitarbeiterin oder den Mitarbeiter finden, die oder den es für eine bestimmte Aufgabe braucht. Zudem ermöglichen detaillierte Stellenbeschreibungen und damit die genaue Definition einer Stelle eine systematische Leistungsbewertung. Auch Zielvereinbarungen lassen sich so präziser formulieren.

Sind die richtigen Mitarbeiter gefunden, gilt es diese auf Dauer sinnvoll im Unternehmen einzusetzen. Ein wichtiges Instrument dafür ist die **Zielvereinbarung**. Im Rahmen einer Jahreszielplanung wird vereinbart, was das gesamte Unternehmen erreichen will. Die einzelnen Vorgaben für die Abteilungen, Teams und Mitarbeiter werden daran ausgerichtet und im Mitarbeitergespräch vereinbart. Sowohl monetäre Werte wie Umsatzziele und Kosteneinsparungen als auch konkrete Umsetzungsprojekte oder persönliche Entwicklungsziele können Bestandteile sein. Wichtig ist dabei, dass die Vorgaben »smart« sind. Was heißt das? Gemäß der so genannten SMART-Formel (S für Spezifisch, M für Messbar, A für Akzeptiert, R für Realistisch und T für Terminiert) sollten Ziele klar verständlich, messbar, für die Mitarbeiter machbar und auf einen bestimmten Endtermin hin festgelegt werden.

Damit so getroffene Vereinbarungen nicht über das Jahr in Vergessenheit geraten, sollte der Fortschritt dokumentiert und regelmäßig ausgewertet werden. Je nach Laufzeit kann die **Zielerreichung** zum Beispiel monatlich oder quartalsweise, bei kurzfristigen Projekten auch täglich besprochen werden. Hier ist vor allem die Führungsebene gefragt. Sie muss den Fortschritt der zugeordneten Mitarbeiter überwachen und notfalls eingreifen. Um diese Informationen gebündelt an die Geschäftsleitung weiterzugeben, empfiehlt sich ein **Monatsreport**. Dieser enthält alle relevanten Informationen aus dem jeweiligen Bereich zur Entwicklung der Mitarbeiter und deren Zielen. Außerdem kann er offene Fragestellungen, Berichte zu Projekten und Kunden sowie Entscheidungen beziehungsweise Ausblicke zur Personalentwicklung enthalten.

Mit guten Stellenbeschreibungen schafft man zudem von Anfang an die Grundlage für ein mögliches Weiterbildungspotenzial. So helfen Werkzeuge wie der Fragebogen zum Fachwissen bereits im Bewerbungsprozess. Zum einen erkennt Ihr Mandant mit Hilfe dieses Tools auf den ersten Blick, welcher Bewerber wie viel Zeit in die Beantwortung investiert hat. Zum anderen wird deutlich, ob jemand lieber digital oder analog arbeitet und wie ernst es dem Bewerber mit seiner Anfrage ist. Außerdem zeigt der Fragebogen die Selbstwahrnehmung und persönlichen Schwerpunkte auf. Ist ein Bewerber lernbereit und möchte sich weiterentwickeln? Hält er sich bereits für einen Experten auf nahezu allen Gebieten? Und nicht zuletzt: Ist sein Wissensprofil für die ausgeschriebene Stelle geeignet?

Die Suche nach geeigneten Mitarbeitern beginnt im Grunde genommen aber sogar noch einen Schritt davor. Denn bereits die **Darstellung des Unternehmens in der Öffentlichkeit als Arbeitgeber** und die Ansprache potenzieller neuer Mitarbeiter entscheiden darüber, wer sich bewirbt. Viele Betriebe bieten ihren Angestellten mit Sachgutscheinen, Essenszuschüssen und vielem mehr zusätzliche Boni zum normalen Gehalt. Diese sollten in jedem Fall kommuniziert werden. Auch hier kommen Sie als Steuerberater wieder ins Spiel, wenn Sie aktiv etwas dafür tun. Denn all diese Informationen laufen in der Steuerkanzlei zusammen. Sie können Ihrem Mandanten ins Gedächtnis rufen, was er als Arbeitgeber bietet und die Inhalte für den Einsatz im Recruiting aufbereiten. Als Steuerberater können Sie Ihre Mandanten in Sachen Personal umfassend unterstützen: Mit Personalcontrolling auf Basis der vorhandenen Daten, mit Werkzeugen zur Unternehmensführung und Mitarbeiterentwicklung und mit Ihren eigenen Erfahrungen aus der Arbeitgeberpraxis.

4.9 Talente zum Vorschein bringen

Fachwissen ist das eine. Eignung und erforderliche Persönlichkeitsstruktur das andere. Um herauszufinden, welcher Mitarbeiter auf welcher Position die Idealbesetzung ist, kann und sollte man sich die Talente seiner Angestellten zu Nutze machen. Als Talente bezeichnen wir die individuellen Fähigkeiten und Neigungen, die die jeweilige Persönlichkeit eines Mitarbeiters ausmachen.

Eine Möglichkeit das herauszufinden, ist der. Anhand eines Tests wird die jeweilige Ausprägung von **Gallup Strengthfinder** 34 unterschiedlichen Talenten ermittelt. Die Top 5 dieser Talente, also die ausgeprägtesten Eigenschaften, sollten sowohl der Mitarbeiter als auch dessen Vorgesetzter beziehungsweise Sie als Inhaber einer Kanzlei kennen und nutzen. Denn nur wer seine Talente ausleben kann, wird langfristig motiviert, glücklich und erfolgreich in seinem Job sein. Setzen Sie beispielsweise umsetzungsstarke Charaktere, die ihre Aufgaben eigenverantwortlich und diszipliniert abarbeiten, als Projektmanager ein. Diese Charaktere werden dafür sorgen, dass alle Termine eingehalten werden. Ein behutsamer, harmoniebedürftiger Mensch hingegen wird auf dieser Position sehr wahrscheinlich regelmäßig an seine Grenzen stoßen, weil er sich scheut, radikale Entscheidungen zu treffen und andere Projektmitglieder konsequent an ihre Zuarbeiten zu erinnern.

Die Ergebnisse beider Tests sollten Sie im Mitarbeitergespräch thematisieren. Vielleicht hat der Mitarbeiter selbst ja bereits Ideen, wie er sich gern im Unternehmen einbringen möchte. Ziel dieses Gesprächs sollte es sein, den Mitarbeiter auf einer Stelle einzusetzen, auf der er seine Talente einbringen, sein vorhandenes Expertenwissen nutzen und weitergeben, sich aber auch selbst weiterentwickeln kann. In dieser Konstellation gewinnen Sie als Unternehmer genauso wie Ihre Mitarbeiter. Und: Das Wissen um die Talente Ihrer Mitarbeiter hilft Ihnen auch in der Krise. Wer seine Mitarbeiter kennt, weiß genau, wer beispielsweise Führung und regelmäßige Abstimmung im Homeoffice braucht oder wer sich schnell auf die neue Situation einstellen kann und zum Beispiel die Testphase neuer Abläufe begleiten könnte. Als umsichtiger (Steuer)Berater geben Sie dieses Wissen selbstredend an Ihre Mandanten weiter und beweisen damit einmal mehr, dass Sie mehr können als die reine Lohnbuchhaltung.

4.10 Stichwort Lohnoptimierung: Moderne Lohnbausteine sparen Mandanten bares Geld

Mitarbeiterführung, Stellenbeschreibungen oder Talente fördern – das sind nicht die klassischen Aufgaben eines Steuerberaters, wohl aber wichtige Beratungsansätze der Zukunft. Wozu Sie aber sicherlich sofort etwas tun können, ist das Thema **Nettolohnoptimierung**. Auch mit dieser originären Beratungsaufgabe einer guten Steuerkanzlei können Sie im Jahr 2020 und darüber hinaus bei Ihren Mandanten noch richtig punkten. Schauen Sie sich dafür zuerst einmal die Zusammensetzung der Löhne und Gehälter des jeweiligen Mandanten an. Diese bietet Ihnen Ansatzpunkte zur Nettolohnoptimierung, denn oft können über die gezielte Auswahl einzelner Lohnbausteine die entstehenden Kosten für Arbeitgeber und die Abzüge für Arbeitnehmer gesenkt werden. Das kommt gut bei der Belegschaft an, kümmert sich doch die Chefin oder der Chef darum, dass am Monatsende mehr Geld in der Tasche der Mitarbeiter landet. So lassen sich beispielsweise durch die Überlassung von Laptops, Handys oder Tablets zur Privatnutzung konkret Steuern bei der Entlohnung sparen. Durch den vermehrten Einsatz von Homeoffice-Arbeitsplätzen sind viele Geräte ohnehin schon in der täglichen Nutzung beim Mitarbeiter. Durch die Freigabe zur privaten Nutzung und Anrechnung auf den Arbeitslohn wird der Arbeitgeber auch steuerlich bessergestellt. Die Kosten gelten als Betriebsausgaben, nicht als Lohnkosten und der Vorsteuerabzug bleibt erhalten. Die Mitarbeiter können die Geräte steuerfrei nutzen, solange diese im Eigentum des Unternehmens bleiben. Weiterhin können private Telefonkosten und die Internetgebühr teilweise ersetzt werden, wenn der Mitarbeiter den Anschluss auch betrieblich nutzt.

Das ist aus zweifacher Sicht interessant für Ihre Mandanten, weil die Entwicklung der Personalkosten nämlich auch in Bezug auf die Abverkaufspreise wichtig ist. Je nach

Berufszweig machen diese Ausgaben einen großen Posten der Wertschöpfung aus und müssen bei der Preisgestaltung berücksichtigt werden. Ansonsten entstehen bei gleichbleibenden Preisen und stetig steigenden Kosten negative Deckungsbeiträge und Verluste. Auf der Basis der Lohndaten können so Preis- und Kostenentwicklung verglichen und angepasst werden – ein wichtiges Instrument für die Geschäftsführung. Gerade in wirtschaftlich schwierigen Zeiten sollten Unternehmer ihre Preiskalkulation und Kostenstruktur auf den Prüfstand stellen. Die Vorbereitung und der Anstoß dazu kann von Ihnen als Berater ausgehen und Sie so in der Wahrnehmung Ihrer Mandanten zum fürsorglichen Unternehmensbegleiter machen.

Im Folgenden bringen wir die bei uns **beliebtesten sieben Möglichkeiten der Nettolohnoptimierung** noch einmal kurz und knapp auf den Punkt:

1. **Mitarbeitermobilität**
   Arbeitnehmern den Arbeitsweg mit pauschalen Werten zu ersetzen oder ein JoB-Ticket zu gewähren sind sehr einfache und wirksame Mittel, den Lohn attraktiv für den Mitarbeiter zu gestalten. Die Bereitstellung eines Firmenfahrzeugs kann im Einzelfall auch attraktiv sein. Der Wert der Fahrzeug-Nutzung von klassisch monatlich 1 % des Bruttolistenneupreises stellt den Gegenwert der Arbeitsleistung des Mitarbeiters dar. Die individuellen Steuer- und Sozialversicherungsabzüge sind hier besonders zu beachten. Für den Ansatz des geldwerten Vorteils für E-Fahrzeuge bis zu 60.000 € Bruttolistenneupreis wird nur ein Viertel des üblichen Ansatzes von 1 % als Lohnbezug angerechnet. So wird die Überlassung von Dienstfahrzeugen oft interessant.
   Neu ab 2019/2020 ist die »grüne« Fahrrad-Alternative: Warum dem Arbeitnehmer nicht ein E-Fahrzeug oder ein E-Bike zur privaten Nutzung überlassen? Hier hat der Gesetzgeber seit 2019/2020 neue Regelungen eingeführt: Die Überlassung eines betrieblichen Fahrrads ist nun steuerfrei.
2. **Betriebliche Altersvorsorge für höhere Renten der Mitarbeiter**
   Die Regelungen zur betrieblichen Altersversorgung (BAV) sind sehr attraktiv. Dieses Modell lohnt sich für beide Seiten. In jeder Firma muss laut Gesetz eine BAV-Möglichkeit für Mitarbeiter angeboten werden. Die betriebliche Rentenversicherung kann ganz oder teilweise vom Arbeitgeber bis zu einer bestimmten Grenze finanziert werden. Wichtig: Der Arbeitnehmer hat im Rahmen der BAV ein Recht auf die Gehaltsumwandlung seines Bruttolohns. Dazu sollte jedes Unternehmen eine entsprechende Rahmenvereinbarung der angebotenen Optionen haben.
   Der Vorteil der BAV besteht darin, Sozialversicherungsbeiträge und Lohnsteuer zu sparen, indem die monatlichen Sparbeträge direkt aus dem Bruttolohn finanziert werden und somit komplett in die Versicherung eingezahlt werden. Wenn der Mitarbeiter eine klassische Lebens- oder Rentenversicherung anspart, wird diese niedriger ausfallen, da vorab SV-Beiträge und Steuern abgezogen wurden. Über die BAV hingegen wird der gesamte Betrag in die Vermögensanlage eingebracht.

Beispiel: Ein 25 Jahre alter Mitarbeiter gibt monatlich 100€ vom Bruttolohn in eine begünstigte Altersversorge. Dies ergibt ein um 40.000€ höheres Rentenkapital, ein Plus von rund 16.000€ allein aus dem Zinseszinseffekt (bei einem angenommenen Zins von 2%).

3. **Monatliche Warengutscheine – gute Sache, freie Wahl**
   Ein monatlicher Sachbezug von bis zu 44€ je Arbeitnehmer ist über Warengutscheine oder sogenannte Ticketsysteme steuer- und sozialversicherungsfrei gestaltbar. Der Betrag des Warenwerts darf auf dem Gutschein stehen oder kann auf ein Ticketsystem aufgebucht werden. Bei der Gestaltung der Gutscheine sind derzeit keine engen Grenzen gesetzt. Üblich sind Tankkarten, aber auch andere Produkte und Dienstleistungen als Warenwerte sind möglich. Es kann sowohl ein regelmäßiger, monatlicher als auch ein leistungsbezogener Bezug vereinbart werden. Dabei kommt der »Zusatzlohn« von bis zu 44€ ohne Abzug direkt beim Arbeitnehmer an.
4. **Erholungsbeihilfe – kleines Urlaubsgeld mit großer Wirkung**
   Die Erholungsbeihilfe ist eine Zuwendung an Mitarbeiter aus besonderem Anlass, nämlich Urlaub. Dabei führt der Arbeitgeber eine pauschale Lohnsteuer von 25% auf die Zuwendung ab. Der Arbeitnehmer erhält das volle Geld ausgezahlt. Es gelten keine zeitlichen Fristen in Bezug auf Urlaubsinanspruchnahme und Erholungsbeihilfe. Als jährliche Höchstbeträge für Erholungsbeihilfen gelten derzeit: 156€ für den Mitarbeiter selbst, 104€ für den Ehegatten und 52€ für jedes »steuerlich begünstigte« Kind des Mitarbeiters.
5. **Kinderbetreuungszuschuss: familienfreundliche Unternehmenspolitik**
   Arbeitgeber können die Kosten für die Kinderbetreuung ganz oder teilweise für Ihre Mitarbeiter übernehmen. Das ist familienfreundliche Unternehmenspolitik, zudem wird die Vereinbarkeit von Familie und Beruf ganz praktisch gefördert. Darüber hinaus ergibt sich eine signifikante, steuerfreie Zusatzvergütung für Mitarbeiter mit Kindern in Kita oder Kinderkrippe. Es können sowohl die Kosten für Betreuung als auch das Essen erstattet werden.
6. **Übernahme von PC, Tablet & Co., Internet- und Telefonkosten – IT und Kommunikation fördern und Steuern sparen**
   Die private Nutzung firmeneigener Kommunikationsgeräte wie beispielsweise Handy, Tablet oder Laptop ist für alle Mitarbeiter attraktiv. Weiterhin können private Telefonkosten und die Internetgebühr teilweise ersetzt werden, wenn der Mitarbeiter den Anschluss auch betrieblich nutzt. Die Mitarbeiter profitieren von der steuerfreien Nutzung der Geräte ohne enge Grenzen und Voraussetzungen (auch bei ausschließlicher Privatnutzung).
7. **Gesundheitsförderung**
   Gesunde Unternehmen brauchen eine starke und vitale Belegschaft. Gesundheitsfördernde Maßnahmen helfen, den Krankenstand zu reduzieren, die Selbstverantwortung der Mitarbeiter zu fördern und gezielte Unterstützung zum Beispiel durch

individuelle Kostenübernahmen im Krankheitsfall zu geben. Für die Gesundheitsförderung gilt pro Arbeitnehmer ein Jahresbetrag von 600 € steuer- und sozialversicherungsfrei. Dieser Betrag ist ein Freibetrag und kann bei teureren betrieblichen Einzelmaßnahmen gegebenenfalls auch höher ausfallen. Voraussetzung für die Steuerbefreiung der Maßnahmen ist seit 2019 die Einhaltung der Bestimmungen der Krankenkassen.

Dies ist nur ein kleiner Auszug aus den Möglichkeiten der Lohnoptimierung. In Ergänzung dazu haben wir unsere Vergütungshitliste 2020 dargestellt:

Abb. 2: Vergütungshitliste 2020 (Quelle: eigene Darstellung)

5 Jahresabschluss-Reporting – gute Steuerung in Krisenzeiten

von Ines Scholz

»Nur die Hälfte ausgeben, was man eigentlich könnte – so kommt man durch's Leben.«
Winfried Rauch

Das Rechnungswesen eines Unternehmens leistet heute schon mehr als die meisten Ihrer Mandanten wissen. Denn die Fakten aus Buchhaltung, Monatsbilanzen und Jahresabschlüssen sind eine wichtige Informationsbasis, um die wirtschaftliche Entwicklung, die Erfolge und den finanziellen Handlungsspielraum eines Unternehmens beurteilen zu können. Mit der Buchhaltung haben Ihre Mandanten bereits das Gros ihrer wesentlichen Reporting-Daten zusammen, aus denen »nur« noch die entscheidenden Kennziffern abzuleiten sind. Allerdings zeigt sich in der Praxis, dass der vorhandene Datenfundus in der Regel viel zu wenig genutzt wird und das Verdichten der vorliegenden Zahlen zu einigen wenigen Kernwerten häufig unterbleibt. Das ist fatal, denn als Steuerberater verpassen wir damit die Gelegenheit, gemeinsam mit den Mandanten aus den vorhandenen Informationen Entscheidungsgrundlagen abzuleiten. Doch wenn die Buchhaltung nur zum Zweck der Erfüllung steuerlicher Pflichten betrachtet wird, vergeben Sie sich als Steuerexperte die Chance, als aktiver Unternehmensbegleiter und Controller wirksam zu werden.

Gerade in unruhigen Zeiten sollten Sie als Berater das Reporting sogar noch intensivieren. Nutzen Sie die große Chance, Ihre Mandanten zu begleiten und deren Controlling auf eine neue Basis zu stellen. Dafür brauchen wir neue Zeitraum-Auswertungen für ein Mehr an Klarheit und Information: Angefangen beim Tages-Status, über Wochen- und Monatsreports bis hin zu Quartalsauswertungen mit dazugehörigen Zwischenbilanzen und dem zeitnahen Jahresabschluss, der innerhalb der ersten drei Monate nach Geschäftsjahresende vorliegen sollte. Wer seine Kanzlei so organisiert, hat auch weiterhin beste Zukunftschancen. Denn ganz gleich, was uns Digitalisierung und Automatisierung noch bringen werden, Controlling und Qualitätsbuchführung brauchen Spezialisten – heute und in Zukunft! Und dieses Spezialwissen haben unsere Mitarbeiter der Steuerberatungskanzleien. In der unterjährigen Bearbeitung entsprechende Prozessänderungen einzuführen, ist in erster Linie eine Frage der eigenen Haltung. In jedem Fall trägt eine Qualitätsbuchhaltung dazu bei, dass alle Beteiligten einen echten Mehrwert und Nutzen aus diesen Zahlen ziehen können, denn sie sind dann wahr und vollständig.

5.1 Businesstracking für Unternehmer statt Monats-BWA

Der Wert der monatlichen Lohnbuchhaltung und der Finanzbuchhaltung wird für Unternehmer gerade in unsicheren Zeiten noch einmal steigen. Die Frage ist, ob die althergebrachten Instrumente dazu geeignet sind, Entscheidungsträger kurz und prägnant über die wesentlichen Entwicklungen und Ergebnisse zu informieren. Die bisher weit verbreiteten Instrumente sind die BWA, Lohnjournale, Summen- und Saldenlisten sowie die Offene-Posten-Liste. Ergänzt wurden diese Auswertungen in den letzten Jahren durch einen Personalreport, einen Controlling-Report und die Controlling-Report-BWA (bekannt sind hier in erster Linie die entsprechenden DATEV-Anwendungen). Damit Ihre Mandanten einen echten Unternehmer-Überblick haben, empfiehlt es sich, ein **Monats-Summary** zu erstellen, das über alle relevanten Kennzahlen überblicksartig berichtet – wobei die herkömmlichen Berichtsteile diesen Report gern als Anlagen ergänzen dürfen. In Zeiten von Zuviel-Information auf allen Kanälen sollten wir als Steuerberater und Wirtschaftsprüfer unsere Aufgabe aber vor allem in punkto Transparenz der relevantesten Fakten begreifen. Denn was nützt die beste fachlich richtig aufgestellte Monatsbilanz, wenn diejenigen, die daraus Entscheidungen ableiten sollen, diese Informationen nicht oder zu spät erhalten?

Aus der Erfahrung heraus können viele Unternehmen die wirtschaftlich gesunde Entwicklung ihres Betriebs aber relativ simpel mithilfe von vier einfachen KPIs (Abkürzung für Key Performance Indicators, zu Deutsch: **Leistungskennzahlen**) überwachen. Das Gute daran aus unserer Sicht als Steuerberater: Diese vier Kennzahlen können wir leicht aufbereiten und so im Handumdrehen zu echter Unternehmerinformation machen. Wichtig ist, die für das betreffende Unternehmen relevanten Ergebniszahlen festzulegen. Richtigen Mehrwert bringen diese Kennzahlen, wenn Sie nicht nur auf absolute Zahlen und Prozentzahlen schauen. Wirklich aussagekräftig für Ihre Mandanten sind diese Kennzahlen dann, wenn sie im Zeitverlauf dargestellt werden: Im Mehrjahresvergleich der letzten fünf Jahre zum Beispiel oder auch auf Quartalsbasis für die letzten vier Quartale beziehungsweise auf Monatsbasis, für die die letzten sechs Monate aufbereitet werden.

Folgende **Kennzahlen** haben sich bewährt:

- **Umsatz oder Rohertrag:** Es wird gemessen, wie sich der Umsatz im Vergleich zu Vorperioden entwickelt hat. Unternehmen, die Materialeinsatz haben oder Fremdleistungen beziehen, sollten statt des Umsatzes den Rohertrag in den Fokus der Betrachtungen stellen.
- **Gewinn/Rentabilität:** Diese Kennzahl misst, ob das Unternehmen ausreichend Gewinn erwirtschaftet hat. Neben der prozentualen Gewinnquote (Rentabilität) muss der absolute Wert bezogen auf den für das Unternehmen erforderlichen Min-

destgewinn überwacht werden. Der Mindestgewinn ergibt sich entweder aus allgemeinen Vorgaben oder zwingend aus dem vom Unternehmen jährlich/monatlich aufzubringenden Kapitaldienst.

- **Mitarbeiter-Wertschöpfung im Verlauf**: Es wird der Leistungsfaktor errechnet, der sich aus den Personalkosten in Bezug auf den Rohertrag der jeweiligen Periode ergibt. Es wird der Wert ermittelt, der je 1 € Personalkosten an relevanter Leistung (Rohertrag) entstanden ist. So können Sie Gehaltskosten im Vergleich zur Leistungsentwicklung klar ableiten.
- **Liquidität**: Überwacht wird der operative Zahlungs-Cashflow als absoluter Wert. Haben die Kunden fristgemäß bezahlt? Gibt es genügend finanziellen Handlungsspielraum oder müssen ggf. Abweichungen von Gewinn und Liquidität zwischenfinanziert werden?

5.2 Was der Jahresabschluss für Unternehmer leisten kann

Der Jahresabschluss wird in gut organisierten Buchhaltungen bereits unterjährig monatlich vorweggenommen als sogenannte Qualitätsbuchhaltung. Mit dem Ansatz, dass Buchhaltung gleich Jahresabschluss ist, können Abstimmungsfragen und Sachverhaltsaufklärungen jeweils sofort erfolgen. Der Schlüssel liegt im Denkansatz der Monatsbilanzen. Wenn monatlich eine Zwischenbilanz erstellt wurde, sollte diese in den relevanten Vermögens- und Ertragsteilen sauber abgearbeitet sein. Wenn also der Abschluss als solches wenig Überraschungen enthält und zugleich den notwendigen Report gegenüber Gläubigern und Finanzamt darstellt, was kann der Jahresabschluss für den Unternehmer noch bewirken? Als Erstes sollten wir bedenken, dass unsere Mandanten die Leistung des Abschlusses beauftragen und somit wichtigste Zielgruppe sind. Was heißt das genau? Dass die nutzenorientierte Betrachtung dieser speziellen Leistung oft zu kurz kommt und der Jahresabschluss in der Regel nicht konsequent genug und spannend aufbereitet wird. Sprich aus den vorhandenen Daten wird zumeist nur das bürokratische Pflichtprogramm erledigt. Es fehlen anschauliche und übersichtliche Reports, die Unternehmern Entwicklungen und Ergebnisse interessant auserzählen und damit auch für mehr Klarheit und Transparenz sorgen. Dabei sind die Bilanzdaten für jeden Unternehmer eine wesentliche Planungsgrundlage. Ein Jahresabschluss, der erst in der zweiten Jahreshälfte erstellt wird, kann diese Funktion also nicht (mehr) erfüllen – und wird dann unter dem Strich nur noch für Finanzamt und Bank als Pflichtgeschäft erledigt. Aus Sicht Ihres Mandanten, der das Ganze bezahlt, ist das schlicht zu wenig! Einen unternehmerischen Nutzen kann die späte Abschlusserstellung nicht mehr leisten, stattdessen geht die reine Pflichterfüllung ohne jede Beratungsleistung auf seine Kosten – in doppelter Hinsicht.

5.3 Management-Reporting für Ihre Mandanten

Wir haben uns als Kanzlei einige Denkansätze aus dem Bereich des Reportings zu Eigen gemacht und wollen Ihnen auch einen kleinen theoretischen Abriss zum Thema geben, um Sie grundsätzlich mit dieser neuen Art der Abschlusspräsentation vertraut zu machen. Für uns als Steuerberaterinnen und Steuerberater ist es an der Zeit, das Geschenk der Digitalisierung zu nutzen und aus unseren standardisierten Arbeitsergebnissen im Listenformat echte individuelle Informationen mit Mehrwert zu erzeugen – zum Nutzen unserer Auftraggeber, den Unternehmern, und auch zum Nutzen unserer eigenen Mitarbeiter. Denn unsere Finanz- und Buchhaltungsspezialisten möchten ihre Arbeitsergebnisse ebenfalls gern attraktiv sichtbar machen und unseren Mandanten so echte Informationsvorteile bieten. Durch die zeitnahe Bearbeitung und eine Reihe von Qualitätsstandards mit hoher Effizienz wird das Pflichtprogramm Buchhaltung zum zeitgemäßen Controlling und somit kostengünstig zum neuen Standard in der Betreuung von Buchhaltungsmandaten.

Grundsätzlich ist das Management-Reporting als ein Instrument zur Unterstützung von Entscheidungsträgern in unterschiedlichen Funktionsbereichen einzuordnen. Die Berichte sind als Impulse zur Steuerung zu verstehen, die primär auf die Empfänger orientieren und deren Bedarfe im Informationsumfang.[1] Das Management-Reporting umfasst dabei entscheidungsnützliche Informationen, auf Basis derer Entscheidungsträger anhand von Problem- und Zielstellungen relevante Maßnahmen und Optionen entwickeln können.[2] Ziel ist die Unterstützung des Managements in dessen Planungs- und Kontrollprozessen.[3] Berichte, die dem zukunftsorientierten Management-Reporting entsprechen, unterstützen bei einer zielorientierten Steuerung und Planung der Geschäftstätigkeit. Die Darstellung von Kennzahlen geht dabei über die reine Ergebnisdokumentation hinaus. Relevante Inhalte umfassen zusätzlich Abweichungskontrollen von Soll und Ist beziehungsweise Planabweichungen. Auf Grundlage dieser Daten können Entscheidungsträger Entscheidungen vorbereiten und kontrollieren.[4]

Im Management-Reporting werden zusätzlich zur Informationsgenerierung aus dem internen und externen Rechnungswesen darüber hinausgehende Interpretationen zur Informationsnutzung für die Unternehmensführung aufbereitet.[5] Auf Basis der nach-

1 Vgl. Schneider: Management Reporting, in: Schneider/Stahl/Wiener (Hrsg.), S. 23.
2 Vgl. Schulze, Wiesmann, S. 11.
3 Vgl. Horváth: Grundlagen des Management Reportings, in: Gleich/Horváth/Michel (Hrsg.), S. 20.
4 Vgl. Schneider: Management Reporting, in: Schneider/Stahl/Wiener (Hrsg.), S. 25.
5 Vgl. Taschner, S. 35.

stehend abgebildeten Gestaltungsdimensionen des Berichtswesens kann ein Anforderungskatalog für das eigene Management-Reporting entwickelt werden.[6]

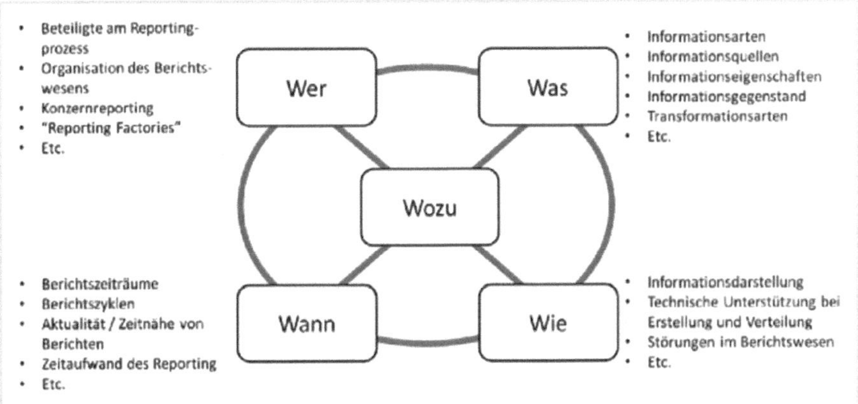

Abb. 3: Gestaltungsdimensionen des Berichtswesens (Quelle: Taschner: Management Reporting, S. 45)

Ein Management-Reporting muss konsequent auf den primären Zweck – die Unterstützung der Unternehmensführung – ausgerichtet werden.[7] Weiterhin sind der Berichtsempfänger mit seinen Verhaltenseigenschaften, externe bzw. situative (Rahmen-)Bedingungen und die Ziele der Unternehmung im Berichtszweck zu berücksichtigen.[8] Der Aufbau des Management-Reportings in Inhalt, Form, Zeitpunkt und Frequenz ist regelmäßig auf diesen Zweck zu überprüfen.[9] Folgende vier zu berücksichtigende Punkte im »Magischen Viereck« machen aus einem **Management-Reporting** ein Exzellenzbeispiel:

- Strategie und Steuerungsverständnis im Fokus
- Nutzen für das Management generieren
- Effizienz im Berichtswesen
- Stärkung der Interaktion zwischen Controlling bzw. Steuerberatung und der Unternehmensführung[10]

Das Management-Reporting kann über **drei Phasen** als Prozess entwickelt werden. Zuerst werden auf Basis des Informationsbedarfs relevante Kennzahlen ermittelt, auf deren Basis die Entscheidungsträger agieren können. In der zweiten Phase wird überprüft, ob auf Grundlage der vorhandenen Datenbasis die benötigten Kennzahlen

6 Vgl. Taschner, S. 45.
7 Vgl. Schneider: Management Reporting, in: Schneider/Stahl/Wiener (Hrsg.), S. 28.
8 Vgl. Taschner, S. 44 f.
9 Vgl. Schneider: Management Reporting, in: Schneider/Stahl/Wiener (Hrsg.), S. 28.
10 Vgl. Weber/Malz/Lührmann, 2008.

valide berechnet und dargestellt werden können. Gleichzeitig erfolgt eine Festlegung der Datendimension, die eine Aussage zu darzustellenden Wirkungszusammenhängen erlaubt. In der dritten Phase wird festgelegt, in welcher Form die Informationen im Bericht dargestellt werden.[11] In allen drei Phasen ist Ihr Know-how als Steuerberater gefragt.

In der Praxis muss zuerst der **Informationsbedarf des Empfängers** ermittelt werden. Einerseits gibt es einen subjektiven Informationsbedarf, der die Informationen umfasst, die für den Berichtsempfänger zur Erarbeitung einer Lösung relevant sind. Zum anderen gibt es den objektiven Informationsbedarf, der sich aus der vorliegenden Aufgabenstellung ableitet. Eine weitere Unterscheidung des Informationsbedarfs beruht auf einer unterschiedlichen Ausprägung in Abhängigkeit der Aufgabenteilung bzw. Arbeitsteilung und der hierarchischen Position des Berichtsempfängers.[12]

Um den Informationsbedarf zu bestimmen, können Sie folgende drei Schritte gehen: Informationsbedarf ermitteln, Informationsbedarf in Muss- und Kann-Informationen zerlegen und schließlich den zu deckenden Informationsbedarf festlegen. Überprüfen Sie außerdem den ermittelten Informationsbedarf im Hinblick auf dessen Dringlichkeit und Notwendigkeit. Zur Erstellung eines Berichts unter Wirtschaftlichkeitsaspekten sollten Sie zwischen einem Informationsbedarf unterscheiden, der zur Erfüllung der betrieblichen Aufgaben dringend notwendig und damit zu decken ist, und zum anderen zwischen einem Informationsbedarf, der zusätzlich besteht, aber in der Dringlichkeit abgestuft benötigt wird für betriebliche Zwecke.[13] Ganz wichtig: Auf Grund der Dynamik und sich verändernder Umwelteinflüsse ist der ermittelte Informationsbedarf lediglich eine Momentaufnahme, der analog zur Erfüllung des Berichtszwecks im Management-Reporting regelmäßig überprüft werden sollte.[14] Je höher der Grad der Abdeckung des Informationsbedarfs mit den vorhandenen Informationen im Informationsbestand, desto höher ist am Ende der Informationsgrad des Berichts.[15]

Im Gegensatz zum Jahresabschluss-Reporting kennt das Management Reporting **unterschiedliche Berichtsarten**. In Abhängigkeit vom Standardisierungsgrad des Berichtsinhalts, der Frequenz und des Berichtsanlasses gibt es Standardberichte (gleichbleibender Inhalt), Bedarfsberichte und Abweichungsberichte.[16] Neben den relevanten Kennzahlen werden im Management-Reporting Kommentierungen vorgenommen, die

11 Vgl. Schmidt, S. 1.
12 Vgl. Schneider: Management Reporting, in: Schneider/Stahl/Wiener (Hrsg.), S. 27.
13 Vgl. Pfau, S. 30 f.
14 Ebenda.
15 Vgl. Taschner, S. 23.
16 Vgl. Schneider: Management Reporting, in: Schneider/Stahl/Wiener (Hrsg.), S. 26.

die dargestellten Berichtsinhalte eindeutig und prägnant beschreiben beziehungsweise bewerten und sich damit klar von einem Jahresabschluss unterscheiden.[17] Das Jahresabschluss-Reporting kann daher den Standardberichten zugeordnet werden. Dieser Bericht enthält Informationen auf Basis der Geschäftstätigkeit des abgeschlossenen Geschäftsjahres. In Abhängigkeit des Berichtsempfängers sind zusätzliche Informationen in Form von relevanten Kennzahlen zur Unternehmenssteuerung und zur Überprüfung der strategischen Unternehmensziele und deren Zielerreichungsgrade in das Jahresabschluss-Reporting aufzunehmen. In der Überleitung des Jahresabschluss-Reportings zum Management-Reporting weichen wir vom eigentlichen Berichtszweck der Dokumentation im externen Berichtswesen als Notwendigkeit auf Grund von gesetzlichen Grundlagen ab. Zusätzlich werden Informationen zur Planung beziehungsweise Entscheidungsvorbereitung und unternehmensinternen Kontrolle bei auftretenden Planabweichungen dargestellt und berichtet.[18] Zur Steigerung des Nutzens des Jahresabschluss-Reportings für die Entscheidungsträger sollte der Bericht auf dem ermittelten Informationsbedarf basieren, zeitnah verfügbar sein und Kommentierungen und Analysen enthalten.[19]

5.4 Umsetzung im Jahresabschluss-Reporting

Der wichtigste Punkt in Sachen Umsetzung ist die solide Qualität der Datengrundlage des Jahresabschluss-Reportings. Für unsere Mandanten setzen wir als Steuerberatung Ines Scholz auf die Buchungsdaten des vorangegangenen Jahres im DATEV und ergänzen diese Daten um die aktuellen Daten im laufenden Geschäftsjahr. Im Vorfeld sind für das Jahresabschluss-Reporting die wichtigsten Kriterien der relevanten Inhalte festzulegen, die wiederum Einfluss auf die Berichtsgestaltung haben. Dazu gehören der Standardisierungsgrad, der Berichtszweck, der Berichtsempfänger, die Darstellungsform, die Gestaltung und der Berichtszyklus.[20]

Eine Standardisierung des Jahresabschlussberichts bedeutet eine Effizienzsteigerung.[21] Dazu müssen transaktionale und repetitive Prozesse standardisiert und automatisiert werden, außerdem sollten Sie die IT-Systeme konsolidieren.[22] Legen Sie besonderes

17 Vgl. Pflock/Wiener/Schwanz: Texte, Kommentierungen und Storytelling als wichtiges Instrument im modernen Reporting, in: Schneider/Stahl/Wiener (Hrsg.), S. 63 f.

18 Vgl. Schulze/Wiesmann, S. 26.

19 Vgl. Horváth: Grundlagen des Management Reportings, in: Gleich/Horváth/Michel (Hrsg.), S. 37.

20 Vgl. Stahl: Standardisierte Reporting- und Visualisierungskonzepte in Unternehmen einführen und durchsetzen, in: Schneider/Stahl/Wiener (Hrsg.), S. 44.

21 Vgl. Schneider: Management Reporting, in: Schneider/Stahl/Wiener (Hrsg.), S. 29.

22 Vgl. Schulze/Wiesmann, S. 14.

Augenmerk auf die **Sicherstellung der Datenqualität.** Denn ein standardisierter Bericht ist weniger fehleranfällig als ein vergleichsweise individualisierter Bericht mit zusätzlichen Sonderauswertungen.[23] Erst mit einer konsistenten Datenbasis und Datenqualität kann der Berichtsempfänger das notwendige Vertrauen in den Bericht setzen, zudem können Fehlentscheidungen konsequent vermieden werden.[24]

Die Auswahl der zu berichtenden Kennzahlen basiert folglich aus der vorliegenden Datenmenge im Rechnungswesen (Jahresabschlussteil) und dem identifizierten, subjektiven Informationsbedarf des Berichtsempfängers. Die Berichtsempfänger des Jahresabschluss-Reportings Ihrer Steuerberatung sind in der Regel mittelständische Unternehmen, auch KMU genannt. Die Geschäftsführer von Betrieben dieser Größe sind meist Spezialisten mit verstärkt operativen Aufgaben, die in den seltensten Fällen BWL studiert haben, sondern eher auf einige wenige Grundlagenkenntnisse der Betriebswirtschaft zurückgreifen können. Ziel muss es sein, über die Aufbereitung des Jahresabschluss-Reportings für diese Mandanten Informationen in einer Form anzubieten, dass Ihre Mandanten zielgerichtet strategische und operative Unternehmensüberlegungen anstellen können. Nur wenn Sie mit diesen Berichten einen tatsächlichen Mehrwert für Ihre Mandanten schaffen, werden diese das neue Jahresabschluss-Reporting wertschätzen und auch im Beratungsgespräch offener die aktuell anstehenden Herausforderungen des Unternehmens mit ihrem Berater diskutieren. Die Basis der offenen Gesprächskultur ist mit einem informativen Report und der damit einhergehenden Wertschätzung für die Entscheider geschaffen.

Wenn Sie das Jahresabschluss-Reporting in Ihrer Kanzlei standardisieren – was zu empfehlen ist – können Sie nur bedingt auf den subjektiven Informationsbedarf jedes einzelnen Mandanten eingehen. In Ihrer Kosten-Nutzen-Abwägung müssen Sie daher Berichtszweck und subjektiven Informationsbedarf gegeneinander abwägen. Bereiten Sie die Informationen so standardisiert für den Berichtsempfänger auf, dass keine Informationen vergessen werden und die dargestellten Informationen vom Berichtsempfänger nicht fehlinterpretiert werden können.[25] Zur Erhöhung der Akzeptanz des neuen Berichts bei Ihren Mandanten sollten Sie in der Ausgestaltung des Jahresabschluss-Reportings folgende Punkte beachten: Ein Zuviel an Informationen wirkt sich negativ auf die Erfassbarkeit und Verarbeitbarkeit dieser Informationen aus. Bereiten Sie sämtliche Informationen verständlich auf.[26] Positiv wirkt es sich aus, wenn Sie auf eine einheit-

23 Vgl. König: Standardisierung des Reportings bei der Minimax GmbH & Co. KG, in: Schneider/Stahl/Wiener (Hrsg.), S. 151.
24 Vgl. Schulze/Wiesmann: Crashkurs Management Reporting. S. 12.
25 Vgl. Taschner: Management Reporting. S. 54.
26 Vgl. Schneider: Management Reporting, in: Schneider, Stahl, Wiener (Hrsg.): Managementberichte gekonnt visualisieren. S. 29 f.

liche Skalierung achten, Farben mit einer eindeutigen Bedeutung nutzen, den Bericht mehrstufig aufbauen, beispielsweise über die Steigerung des Detaillierungsgrads über mehrere Dimensionen, Berichtsvorlagen verwenden und Informationen nicht mehrfach in unterschiedlichen Formen darstellen – also entweder in Form einer Tabelle oder als Diagramm.[27] Zuletzt empfiehlt es sich, ein Glossar zur Definition und Berechnung der verwendeten Kennzahlen zu erstellen.[28] Damit erhöhen Sie den intuitiven Charakter Ihres Jahresabschluss-Reportings. Außerdem haben Sie es somit selbst in der Hand, Akzeptanz und Nutzungsgrads Berichte durch Ihre Mandanten zu steigern.

5.4.1 Diese Kennzahlen müssen unbedingt ins Jahresabschluss-Reporting

Ziel für das Jahresabschluss-Reporting ist es, dass Sie und Ihre Mandanten strategische und operative Unternehmensziele in diesem Bericht hinsichtlich des Erreichungsgrades im Berichtszeitraum überprüfen können. Weiterhin haben Sie mit dem Jahresabschluss-Reporting die Möglichkeit, für Ihre Mandanten aktuelle Informationen aufzubereiten, diese fachgerecht zu kommentieren und damit als Unterstützung in Entscheidungsprozessen an die Hand zu geben. Für die Unternehmensführung sind unter anderem folgende **Informationen und Kennzahlen in Entscheidungsprozessen** hilfreich; Berechnungsmuster zu diesen Kennzahlen finden Sie im Anhang (unter 6 Kennzahlen-Basis) und online auf SPmyBook (siehe Hinweis ganz vorne im Buch) zum Download und Einsatz in der Praxis.

- Gewinn- und Verlustrechnung
- Umsatz im festgelegten Zeitraum
- Ertragsmargen, Eigenkapitalrendite bzw. deren Entwicklungsrichtung
- Vermögen des Unternehmens (Bargeldmenge, langfristige Schulden)
- Kapitalflussrechnungen (Aussage zu Investitionen im Unternehmen)[29]

Zur Abstimmung des digitalen Jahresabschluss-Berichts sind Festlegungen zu den Hauptschwerpunkten zu treffen. Den Fokus bilden dabei die Erlös-/Umsatzentwicklung im Vorjahresvergleich auf Monats-, Quartals- und Jahresbasis sowie Personalkennzahlen, Gewinn, Liquidität, außerdem Kapitaldienst, Bilanz, Steuern, Anlagevermögen/Investitionen, Bilanzkennzahlen, Risikohinweise und schließlich eine Zukunftsplanung.

27 Vgl. Kaatz: Reporting im Verteidigungsministerium, in: Schneider, Stahl, Wiener (Hrsg.), S. 165 ff.
28 Vgl. Auer, Dietz, Köhler: Harmonisierung des Reporting und Einführung von Self-Service Business Intelligence bei Roche Diagnostics, in: Schneider, Stahl, Wiener (Hrsg.), S. 208.
29 Vgl. Buffett, Clark, S. 33 f.

Zusätzlich können der Unternehmensführung folgende **Kennzahlen als Unterstützung im Entscheidungsprozess** dienen:

- **Abschreibung:** Abschreibungen sind reale Kosten, die bei der Gewinnberechnung zu berücksichtigen sind. Das Verhältnis von Abschreibungskosten zum Bruttogewinn sollte idealerweise gering sein, um sich in einem intensiven Wettbewerbsumfeld zu halten.[30]
- **Reingewinn im Zeitablauf:** Die Betrachtung des Reingewinns über mehrere Jahre kann einen dauerhaften Wettbewerbsvorteil anzeigen. Ein Reingewinnanteil an den Erlösen über 20 Prozent deutet mit hoher Wahrscheinlichkeit auf einen langfristigen Wettbewerbsvorteil hin.[31]
- **Working Capital:** Das ist der Anteil der kurzfristigen Verbindlichkeiten am Umlaufvermögen.[32]
- **Zinsaufwendungen:** Die Zinsaufwendungen für Schulden stehen in direkter Verbindung mit der Bilanzposition Verbindlichkeiten. Unternehmen mit einem Wettbewerbsvorteil weisen einen geringen Anteil von Zinsaufwendungen am operativen Gewinn aus.[33]

Zur Schaffung eines Mehrwertes für Ihre Mandanten sollten Sie die Planwerte und die Vorjahreswerte im Vergleich darstellen und Abweichungen hervorheben. Um Entscheidungsträger noch besser zu unterstützen, können Sie die Finanzkennzahlen (z. B. Umsatz) für zusätzliche Analysemöglichkeiten mithilfe operativer Kerngrößen (z. B. Menge, Preis, Kunde, etc.) noch weiter differenzieren. Darüberhinausgehende Analysen durch die Mandanten selbst werden über die **Integration von externen Daten in Form von Marktkennzahlen** (z. B. Recherche bei Branchendiensten zu Marktanteilen, Marktwert usw.) ermöglicht. Auf diese Weise werden Vorjahres- und Planabweichungen nicht nur unternehmensintern in Relation gesetzt, sondern auch Trends im Markt verglichen. Ihre Mandanten können neue Entwicklungen somit besser einordnen und fundierte Entscheidungen treffen sowie entsprechende Maßnahmen einleiten.[34] Darüber hinaus sind wochenaktuelle Berichte mit aktuellen Umsatzentwicklungen und Liquiditätsbetrachtungen sinnvoll. Hier könnten Umsätze als »Month-to-date« im Vergleich zu »Month-to-date last year« und »Plan« übersichtlich als aktueller Entwicklungstrend aufgezeigt werden.

30 Vgl. Buffett, Clark, S. 62.
31 Vgl. Buffett, Clark, S. 74 ff.
32 Vgl. Schmidt, S. 5.
33 Vgl. Buffett, Clark, S. 63 ff.
34 Vgl. Schmidt, S. 4 f.

5.4.2 Beispiel: Jahresabschluss-Reporting 2020

Ihren Jahresabschlussbericht könnten Sie wie folgt strukturieren:

1. Management Report (Überblickskennzahlen)
2. Bilanz Berichtsjahr
3. GuV Berichtsjahr
4. Entwicklung Anlagevermögen
5. Fokusthemen
   a) Erlösentwicklung
   b) Entwicklung Personal, Lohnniveau, Stundensätze
   c) Entwicklung Bilanzkennzahlen/Rating
   d) Entwicklung Marktanteil gegenüber Wettbewerb (regional, global)
   e) Projektcontrolling
   f) ...
6. Glossar (Begriffserklärungen, Berechnung Kennzahlen)

Ihr Ziel muss es sein, das aktuelle Jahresabschluss-Reporting für Ihre Mandanten so aufzuwerten, dass Sie den Entscheidungsträgern in den Unternehmen mit zusätzlichen aktuellen Zahlen, Kommentierungen und Analysen der jeweiligen Fokusthemen einen **Mehrwert bieten**. Dabei sollten Sie Fokusthemen immer in Rücksprache mit Ihren Mandanten in den Bericht aufnehmen. Dabei stehen individuelle Bedarfsberichte und Abweichungsanalysen im Fokus. Nichtsdestotrotz sollten Sie sich bei der Anzahl der Fokusthemen auf drei bzw. maximal fünf Fokusthemen im Jahr beschränken.

Auch bei der **Darstellung des Jahresabschluss-Reportings** sollten Sie einige Hinweise beachten, damit Ihre gute Arbeit nicht ungesehen und ungelesen verpufft. Die Gliederung in Überblicks- und Detailansichten ermöglicht Ihrem Mandanten die zielgerichtete Erfassung der dargestellten Informationen. Im Bedarfsfall können die Detailseiten detaillierte Auskunft über dargestellte Kennzahlen liefern, die Ihren Mandanten als Entscheidungsgrundlage dienen. Die Darstellungsform sollte die intuitive Lesbarkeit des Berichts und die Erfassung der benötigten Informationen für die Mandanten ermöglichen. Achten Sie daher auf übersichtliche Diagramme und Tabellen, stellen Sie Trends dar und kommentieren Sie die gelieferten Zahlen und Fakten fachkundig. Die Kommentierung im Management-Reporting dient der Verdeutlichung des Berichtsinhalts und fördert die Verständlichkeit auf Seiten des Berichtsempfängers. Setzen Sie daher auf einfache Satzstrukturen, klare Inhalte und verpacken Sie Ihre Aussagen in prägnanten Sätzen. Die Zuordnung Ihrer Kommentierung an der Grafik kann über zu setzende Referenzpunkte mit Legende oder ein direktes Kommentieren an der Grafik erfolgen.[35]

35 Vgl. Pflock, Wiener, Schwanz: Texte, Kommentierungen und Storytelling als wichtiges Instrument im modernen Reporting, in: Schneider, Stahl, Wiener (Hrsg.), S. 64 ff.

Die untenstehende Abbildung zeigt ein gutes Beispiel für eine solche Überblicksseite zu den wichtigsten Kennzahlen.

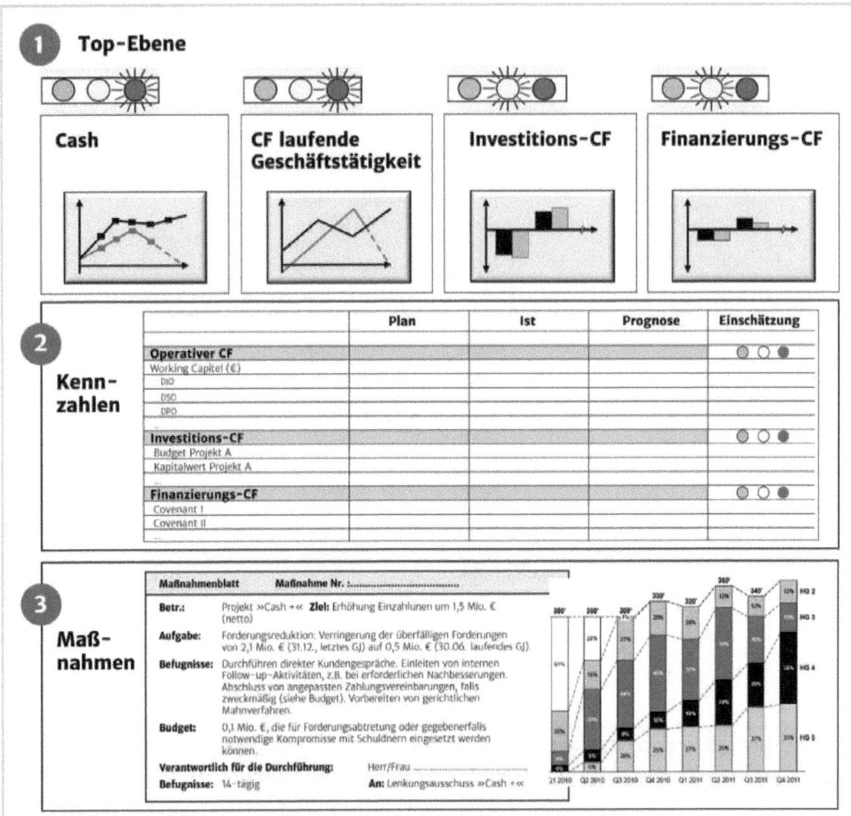

Abb. 4: Geschäftsbericht (Quelle: Alter: Cashflow-Management, Kapitel 2.2)

Die Überblicksseite ist in drei Teilbereiche untergliedert: Erstens zentrale Kennzahlen (Ist/Plan/Forecast) sowie zweitens Kennzahlen, die Treibergrößen der zentralen Kennzahlen sind, und drittens Maßnahmen zur Erreichung der Unternehmensziele und deren Umsetzungsgrad. Zusätzlich erfolgt hier eine Einschätzung der Kennzahlen über ein Ampelsystem. Bei Anwendung eines Ampelsystems müssen für die Vergabe der Ampelfarben dezidierte Kriterien festgelegt werden. Denkbar sind hier beispielsweise Abweichungsgrößen der Ist-Werte von den Plan- bzw. Forecast-Werten.[36] Ein Jahresabschluss-Report mit einem echten Mehrwert für Ihre Mandanten kann sich am **MISLA-Modell**

36 Vgl. Alter, Kapitel 2.2.

nach Richard Wittsack orientieren, wonach bei einer Präsentation folgende Inhalte strukturiert gezeigt werden:

- M – Motivation
- I – Ist-Zustand
- S – Soll-Zustand
- L – Lösung
- A – Apell

Unter Berücksichtigung dieser Struktur im Jahresabschluss-Reporting kann ein übersichtlicher Aufbau der zentralen Berichtsinhalte gelingen.[37]

5.4.3 Wochentracking und Herbstgespräch

Als Ergänzung zum Jahresabschluss-Reporting für Ihre Mandanten können Sie als aktiver Unternehmensbegleiter auch wochenaktuelle Kennzahlen in einem **Wochentracking** aus der aktuellen Buchführung generieren. Die aktuelle Umsatzentwicklung im Vergleich zum Vorjahr bzw. zum Vorjahreszeitraum bietet eine erste Übersicht zur aktuellen Entwicklung im Unternehmen. Denkbar ist hierzu eine Aufstellung des Umsatzes nach Kalenderwoche in den Einheiten Ist, Vorjahr und Anteil in % vom Vorjahr. Zusätzlich kann in einem Balkendiagramm der Umsatz in der Größe Month-to-date erfolgen. Das Balkendiagramm weist den absoluten Umsatz in Summe bis zum aktuellen Tag auf. Zusätzlich wird über ein Dreieck beziehungsweise eine Raute im Balkendiagramm im Vergleich der Wert Month-to-date Vorjahr angezeigt. Eine Abweichung von Vorjahr kann über eine Prozentangabe im Balkendiagramm und eine zusätzliche Einfärbung erfolgen. In Abhängigkeit vom Detaillierungsgrad der gebuchten Geschäftsvorfälle können Sie somit Umsatz und Umsatzentwicklung in den einzelnen Sparten bzw. Regionen darstellen.

In der Krise können Ihre Mandanten unternehmerische Entscheidungen weder aussitzen noch auf die lange Bank schieben. Doch solche Entscheidungen brauchen fundierte Grundlagen und jeder verantwortliche Unternehmer tut gut daran, einen Plan für die Zukunft aufzustellen. Ein solcher muss zwingend die wirtschaftlichen und finanziellen Aspekte eines Betriebs beinhalten. Dafür braucht es Sachkenntnis und Expertise. Das in der Praxis bewährte **Herbstgespräch** bezüglich Strategie und Steuerplanung wird nun zum zentralen Beratungsansatz hinsichtlich Planung und Fokusthemen.

37 Vgl. Pflock, Wiener, Schwanz: Texte, Kommentierungen und Storytelling als wichtiges Instrument im modernen Reporting, in: Schneider, Stahl, Wiener (Hrsg.), S. 77 f.

Mithilfe einer soliden Ergebnis- und Finanzplanung für die kommenden 12 bis 36 Monate können Ihre Mandanten einen detaillierten Fahrplan aufstellen. Am besten unterteilt nach Bestcase, Realcase- und Worstcase-Szenarien ergibt sich so ein Zukunftsbild, das auf (fast alle) Eventualitäten vorbereitet ist. Durch das Instrument der rollierenden Planung und des konsequenten Soll-Ist-Abgleichs ergibt sich eine Abweichungsanalyse, die für die nächsten anstehenden Entscheidungen von elementarer Bedeutung ist. Gerade in wirtschaftlich turbulenten Zeiten sollten Sie Steuerberater alles dafür tun, Ihren Mandanten betriebswirtschaftlich fundierte Beratung und Begleitung anbieten zu können. Das ist eine effektive und gleichzeitig kostengünstige Maßnahme, um Unternehmen mehr Stabilität zu geben und gleichzeitig die Anpassungsfähigkeit für die Zukunft zu stärken. Für Sie als Steuerkanzlei eröffnet sich zudem eine echte Chance, die Mandatsbindung und den Wert Ihrer Leistung als Steuerberatung stark zu verbessern.

Wer bisher noch keine Unternehmensberatung in seiner Kanzlei aufgebaut hat, sollte sich zumindest mit der konsequenten Soll-Ist-Analyse und der dazugehörigen Unternehmensplanung auseinandersetzen. Das ist ein denkbar einfaches und wirksames Mittel, um mit den bereits bestehenden und bisher wenig genutzten Bordmitteln die vorhandenen Standard-Auswertungen zu erstellen. Es braucht dafür keinerlei Zusatzwissen oder Zusatzaufwand bei Ihren Mitarbeitern. Einzige wichtige Bedingung: Nehmen Sie mit Ihrem Mandanten eine solide und plausible Ergebnisplanung mittels Plan-BWA vor. Durch die Abweichungsanalyse ergeben sich vielfältige Beratungsansätze und somit Entscheidungsgrundlagen zu Richtungskorrekturen und Wirksamkeit der Maßnahmen. Wer hier einen Schritt weitergehen möchte, dem sei das PDCA-Prinzip nach William Edwards Deming nahegelegt, siehe dazu auch den Abschnitt im Kapitel Unternehmensberatung. Es besteht aus den vier Phasen Plan (Planen) – Do (Umsetzen) – Check (Überprüfen) – Act (Handeln). Die PDCA-Methodik bietet sich an, wenn gesteckte Ziele getrackt und deren Erreichung ausgewertet werden soll. Nur bei Auswertung und Analyse der bisher getroffenen Maßnahmen und Entscheidungen können die Auswirkungen des Handelns jeweils zutreffend bestimmt werden. So wird insbesondere das Nachsteuern der Managemententscheidungen wirkungsvoll möglich, was schnell zu besseren Ergebnissen führt.

6 Die Kanzlei als Start-up neu denken

von Daniel Terwersche

»Probleme kann man niemals mit derselben Denkweise lösen, durch die sie entstanden sind.«
Albert Einstein

Jedes Start-up hat eine Vision, eine Mission, ein Bestreben am Markt etwas zu verändern. Neue Produkte, Leistungen oder Plattformen entstehen zu lassen. Eine neue Wertschöpfung am Markt soll das Unternehmen wachsen lassen und vielleicht sogar ganze Märkte revolutionieren. In krassem Kontrast dazu verhalten sich viele Steuerkanzleien, als wären sie eine Art Insel inmitten eines tosenden Ozeans an Veränderungen. Um die Inseln herum verändert sich vieles, doch in den Kanzleien wird in großen Teilen immer noch so gearbeitet wie vor zwanzig Jahren. Die Corona-Krise hat nun aber innerhalb von Monaten einen Digitalisierungsschub ausgelöst, dem sich jeder Kanzleiinhaber stellen sollte, der sein Unternehmen erfolgreich in die Zukunft führen will. »Aktuell wird alles auf digital umgestellt – dieser Wandel wird nachhaltig sein und von der Digitalbranche getrieben.« Dieses Zitat ist auf der Bitkom-Website (Verband der Digitalwirtschaft) zu lesen. Und darin steckt viel Wahres: Homeschooling, Homeoffice, digitales Rathaus... Allein die Vorstellung wäre zu Weihnachten noch undenkbar gewesen.

Die Frage, die wir uns nun stellen sollten, ist: **Wie gehe ich mit der jetzigen Situation um?** Was für Möglichkeiten habe ich, das Beste daraus zu machen, um nach der Krise top aufgestellt zu sein? Ist es möglich eine Innovationsstrategie zu erstellen, die Kanzlei zu bewerten und zu prüfen, ob sie zukunftsfähig ist? Wie kann ich meine Mandanten unterstützen, um die Krise zu meistern? Wie schaffe ich Mehrwert für meine Kanzlei? Dabei braucht meiner Meinung nach keine Kanzlei eine für sich stehende Digitalisierungsstrategie, sondern eine strategische und innovative Kanzleistrategie. Die Digitalisierung ist dann eine Folge dessen. Keine innovative Kanzlei wird ohne Digitalisierung planen. Viele Digitalisierungsprojekte scheitern. Immer und Immer wieder. Der Grund liegt nicht in fehlenden oder fehlerhaften Technologien oder darin, dass die Bandbreite in Deutschland nicht gut genug ausgebaut ist. Das sind meist vorgeschobene Gründe. Es liegt meist daran, dass die Menschen die Änderungen und Innovationen ablehnen.

Natürlich ist eine Steuerkanzlei, die seit drei Generationen traditionell geführt wird, nicht von heute auf morgen ein Start-up. Warum auch? Die Wertschöpfung, die Erträge, der Kunden- bzw. Mandantenstamm, davon kann ein junges Unternehmen nur träumen. Immerhin passen die Deckungsbeiträge und das Einkommen der Kanzleiinhaber ist großartig, auch wenn das ein Berater so nie zugeben würde. Es geht darum, über den Tellerrand zu schauen. Die Philosophien anderer Branchen und Unternehmenskulturen einmal interessiert zu reflektieren. Die Steuerkanzlei nicht als Insel zu betrachten, sondern als ein Bestandteil des kompletten ökonomischen Systems, dessen Wandel man sich nicht verschließen darf.

Beispiele

Beispiel 1

Präsentation der eigenen Leistungen im digitalen Zeitalter.

Wie kommuniziere ich meine Leistungen und Angebote in der heutigen digitalen Zeit an meine Zielgruppe? Wer ist überhaupt meine Zielgruppe? Wie schaffe ich es schnell zu prüfen, ob meine Angebote überhaupt am Markt angefragt sind? Wie differenziere ich mich am Markt?
Das schafft man großartig mit Werkzeugen und Methoden aus der »neuen Arbeitswelt«. Gute Beispiele sind das Business Modell Canvas, die Elevator-Pitch-Methode und die Lean-Startup-Methode.

Beispiel 2

Mitarbeiterkultur aufbauen, um gemeinsam den Weg der Veränderung zu gehen.

Wie schaffe ich es, dass das Team die nötigen Veränderungen positiv bewertet? Was muss ich als Kanzleileitung tun, damit trotz dauernder (gefühlter) Überlastung die Mitarbeiter für neue Projekte empfänglich sind? Wie schafft man es als Kanzleiinhaber, dass die Mitarbeiter selbst, aus eigenem Antrieb die Projekte umsetzen und leben?
Auch das schafft man großartig mit agilen Methoden, zum Beispiel mit Elementen der SCRUM-Methode wie dem Weekly mit einem Kanban Board oder einem Projektmanagement mit Objectives and Key Results (OKR).

Meiner Erfahrung nach gibt es allerdings viele Kanzleiinhaber, die diese Begriffe nicht verstehen. Wenn ich hingegen diese Methoden und Werkzeuge in einem Co-Working-Space oder einem MeetUp anspreche, so sind diese Themen für die Menschen dort selbstverständlich. Denn bereits seit Jahrzehnten machen neue Methoden und Projektformen die IT-Welt agiler und erfolgreicher. Passen aber dann diese »hippen« Begriffe aus der IT-Arbeitswelt überhaupt in die Steuerberater-Welt? Ich sage: Und ob! Diese Modelle sind übertragbar und dabei müssen Kanzleien die komplette Lernkurve gar nicht durchmachen. Den Wandel im Unternehmen kann jede Kanzlei, wenn sie denn will, innerhalb von drei Jahren ohne große Schmerzen und ohne ein Tal der Tränen vollziehen. Es ist eine aktive Entscheidung, ob dieser Weg eingeschlagen werden soll. Wenn ja, dann sind verschiedene **Faktoren** für den **Erfolg der Transformation** ausschlaggebend.

6.1 Faktor 1 – Die Kanzlei muss die Ziele kennen

Es sollte für jeden Kanzleiinhaber selbstverständlich sein zu wissen, wie die Planung der nächsten drei Jahre aussieht. Zum Beispiel, wie man die rollierende Planung noch besser aufbaut und welche Unternehmenskennzahlen verbessert werden müssen. Hierbei geht es nur bedingt darum, wie sich die Zahlen entwickeln werden. Vor allem geht es darum sich vorzustellen, wie es in drei Jahren sein wird: **Wie soll die eigene Kanzlei in drei Jahren aussehen**, wenn man sich diese ganz frei erträumen könnte? Das fällt gar nicht so leicht und benötigt schon eine gewisse Vorstellungskraft und auch Training, um die Schwierigkeiten beiseiteschieben zu können, die einem dabei durch den Kopf gehen. Doch sobald das Bild im Kopf einmal steht und die groben Inhalte aufgeschrieben sind, sollte man sich dem Weg zuwenden, wie diese Ziele erreicht werden können. Ein wichtiges Element: Die Mitarbeiter müssen diese Ziele kennen, verstehen und ihnen idealerweise zustimmen.

Es ist wie beim Segeln: Nicht nur der Kapitän, sondern auch die Mannschaft muss wissen, wo Norden ist und wo das Ziel liegt. Die Mitarbeiter sollten ihre jeweiligen Einsatz- und Kompetenzbereiche kennen. Somit können Widrigkeiten und kurzfristige Änderungen durch äußere Einflüsse überwunden werden, ohne das Ziel aus den Augen zu verlieren. Viel zu viele Kanzleiinhaber reagieren lediglich auf Ereignisse und haben gar kein Ziel vor Augen. Sie spielen nicht um zu gewinnen, sie spielen nur, um nicht zu verlieren. Dadurch sind sie keine guten Ratgeber. Ein Chef jedoch, der weiß, wohin die Reise geht, schafft Vertrauen. Er gibt dem gesamten Team Halt, auch wenn teilweise schmerzliche Veränderungen anstehen.

6.2 Faktor 2 – Die Mitarbeiter einbeziehen

Nun gehen wir davon aus, dass der Chef die Kanzleiziele visualisiert hat. Er weiß, wohin die Reise gehen wird. Vor Augen hat er ein genaues Bild und stellt sich vor, wie es in drei Jahren sein wird. Jetzt geht es darum, das Team bei den Gedanken, Vorstellungen und Planungen mitzunehmen. Eine PowerPoint-Präsentation der Inhalte für das Team ist vielleicht der Anfang. Allerdings nur der Anfang! Das Teilen der Planung mit dem Team ist genauso elementar wie die Identifikation mit den Zielen. Übrigens: In vielen Kanzleien gibt der Inhaber nicht allein die Marschrichtung der Ziele vor. Das komplette Team oder Teile des Teams arbeiten maßgeblich an den Zielen mit. Das ganze Team sollte genau wissen, wo das Ziel liegt. Nur so kann vorausschauend gedacht und letztendlich auch gehandelt werden. Die angestrebten Veränderungen sind meist keine isolierten Maßnahmen, die nur wenige Mitarbeiter betreffen. Oft erstrecken sie sich über sämtliche Bereiche einer Organisation. Nur wenn nahezu jeder mitzieht, schafft es positive Erlebnisse bei jedem Einzelnen.

Gründen Sie deshalb ein **Innovations-Team**! Dieses Team sollte nicht mehr als acht Mitarbeiter beinhalten (ohne Chef, der sollte nicht im Team sein) – ein sogenanntes »Two-Pizza-Team«. Das bedeutet, dass die Gruppe nicht größer sein sollte, als dass sie von zwei großen Pizzen satt wird. Das Innovations-Team sollte alle unterschiedlichen Mitarbeiter-Typen und Arbeitsbereiche involvieren: Auszubildende, langjährige Mitarbeiter, Teamleiter, Mitarbeiter aus dem Sekretariat, der Lohn-, der Fibu- und der Jahresabschluss-Abteilung. Die Mitglieder sollten freiwillig dabei sein. Sie sind die Schnittstelle zwischen Kanzleileitung und dem gesamten Team.

6.3 Faktor 3 – Neuerungen Schritt für Schritt umsetzen

Oft sind die Mitarbeiter von den anstehenden Veränderungsprozessen stark verunsichert. Sie haben in der Regel keine Angst vor der Veränderung und sperren sich auch nicht, beklagen aber, dass zu viele unterschiedliche Dinge umgesetzt werden sollen und keiner wirklich weiß, wie, was und bis wann. Häufig leiden die Inhaber betroffener Kanzleien unter dem sog. »**Shiny-Object-Syndrome**«. Das Syndrom besagt, dass immer wieder interessante neue Dinge die Aufmerksamkeit erhalten. Taucht ein nächster interessanter Aspekt auf, springt das Interesse zu diesem über. So weiß das Umfeld nicht, wo gerade der Fokus liegt bzw. was überhaupt aktuell umgesetzt werden soll und vor allem fehlt häufig die Tiefe. Sprich: Es ist nicht klar, wie etwas umgesetzt werden soll. Das verwirrt die Mitarbeiter, die intrinsisch gerne den Veränderungsprozess mitgestalten möchten, aber durch die fehlende konkrete Zielvorgabe überfordert sind. Deshalb sollten **nicht mehr als drei parallele Veränderungen** in einer Kanzlei gleichzeitig umgesetzt werden. Diese drei Ziele sollten realistisch in drei Monaten umgesetzt werden können. Wenn die Projekte allerdings so umfangreich sind, dass sie in drei Monaten nicht realisiert werden können, dann werden Zwischenziele benannt.

Dieses Vorgehen ist an der sogenannten Objectives-and-Key-Results-Methode angelehnt. Da sich viele Mitarbeiter in Steuerkanzleien mit so »hippen« englischen Begriffen nicht anfreunden können, haben wir diese Methode etwas abgewandelt. Mit dieser erarbeiteten Methode, die wir »Bierdeckel-Projektmanagement« getauft haben, beraten wir Kanzleien. Um es plastisch erlebbar zu machen, haben wir (Blanko-)Bierdeckel bedrucken lassen. Darauf können drei Ziele für drei Monate notiert werden. Die Bierdeckel werden dann beispielsweise an das Schwarze Brett oder an den Kühlschrank gehängt. So weiß jeder, welche Ziele und Veränderungen zurzeit anstehen. Stehen neue Projekte und Veränderungen an, werden diese in das »Backlog«, also auf die Warteliste, geschrieben. Nach drei Monaten wird bewertet, ob die Ziele erreicht wurden und im Idealfall werden dann die nächsten drei Innovationen definiert. Projekte und Abläufe zu definieren und für alle transparent zu machen sollte stets simplifiziert werden. Je komplexer und kleinteiliger geplant wird, desto weniger können sich die Mitarbeiter damit identifizieren und Veränderungswillen oder sogar Leidenschaft aufbauen. Wenn die Ziele bekannt sind, wird der Weg in die richtige Richtung gehen. Ab und an bestimmt auch mit Rückschlägen, doch das Ziel ist bekannt. Daher beraten wir in Richtung »agile Umsetzung«. Diese Methodik wird bereits seit langer Zeit in der IT-Welt gelehrt und gelebt. Sie besagt, dass zwar das Ziel klar ist, jedoch der Weg dorthin immer wieder neu bewertet und anhand der neusten Erkenntnisse bestimmt und modifiziert wird. So werden meist alle zwei Wochen die Arbeitsergebnisse präsentiert und die neuen Schritte definiert. Dadurch entsteht im Kanzleiteam die beste Akzeptanz mit den aktuell wichtigsten Bedürfnissen.

6.4 Faktor 4 – Der Chef lebt vor

Eine Redewendung besagt: Der Fisch stinkt vom Kopf her. Und in der Tat: So wie sich der Kanzleiinhaber verhält, so funktioniert auch die Kanzlei. Ich möchte an dieser Stelle einmal ein paar Beispiele nennen:

Beispiele

Beispiel 1

Wenn ein Kanzleiinhaber bei mir im Erstgespräch ist und die Engpässe erfragt werden, kommt häufig die Aussage, dass 60 oder 70 Stunden pro Woche in der Kanzlei gearbeitet wird, dass die Mitarbeiter unselbstständig seien und immer wieder Fragen stellen würden, die sie doch selbst beantworten könnten. Immer sei der Chef für alles verantwortlich und hätte dementsprechend nie die Ruhe, strategisch an der Kanzleistruktur zu arbeiten.

In diesen Fällen frage ich stets: »Wer macht eigentlich morgens die Post in der Kanzlei auf, bzw. wer sichtet diese zuerst und verteilt dann weiter?« Die meistgenannte Antwort ist: »Das mache ich als Chef.«

Wenn also ein Steuerberater in seiner eigenen Kanzlei mit beispielsweise acht Angestellten es nicht schafft, den Prozess Eingangspost abzugeben, wie soll denn dann eigenständiges Arbeiten möglich sein? Als Kanzleiinhaber die Kontrolle abgeben zu können, ist ein großer Schritt in die Selbstbestimmtheit in der eigenen Kanzlei.

Beispiel 2

Die Kanzleileitung beschwert sich, dass die neuen Systeme nicht angenommen werden. Das Dokumentenmanagementsystem wird gar nicht richtig genutzt, ProCheck oder andere Prozesslösungen finden fast nie Anwendung und die digitale Zusammenarbeit mit den Mandanten wird auch nicht ausgebaut.

Auf meine Frage hin: »Nutzen Sie als Kanzleiinhaber denn die Systeme schon?« kommt fast immer die Antwort: »Ich brauche mein Papier. Ich bin das so gewohnt. Solange die Systeme nicht so laufen, wie ich es mir vorstelle, arbeite ich erst mal so weiter, wie ich es kenne. Und auch meine Mandanten möchten lieber mit dem Pendelordner arbeiten.«

Zugegebenermaßen sind diese Beispiele extrem. Sie zeigen aber eine Richtung auf. Wichtig ist, dass beherzigt wird: Der Chef geht immer voran. Er gibt den Takt an. Er bleibt konsequent und stellt das Positive an der Veränderung stets allen Mitarbeitern vor. Gerade in Steuerkanzleien ist ein Leader gefragt. Ein Macher, dem man vertrauen kann. Er lebt die Veränderungen vor und zeigt mit positiven Erlebnissen, dass es geht.

6.5 Faktor 5 – Sog statt Druck erzeugen

Es gibt verschiedene Ansätze. Sog und Druck sind hier zwei Gegensätze. Gerne fallen Sätze wie »Man muss den Druck erhöhen« oder »Wir müssen jetzt mehr Druck ausüben«, damit Veränderungen voranschreiten. Diese Aussagen sind naheliegend, doch dieser Ansatz ist falsch. Eine Arbeitsumgebung mit Druck funktioniert längst nicht so gut wie eine mit Sog. Mitarbeiter können stets mit Druck korrigiert bzw. geführt werden. Es wird ihnen kommuniziert, was sie zu tun und zu lassen haben. Sie bekommen Korrekturen zu spüren und werden sich entsprechend verhalten oder die Maßnahmen vielleicht sogar unbewusst sabotieren. »Die Sache mit dem Druck ist ein Irrtum, den der Teufel erfand!«, ist ein Zitat vom Gründer der Drogerie-Kette dm, Götz Werner. Dieses Zitat habe ich seit Jahren verinnerlicht. Es ist universell in allen Lebensbereichen einsetzbar. Im Bezug des Selbstmanagements verändert es die eigene Prägung. Die Sogwirkung ist ein Game Changer, wenn es um Mitarbeiterführung und Umsetzung von Veränderungen geht.

Man sollte auf Umstände nicht mit Druck reagieren, sondern eine Atmosphäre mit Sog schaffen. So wird das Umfeld und das ganze Team glücklicher. Vor allem wird es aus eigenem Antrieb leistungsfähiger. »Wer fliegen möchte, braucht Thermik. Flugzeuge fliegen, weil Sog aufgebaut wird«, sagte Götz Werner in einem Interview.

6.6 Faktor 6 – Positive Erlebnisse schaffen

Vor dem Haus haben wir eine große Rasenfläche. Mein ältester Sohn ist im Februar sieben Jahre alt geworden. Er möchte nun gerne mehr in den Alltag einbezogen werden und eine einfache Wertschöpfung mit einbringen. Natürlich ist es auch ein tolles Erlebnis für ihn, wenn er alleine mit dem lauten Benzinrasenmäher den Rasen mähen darf. Jedoch hat er mit gerade erst sieben Jahren noch nicht die Kraft, tatsächlich den ganzen Rasen durchgehend zu mähen. Wo er bereits gemäht hat und wo noch nicht, kann er nicht genau sehen und vor allem kann er auch nicht einschätzen, wo er entlangfahren muss. Wie ich ihn unterstützen kann? Drei naheliegende Optionen bieten sich an:

- Ich zeige ihm genau, wie er den Rasen korrekt zu mähen hat. Bei Fehlern korrigiere ich ihn und kontrolliere, wie er die Fläche mäht.

- Bis er den Spaß verliert, lasse ich ihn einfach mähen. Danach mähe ich den Rasen einfach richtig.
- Ich zeige ihm die Grundlagen. Er mäht seinem Alter entsprechend und ich lasse den Rasen im Nachgang auch so, wie er ihn gemäht hat. Nach seiner getanen Arbeit lobe ich ihn und gebe ihm 50 Cent.

Es gibt hier kein richtig und kein falsch. Alle drei Optionen können funktionieren. Die erste Option birgt die große Gefahr, dass das Kind bereits beim ersten Mal erkennt, dass es die Aufgabe nicht richtig macht. Es verliert den Spaß daran. Allerdings gibt es sicherlich auch Kinder, die das richtig toll finden, dass ihr Vater richtig und mit voller Aufmerksamkeit erläutert, wie das Rasenmähen funktioniert. Je nachdem, wie der Vater zum Schluss reagiert, zeigt sich, ob der Sohn mit zehn Jahren immer noch den Rasen freiwillig mähen wird oder nicht. Wenn der Sohn Lob bekommt, wird er vielleicht Spaß und Freude am Rasenmähen entwickeln. Der Sohn wird jedoch schnell die Lust verlieren, wenn die »Es-ist-nie-gut-genug«-Stimmung heraufbeschworen wird. Bei der zweiten Option scheint alles erst einmal wunderbar zu funktionieren. Der Junge wird nicht zurückgewiesen, der Vater lässt ihm die Freiheit sich auszutoben. Wenn der Sohn nicht mitbekommt, dass der Rasen nachgemäht wurde, ist alles in Ordnung. Falls er es doch merken sollte, wird er enttäuscht sein. Das Nachmähen wertet seine Arbeit ab, besonders, wenn noch einmal über die Bereiche gefahren wird, die er bereits gemäht hat. Auch in anderen Situationen wird er den Glaubenssatz entwickeln, dass er sich gar nicht so anstrengen muss. Schließlich wird der Vater es noch einmal »vernünftig« erledigen. Mit der dritten Option bekommt der Junge direkt ein positives Feedback, er wird wertgeschätzt. Wenn Vater und Mutter am Samstagnachmittag alles in Schuss bringen, fühlt er sich als ein Teil der Wertschöpfung. Die Belohnung steigert sogar die Chance, dass er bereits am folgenden Donnerstag fragen wird, ob er am Wochenende wieder Rasen mähen darf. Wenn das der Fall ist, kann man ihm, als väterlichen Rat und nicht als Vorgabe, ein paar wohlgemeinte »optimierende Anmerkungen« mit auf den Weg geben.

Wie häufig haben wir als Inhaber der eigenen Kanzlei **zu feste Vorstellungen davon, was richtig ist und was nicht**? Kaum jemand macht es gut genug. Ständig muss man selbst korrigieren und kontrollieren, ob die Qualität stimmt. Aber muss man das wirklich? Verstehen Sie mich nicht falsch, damit meine ich nicht etwa die Vorbehaltsaufgaben, die Steuerberater unterschreiben müssen und für die sie haften. Ich meine diejenigen Aufgaben, die das Team erarbeitet und in der Kanzlei umsetzt, beispielsweise die Veränderungen, die das Innovations-Team bestimmt und einführt. Wichtig ist, dass das Innovations-Team jederzeit ein Gefühl von Freiheit hat: Die Veränderungen werden selbstständig erarbeitet und eingeführt. Auch Lob für die richtigen Schritte ist sehr wirkungsvoll und wichtig. Dass die Mitarbeiter sich für die Kanzlei einsetzen und über den Tellerrand schauen, um Dinge zu entwickeln und umzusetzen, sollte gleichermaßen wertgeschätzt werden. Dabei ist es enorm wichtig, dass das Team Veränderungen mit positiven Erlebnissen verbindet. Es sollte betont werden, dass das eigenständige Denken honoriert wird, dass das Umsetzen auch einmal fehlschlagen darf und dass man auch einmal einen zweiten Anlauf nehmen muss. Es muss eine **Fehlerkultur** herrschen und alles in Ordnung sein, solange es vorwärts geht und mit positiver Energie daran gearbeitet wird.

Mit der richtigen Einstellung ist diese Vorgehensweise für die Kanzleileitung sehr entspannend. Lassen Sie Ihre Mitarbeiter einfach einmal machen. Sie müssen nicht direkt korrigieren oder kontrollieren und schon gar nicht sich darüber ärgern, dass die Mitarbeiter es nicht so gut machen, wie man es vielleicht selbst könnte. Allein dieses Vorgehen wird eine ganz andere Atmosphäre im Team schaffen. Natürlich wird es auch Mitarbeiter geben, die Option 1 favorisieren und gar nicht mitgestalten möchten. Sie möchten lieber genau gezeigt bekommen, wie etwas zu erledigen ist. Diese Mitarbeiter halten sich an die Vorgaben bzw. setzen die Aufgaben nach bestem Wissen und Gewissen so um, wie es von ihnen verlangt wird. In der Regel funktioniert hier auch der skizzierte Weg. Allerdings mit wesentlich mehr Zeiteinsatz und in kleineren Schritten. Denn die Komfortzone ist meist so groß, dass die Lernzone erst nach langer Zeit betreten wird. Hier hilft meist, wenn diese Mitarbeiter mit den Veränderungswilligen im Team arbeiten. Mit veränderungssensiblen Menschen meine ich übrigens nicht die Verweigerer. Mitarbeiter, die grundsätzlich alles ablehnen, was von ihren Gewohnheiten und ihrem Weltbild abweicht, sollten tunlichst nicht im Innovations-Team mit eingebunden werden.

6.7 Faktor 7 – Interdisziplinäre Kompetenzen aufbauen

Die Mitarbeiter einer Kanzlei sind im Fachbereich »Steuern« top. Doch wie sieht es mit anderen Skills aus? Meist sind diese Fähigkeiten aufgrund der fundierten und speziellen Ausbildung im Bereich Steuern nicht geschult worden. So fällt es vielen Mitarbeitern schwer, außerhalb der klassischen Kanzleiarbeit andere Perspektiven einzunehmen. Aber genau das ist wichtig – sich auch mit Themenstellungen auseinanderzusetzen, die Unternehmen erfolgreich machen. Ein großer Bereich wäre, sich mit dem Thema »Aufbau von Start-up-Unternehmen« zu beschäftigen. Wie werden dort Produkte und Leistungen validiert und entwickelt? Wie funktioniert dort das Thema »digitales Marketing«? Wie werden Projekte umgesetzt? Wie werden Mitarbeiter gewonnen und geführt? Diese Bereiche können sehr viele Dinge in einer Steuerkanzlei verbessern.

Im Coaching werden sehr viele Methoden, Instrumente und Denkweisen von Start-up-Unternehmen genutzt, die frischen Wind in die Kanzleien bringen. Innovative und offene Mitarbeiter einer Kanzlei können mit Weiterbildungen ihr Wissen im Steuerbereich vertiefen. Sie können sich aber auch mit innovativen **Themen von außerhalb der**

Steuerbranche auseinandersetzen. Dazu empfehle ich Methoden und Werkzeuge, die innovative Start-ups und junge Unternehmen nutzen. Diese schaffen unterschiedliche Perspektiven und bringen funktionierende und erprobte Komponenten mit in den Kanzleialltag. Dadurch werden das Innovationspotenzial der Mitarbeiter und der Wissenstransfer gefördert. Die Mitarbeiter sollten diverse Veranstaltungen besuchen, die nichts mit Steuerberatung zu tun haben. Bücher lesen, Hörbücher hören und Online-Seminare besuchen kann den Mitarbeitern helfen, ihre Persönlichkeit zu entwickeln und unterstützt das Andersdenken. Übrigens: Das gilt natürlich genauso und erst recht für die Kanzleileitung!

6.8 Faktor 8 – Innovation und Digitalisierung sind ein andauernder Prozess

»... bis dass der Tod euch scheidet ...«. Wer im Anschluss »Ja, ich will« antwortet, der hat sich bewusst darauf eingelassen, nun lebenslang einen gemeinsamen Weg zu gehen. Das Kanzleileben ist damit nicht wirklich vergleichbar, doch im Prinzip gibt es Überschneidungen. Wenn ich den aktiven Weg gehe, um die eigene Kanzlei stets weiterzuentwickeln und mich immer wieder hinterfrage, ob die gesteckten Ziele noch aktuell sind, dann entsteht unweigerlich ein nie endender Prozess mit immer weiteren Transformationen. Wenn wir uns die Geschwindigkeit anschauen, in der sich durch technologischen Fortschritt die Welt und die Erwartungen der Menschen geändert haben, dann muss man kein Zukunftsforscher sein, um zu erkennen, dass die damit verbundenen Veränderungen immer schneller werden. Vielleicht ist es schon in einigen Jahren soweit, dass die Entscheidung und Bereitschaft der Veränderung weniger beim Steuerberater liegen wird, sondern viel mehr beim Mandanten. Durch höhere Transparenz, Automatisierung und Vereinfachung von vielen Bestandteilen der jetzigen Wertschöpfung wird er vorgeben, was er erwartet. Heute sprechen wir von der automatisierten Buchführung, morgen wird es der Wegfall des klassischen Dokuments sein und übermorgen der komplett digitale Austausch des Geldes. Egal, wie man diese Beispiele bewertet, wird man sich einig sein, dass essenzielle Veränderungen kommen werden. Immer und immer wieder.

Hierbei ist es wichtig zu verstehen, dass man über den Sachverhalt an sich nicht alles wissen muss. Es geht nicht mehr darum, Kenntnisse im eigenen Kopf aufzubauen, wie man die Dinge umsetzt. Die (angepasste) Geisteshaltung wird der Game Changer sein. Entscheidend ist das Verständnis für den immerwährenden Veränderungsprozess, der auch nicht zu Ende ist, sobald die Mandanten zu 100 Prozent digital mit der Kanzlei zusammenarbeiten. Man sollte begreifen, dass sich die Kanzlei in zehn Jahren noch viel mehr auf die Lebenswirklichkeit der Mandanten – die dann vornehmlich nach 1980 geboren wurden – wird einstellen und anpassen müssen. Die Grundlagen für Veränderungen in der Kanzlei sind geschaffen, wenn die Geisteshaltung angepasst wird. Dazu sollten Ziele und Positionierung für alle Mitarbeiter klar und verständlich sein, damit diese die lebenslange Transformation mitgehen. Die digitale Außendarstellung und Präsentation sollten stets dem aktuellen Stand entsprechen. Aber auch die internen Prozesse sollten digital werden, denn so entsteht ein Ökosystem für eine lebenslange Entwicklung ohne Endzeitpunkt und Druck.

7 Der 5-P-Innovations-Mix

von Daniel Terwersche

»Wer aufhört, besser zu werden, hat aufgehört, gut zu sein.«
Philipp Rosenthal

Innovation und Digitalisierung sind Begriffe, die gefühlt jeden Tag in völlig unterschiedlichem Kontext genannt werden. Jeder verbindet damit etwas Unterschiedliches. Außerdem werden die Begriffe in einigen Kontexten differenziert bewertet. Zum Beispiel wird der Begriff »Digitalisierung« in der steuerberatenden Branche häufig im Kontext der digitalen Zusammenarbeit mit dem Mandanten genutzt. Im gesellschaftlichen Bereich hingegen wird der Schwerpunkt des Ausbaus von Glasfaserleitungen und die mobile Netzabdeckung angedeutet. Wenn also die Definition schon nicht einheitlich ist, wie soll dann ein Schritt-für-Schritt-System die Umsetzung begleiten oder gar vorgeben? Woran soll sich ein Kanzleiinhaber orientieren bzw. wie fängt man an?

Für meine beratenden Tätigkeiten als Digitalisierungsberater habe ich bereits vor vielen Jahren den 4-P-Digitalisierungs-Mix definiert. Um mit bestimmten Methoden und Werkzeugen alle Bereiche des Unternehmens verbessern zu können, wollte ich ein System nutzen, das den Status quo aufnehmen kann. Da der gedankliche Ursprung beim 4-P-Markting-Mix lag, habe ich mich an diesem Begriff orientiert. Als Betriebswirtschaftler wurde mir dieser Marketing-Mix bereits im ersten Semester beigebracht. Seitdem bedenke ich bei jeder betrieblichen Entscheidung automatisch diese vier Bereiche. Mir gefällt die Deutlichkeit, aber auch die Vollständigkeit in diesem System. Vor allem gefällt mir, dass der Marketing-Mix bei jedem Unternehmen, egal aus welcher Branche oder mit welcher Wertschöpfung, angewendet werden kann. Ein solches System fehlte mir im Kontext der Digitalisierung: Ein einfaches und branchenübergreifendes Big Picture, das mir hilft, an alle P-Begriffe bzw. -Bereiche zu denken, um eine gute Basis zu schaffen. In der ersten Zeit führte ich mit Abteilungen aus mittelständischen Unternehmen viele Workshops durch. Immer mit dem Bild der vier P-Begriffe im Hinterkopf. Wir sind stets folgende Bereiche durchgegangen:

- Positionierung
- Produkte
- Präsentation
- Prozesse

Das funktionierte wunderbar. Von Workshop zu Workshop verstand ich die Dynamik und die Ergebnisse immer besser. Was mir dabei allerdings auffiel: Je besser die Teams wussten, wohin das Unternehmen wollte und je mehr Transparenz im Vorfeld schon da war, desto bessere Ergebnisse kamen zustande. Anhand der Führungsstile und der Unternehmenskultur konnte man bereits in den Workshops der Design-Thinking-Methodik erkennen, ob die Erkenntnisse auch intrinsisch motiviert waren. Vor allem konnte man vorhersagen, ob die Ziele und Ausarbeitungen im Nachgang auch wirklich umgesetzt werden würden. Darum fehlte mir stets ein Element. Wie kann man ein Umfeld schaffen, in dem die Ziele wirklich immer umgesetzt werden? Wie schaffen es die Mitarbeiter nachhaltig, die Transformation in ihren Arbeitsalltag einzubinden und die Projekte positiv umzusetzen?

Mir fehlte einfach das Element »Mensch«. Sowohl die Kanzleileitung als auch die Mitarbeiter sind wichtige Faktoren, die als fünftes P (Personen) einbezogen werden mussten. Eine weitere Erkenntnis reifte ebenfalls: Es ist zu kurz gedacht, nur digitale Prozesse einzuführen. Um nachhaltig ein funktionierendes Change-Management zu implementieren, braucht es klare Ziele. Außerdem sollte man eine Arbeitgebermarke, die nach außen getragen wird, einsetzen. Aber vor allem sollte es ein Umfeld des Wachstums und der Veränderung geben. Den Namen »Digitalisierungs-Mix« fand ich nicht mehr passend. Um das Ganzheitliche in den Vordergrund zu stellen, spreche ich nun von »Innovations-Mix«, dem **new Gen 5-P-Innovations-Mix**:
- Positionierung
- Produkte
- Personen
- Präsentation
- Prozesse

Die **Kernaussage** ist: Kein Unternehmen benötigt eine Digitalstrategie, sondern eine **innovative Unternehmensstrategie**. Die Digitalisierung ist dann eine Folge dessen und ein großer Baustein, um die Strategie umzusetzen. Aus diesem Grund differenziere ich auch innerhalb des Mix in
- **Grundlagen-Ps** (Positionierung, Produkte, Personen) und
- **Umsetzungs-Ps** (Präsentation und Prozesse).

Nach der Aufarbeitung der Grundlagen-Themen geht es um die Umsetzung der Bereiche Präsentation und Prozesse. Der Bereich Prozesse ist dabei sicherlich der entscheidende Hebel. Albert Einstein hat einmal gesagt: »Wenn ich eine Stunde Zeit hätte, um die Welt zu retten, würde ich 55 Minuten dafür verwenden das Problem zu definieren und nur 5 Minuten, um Lösungen zu finden.« Die Grundlagen-Ps wären in diesem Kontext die Definition des Problems und die Umsetzungs-Ps – insbesondere die Prozesse – die Lösung.

Sehen wir nun uns die P-Begriffe des 5-P-Innovationsmix genauer an.

7.1 Positionierung

Die eigene Positionierung ist die Grundlage jeder Kanzleistrategie. Sie umfasst die Ziele und die Marktrelevanz für jede Kanzlei, egal ob kleine Alleskönner-Kanzlei oder hoch spezialisierte Großkanzlei. Ohne die Definition der eigenen Positionierung fehlt der Plan für die Veränderung und den Fortschritt. Im Innovations-Mix basieren sämtliche Überlegungen und Handlungen auf dem Fundament der Positionierung. Nun kann anhand bestimmter Kriterien eine fundierte Positionierung herausgearbeitet werden. Es könnten Zahlen, Daten und Fakten ausgewertet oder Analysen gefahren werden.

Der 5-P-Innovations-Mix geht einen anderen Weg: Es wird weniger die Vergangenheit mit einbezogen als vielmehr die Zukunft durch eigene Vorstellungskraft und eigene Wünsche aufgebaut. Es geht darum, sich die Zukunft vorzustellen. Gerade in Steuerkanzleien spielt die Persönlichkeit des Beraters eine entscheidende Rolle. Die Kanzlei ist häufig ein Spiegelbild des Kanzleiinhabers, egal ob bewusst oder unbewusst. Wir möchten das Bewusstsein herausstellen und Vorfreude auf die Positionierung erzeugen. Da Kanzleien auf Ereignisse häufig reagieren und weniger agieren, drehen wir den Spieß um: Jetzt entscheidet der Kanzleiinhaber, wie die Kanzlei nach außen und innen wirken soll. Eine Folge der aktiven Positionierung ist, dass der Kanzleiinhaber definiert, welche Mandanten in der Zukunft angesprochen werden sollen und welche Mitarbeiter zur Kanzlei passen.

Eine Positionierung kann aus unterschiedlichsten Kriterien bestehen: Motive und Persönlichkeitsstrukturen der Mandanten, Fachgebiete, Persönlichkeitseigenschaften der Steuerberater, Leistungsbereiche, Automatisierungsgrad, Branche und vieles mehr. Das muss jede Kanzlei für sich selbst entscheiden. Im new-Gen-5-P-Innovations-Mix wird diese Positionierung Schritt für Schritt erstellt. Zu Beginn wird eine Ist-Situation mit dem Kanzlei Model Canvas aufgearbeitet, um Klarheit zu bekommen. Im zweiten Schritt wird die Soll-Situation mit drei verschiedenen Methoden gestaltet. Durch eigene Vorstellungen werden der Ziel-Mandant sowie die Ziel-Kanzlei definiert. Zu guter Letzt wird mit einem Elevator-Pitch die Positionierung in einigen Sätzen auf den Punkt gebracht.

7.1.1 Ist-Situation mit dem Kanzlei Model Canvas aufarbeiten

Das Business Model Canvas ist in der Standardversion auf Unternehmen ausgelegt. Wir haben dieses Business Model in ein Kanzlei Model Canvas umgewandelt, so dass es die Situation einer Kanzlei widerspiegelt. Mit dem new Gen Kanzlei Model Canvas wird das Geschäftsmodell auf ein »Blatt Papier« gebracht. Das Wesentliche des Konzepts wird übersichtlich dargestellt. Durch die Visualisierung und die überschaubaren Feldgrößen für die einzelnen Bereiche wird klar, dass lediglich die wichtigsten Punkte notiert werden sollten. Somit beschäftigt sich der Kanzleiinhaber mit allen Bereichen und hat ein einfach dargestelltes »Big Picture« der Gesamtsituation. Anhand dieser Methode werden Schwachstellen erkannt. Es provoziert, dass alle relevanten Punkte im Geschäftsmodell be- und überdacht werden. Schlussendlich hilft **New Gen Kanzlei Model Canvas**, ein Grundgerüst zu erstellen, in dem folgende Themen abgebildet werden (s. auch Abb. 5):

Abb. 5: New Gen Kanzlei Canvas (Quelle: eigene Darstellung)

Schlüssel Partner

Im Bereich »Schlüsselpartner« wird aufgeführt, aus welchen Rahmenbedingungen bzgl. Unterstützern das Fundament der Kanzlei besteht.

Hierbei sollten folgende Fragen beantwortet werden:

- Welche Schlüsselpartner unterstützen die Kanzlei? Gibt es externe Spezialisten, auf die verwiesen wird? Das könnten beispielsweise Rechtsanwälte und Notare sowie EDV-Spezialisten sein.
- Welche Kanzlei-Fachlösungen werden in der Kanzlei eingesetzt? DATEV, Addison, Agenda, SIMBA, BMD oder andere? Welche erweiterten Lösungen sind relevant für die Wertschöpfung?
- Welche Systempartner sind mit eingebunden? Welche Strategie wird gefahren? ASP? Eigene Server?
- Ist die Kanzlei in einem Steuerberaternetzwerk? Wenn ja, in welchem?
- Unterstützen Coaches und Berater die Kanzlei in ihrer Entwicklung?

Spezialisierte Leistungen
In diesem Feld werden die Leistungen eingetragen, die fernab eines klassischen Steuerkanzlei-Portfolios angeboten und durchgeführt werden. Es gilt hier, leistungsbezogene Differenzierungen herauszustellen.

Mitarbeiter mit Fachqualifikationen
Gibt es in der Kanzlei Mitarbeiter mit bestimmten fachlichen Qualifikationen, besondere Aus- und Weiterbildungen? Werden Mitarbeiter mit anderen Fähigkeiten, die für die Kanzlei nützlich sind oder sein könnten, beschäftigt?

Image der Kanzlei
Wie wird die Kanzlei von außen wahrgenommen? Was sagen Mandanten und vor allem Nicht-Mandanten? Was bringen diese mit der Kanzlei in Verbindung?

So kommunizieren wir mit den Mandanten
Wie erfolgt die Kommunikation hauptsächlich – persönlich im Steuerbüro oder eher beim Mandanten vor Ort? Wird telefonisch und per E-Mail kommuniziert oder gibt es digitale Plattformen? Wenn ja, welche? Werden Videokonferenz-Systeme genutzt?

So gewinnen wir neue Mandanten
Wie werden Neumandate auf die Kanzlei aufmerksam? Aus welchen Gründen entscheiden sich die Mandanten für die Kanzlei? Welche Maßnahmen unterstützen den Entscheidungsprozess?

Folgende Leistungen bieten wir an
Hier geht es neben den speziellen Leistungen um den gesamten Leistungskatalog. Alle Leistungen werden an dieser Stelle aufgeführt.

Das haben wir in den letzten zwölf Monaten umgesetzt
In diesem Punkt geht es um eine Retrospektive. Was wurde beschlossen und umgesetzt? Was hat sich verändert? Das können Veränderungen in der Mitarbeiter- und Mandantschaft, Digitalisierungsprojekte oder auch die Positionierung sein.

Das sind unsere Mandanten
Gibt es einen Branchenfokus? Welche Mandanten werden vornehmlich betreut? Neben der Branche können auch Persönlichkeitstypen, Familienstand, Alter oder Vorlieben hier eingetragen werden.

Was zeichnet die Kanzlei aus
Was ist im Gegensatz zu anderen Kanzleien an der Eigenen besonders? Wird die Kanzlei diesem Anspruch gerecht oder gibt es noch weitere Aspekte? Wie ist die Kollegialität unter den Mitarbeitern oder das Verhältnis zwischen Mitarbeiter und Mandanten?

7.1.2 Soll-Situation erarbeiten und auf den Punkt bringen

Ziel-Mandant
Welche Mandanten in der Zukunft angesprochen werden, hängt davon ab, wer der Ziel-Mandant der Kanzlei ist. Das ist wichtig für eine kundenzentrierte Ausrichtung. Bedeutend ist es, die Motive und Bedürfnisse bestimmter Ziel-Kunden zu kennen und anzusprechen. Für den Kanzleiinhaber ist es erforderlich zu reflektieren, welche Mandanten(-gruppen) mit dem eigenen Leistungsangebot und der Kanzleivermarktung angezogen werden sollen. Jeder Kanzleiinhaber sollte dabei ein genaues Bild von »seinem« Ziel-Mandanten im Kopf haben. Es sollte einem Gefühl, einer Erfahrung oder vielleicht sogar einer Sehnsucht entspringen.

Ziel-Kanzlei
Häufig ist eine Kanzlei von den Herausforderungen und Problemen der Mandanten getrieben. Durch das stete »Probleme lösen« entsteht eine Passivhaltung des Reagierens, in der die eigene Planung meist nicht durchgeführt wird. Jeder Kanzleiinhaber sollte sich daher überlegen, wie die eigene Kanzlei in verschiedenen Zeiträumen aussehen soll. Die Überlegungen sollten in ruhiger und entspannter Atmosphäre erstellt werden. Ziel ist eine exakte Beschreibung, so dass man sich die weiterentwickelte Kanzlei bildlich vorstellen kann. Das Zielbild sollte als Ganzes durchdacht werden. Nicht die einzelnen Maßnahmen sind entscheidend, sondern es geht um eine Meta-Perspektive. Es geht darum, was in der Kanzlei sein wird, nicht wie es umgesetzt werden soll. Bedenken und Probleme sollten an dieser Stelle außen vor gelassen werden.

Das Ziel ist, eine genaue Vorstellung von der zukünftigen Kanzlei zu definieren, denn wenn man genau weiß, wohin die Reise gehen soll, kann man die zielführenden Maßnahmen daraus ableiten.

Wie also soll die zukünftige Kanzlei in
- drei Monaten und in
- drei Jahren aufgestellt sein?

Dabei sollten die folgenden Bereiche definiert werden:

- Außendarstellung
- Organisation
- Arbeitsbereiche
- Leistungsangebote
- Mitarbeiterkultur
- Umsätze / Gewinne
- Digitale Einsatzszenarien

Achtung: Es wird nur die Vorstellung aufgeschrieben, nicht, wie das Ziel erreicht werden soll!

Elevator Pitch

Nun gilt es, die Erkenntnisse des new Gen Kanzlei Model Canvas, des Ziel-Mandanten und der Ziel-Kanzlei herauszufiltern und diese in einem Elevator Pitch kurz und knackig zu verpacken. Ein Elevator Pitch wird auch Elevator Speech oder Elevator Statement genannt. Es ist eine Methode für eine kurze Zusammenfassung, was die Kanzlei ausmacht und wofür sie steht. Der Fokus liegt auf positiven Aspekten, wie zum Beispiel der Einzigartigkeit. Ein Elevator Pitch kann in den verschiedensten Situationen und Bereichen eingesetzt werden. Der Zweck bei diesem Innovationsprozess liegt vorwiegend darin, dass man das eigene Geschäftsmodell interpretiert und **innerhalb von 60 Sekunden kommunizieren kann**, ohne in das Fachliche abzurutschen. Außerdem hilft er, die Lösungen, die die Kanzlei anbietet und die direkte Kundenansprache auf den Punkt zu bringen. Der Kerngedanke des »Elevator Pitches« (auf Deutsch in etwa »Aufzugszusammenfassung«) basiert auf dem Szenario, eine wichtige Person in einem Aufzug zu treffen und ihr während der Dauer eines Aufzugaufenthalts von einer Idee und vor allem von deren Wert zu überzeugen. Ist die Idee überzeugend vorgestellt worden, wird das Gespräch weitergeführt oder man verabredet sich zu einem anschließenden Meeting. Auch für digitales Marketing (Facebook Anzeigen, Website, Landingpages und vieles mehr) kann der Elevator Pitch wunderbar eingesetzt werden. Ein Elevator Pitch kann auf unterschiedliche Arten erstellt werden. Hier stelle ich zwei Methoden vor. Vorab: Es sollte klar sein, was sich der Ziel-Mandant wünscht. Was sind seine Probleme oder Wünsche? Welche Veränderung bzw. welche Leistung wünscht sich der Mandant?

Die **PAS-Formel** als Methode Nummer 1 stellt das Problem vor und verstärkt es. Anschließend wird ein Angebot als Lösung für dieses Problem gemacht. Zusammengefasst: Problem, Agitate, Solve.

Beispiel mit PAS-Formel

Problem

Sie möchten Ihr Traumhaus errichten (fachfremder Bauherr = Ziel-Kunde), haben aber keine Ahnung, wie Sie ein Haus planen, geschweige denn bauen sollten.

Verstärkung

Wissen Sie, wie viele Fehler man bei der Planung des Eigenheims machen kann?

- *Die Gefühle der Ziel-Gruppe beschreiben:* Haben Sie die Befürchtung, dass Sie übers Ohr gehauen werden könnten? Wie würde sich Ihre Partnerschaft entwickeln, wenn Sie gemeinsam die Entscheidungen treffen müssten, ohne jemanden, der den Überblick fachmännisch begleitet?
- *Die negativen Gefühle verstärken:* Nehmen Sie es in Kauf, dass Schimmel in ihrem neuen Haus entsteht? Akzeptieren Sie, dass hohe und unerwartete Kosten durch falsche Entscheidungen hervorgerufen werden könnten, die Sie ggf. zur Nachfinanzierung zwingen?

Lösung

Mit uns als Fachberater und Projektleiter können Sie von Anfang an und Schritt für Schritt alles planen. Wägen Sie Entscheidungen nach Erläuterung unserer Fachberater ab und freuen Sie sich auf Ihr neues Haus. Natürlich mit einer stressfreien Bauphase.

Das Ganze funktioniert auch für positive Dinge, bei denen sich häufig auch ein Problem finden lässt, bei Wünschen sind es häufig die begrenzten Möglichkeiten: das Geld, der fehlende Partner etc. Die Kunst dabei ist, dass die Gedanken der Menschen in eine Situation (Problem oder auch die Lösung) gelenkt werden. Eine Geschichte zu erzählen eignet sich dazu hervorragend – alle Menschen lieben Geschichten!

Methode Nummer 2 ist die bekannte **AIDA-Formel**:

- **A**ttention: Aufmerksamkeit – auf dich bzw. deine Werbebotschaft aufmerksam machen
- **I**nterest: Interesse – das Interesse wecken
- **D**esire: Wunsch – das Lösen des Problems
- **A**ction: Aktion – das Produkt kaufen, aktiv werden

Beispiel mit AIDA-Formel

- **Attention – Aufmerksamkeit:** Mit uns könnten sogar Ihre Kleinkinder ihr Traumhaus planen und professionell bauen lassen.
- **Interest – Interesse:** Wir sprechen die Sprache unserer Kunden und übernehmen die komplette Planung bis zur Schlüsselübergabe. Unsere Spezialisten im Bereich Fachwerkhaus, Massivhaus und Holzständerwerkhaus sind individuelle Bauexperten, die ihr Handwerk verstehen und absolute Profis auf den jeweiligen Gebieten sind.
- **Desire – Wunsch:** So vermeiden Sie kostspielige Falschentscheidungen und haben eine fachgerechte Bauabnahme mit unserem Qualitätsversprechen. Freuen Sie sich auf die

Bauphase, in der Sie keine Nacht schlecht schlafen. Genießen Sie es, wie Ihr Eigenheim Schritt für Schritt geplant, gebaut und eingerichtet wird.
- **Action – Aktion:** Füllen Sie noch heute das Online Formular auf unserer Website aus oder rufen Sie uns direkt an. In Form eines Kataloges senden wir Ihnen weitere Informationen zu und beraten Sie individuell.

Ein Elevator Pitch könnte so oder so ähnlich aufgebaut sein. Ob eine dieser Methoden genutzt wird oder ob man selbst kreativ wird, ist unerheblich.

7.2 Produkte

Der Begriff »Produkt« ist bei Steuerkanzleien nicht so verbreitet, wie es in anderen Dienstleistungsbranchen der Fall ist. Aufgrund der Vorbehaltsaufgaben und der Vergütungsverordnung sind die Leistungen historisch festgesetzt bzw. der Spielraum war und ist, falls keine individuelle Vereinbarung getroffen wurde, immer noch nicht frei wählbar. Somit stand der Produkt-Bereich in der strategischen Planung meist nicht im Fokus. In der heutigen Zeit zum Teil ein Dilemma. In Kanzleien, in denen nach Aufwand und Stunden abgerechnet wird, ist es ein Zielkonflikt, die Aufgaben schneller und effektiver zu erledigen. Der Faktor »Zeit« als abrechenbare Einheit wirkt sich konträr zur Innovationsstufe aus. Daher ist es im digitalen und innovativen Zeitalter für die Kanzleien enorm wichtig, Leistungen in Produkten zusammenzufassen. Im Bereich »Produkte« des new Gen 5-P-Innovations-Mix liegt der Schwerpunkt darauf, Produkte aus der Sicht des Mandanten zu definieren und kommunizieren: Was ist der Wert, den der Mandant bereit ist für eine Leistung zu bezahlen?

Dem Mandanten ist es in der Regel egal, wie lange eine Person benötigt, um eine für ihn relevante Leistung zu erzielen. Der Preis für das Ergebnis ist für ihn relevant. Steht dieser Preis im Verhältnis zur Leistung? Der Wert muss den zu entrichtenden Preis übersteigen. Damit ergibt sich im Ergebnis für den Mandanten eine wertorientierte Preisgestaltung. Ab diesem Zeitpunkt ist die Wertschöpfung entkoppelt vom Faktor Zeit. Es ist für das komplette Kanzleiteam nun relevant, so effizient wie möglich zu arbeiten. Das gemeinsame Ziel lautet also: Hohe Ergebnisse in optimierten Prozessabläufen erzeugen. Die Leistung sollte nicht für den Preis angeboten werden, für den sie realisiert werden kann, sondern für den Preis, den der Ziel-Mandant bereit ist zu bezahlen. Um die genauen **Angebotssätze für die Produkte** zu definieren, werden fünf Faktoren benötigt, die berücksichtigt werden müssen:

1. **Ziel-Mandant:**
   Den Ziel-Mandanten haben wir bereits in der Positionierung erarbeitet. Wichtig ist in diesem Fall, dass dieser benannt werden kann, so dass er sich auch angesprochen fühlt. In der Vertriebspsychologie sprechen wir hier von EGO-Labeling.

2. **Ergebnis:**
   Diesen Faktor finden viele Steuerberater schwierig, da er häufig auf der jeweiligen Situation basiert. Oft werden dann Faktoren genannt wie zum Beispiel:
   - ... bis zu 30 % Steuerersparnis
   - ... Fördersummen von mindestens 30 %
   - ... Verlustvorträge bis zum doppelten Satz

   Durch diese vagen Aussprachen wird bereits ein Ergebnisbereich definiert.
3. **Leistung:**
   Die Leistung ist in diesem Fall der Leistungsbereich. Dieser sollte so kommuniziert werden, dass der Ziel-Mandant sich etwas darunter vorstellen kann. Das kann zum Beispiel eine Methode sein, ein Prozess oder auch eine Herangehensweise.
   Hier einige Beispiele:
   - ... durch Vorauszahlungen an die private Krankenkasse
   - ... anhand der Analyse aller bisherigen Sparverträge
   - ... durch den Aufbau einer eigenen vermögensverwaltenden Familiengesellschaft
   - ... durch das Einführen von digitalen Prozessen im Unternehmen
4. **Vorwand:**
   Unter dem Begriff »Vorwand« ist in diesem Fall die Einwand-Vorwegnahme gemeint. Häufig haben wir Menschen bei vielen Begriffen oder Methoden eine negative Assoziation.
   Wenn die Vorwände, die die Ziel-Mandanten haben könnten, nicht im Vorfeld direkt entkräftet werden, kann das Angebot bereits eine Ablehnung erfahren, ohne dass sich die Zielgruppe näher damit beschäftigt. So wird die Leistung genannt und direkt der mögliche Vorwand entkräftet.
   Einige Beispiele dazu:
   - ... anhand der Analyse aller bisherigen Sparverträge, ohne dem Ziel diese kündigen zu wollen
   - ... durch den Aufbau einer eigenen vermögensverwaltenden Familiengesellschaft, die nicht auf der Gründung einer Genossenschaft beruht
   - ... durch das Einführen von digitalen Prozessen im Unternehmen, ohne dass Ihre Mitarbeiter IT-Knowhow aufbauen müssen

   Es entsteht eine gewisse Neugierde und das Verständnis wird positiv besetzt, da der Steuerberater schon assoziiert, dass er versteht, was der Ziel-Mandant nicht möchte. Ergo wird das Vertrauen erhöht und somit auch die gefühlte Kompetenz in dem kommunizierten Bereich.
5. **Preis:**
   Hier entsteht beim new Gen 5-P-Innovations-Mix einer der größten Hebel. Es wird nämlich nicht der Preis genannt, für den man das Ergebnis erzielen kann, sondern

der Preis, den der der Ziel-Mandant bereit ist zu bezahlen. Dadurch hat er das Gefühl, dass es den Preis wert ist, da der Vorteil überwiegt.
Hilfestellung zur Preisgestaltung bieten folgende Überlegungen:

- Mein Ziel-Mandant wird durch meine Leistung mindestens _______ € / % im Monat/Jahr einsparen/mehr erzielen.
- Ohne meine Leistung bleibt es meinem Mandanten verwehrt _____ Stunden/Tage an Zeit einzusparen, da er nicht das spezifische Endergebnis ohne mich erzielen kann.
- Ein Angebotspaket, welches meinem Mandanten all diese »Schmerzen« erspart, ist mindestens _______ € / % wert!

Nun sind alle fünf Faktoren erarbeitet und es wird ein **Angebotssatz** definiert. Hier ein Beispiel:

- Wie Sie (Ziel-Mandant) das Ergebnis X
- durch Leistung Y erzielen,
- ohne V (Vorwände) erreichen/verhindern zu können.

Wenn dieses Ergebnis erzielt wird und Sie dadurch mindestens _______ € / % im Monat/Jahr einsparen/mehr erzielen / _____ Stunden/Tage an Zeit einsparen, dann wären Sie (Ziel-Mandant) doch sicherlich bereit, ______€_(Preis) zu zahlen, oder?

Wenn dieser Satz mit den Faktoren soweit erarbeitet ist, besteht ein perfektes Angebot mit einem Produkt, das kommuniziert werden kann. Diese Angebotssätze können natürlich stets mit anderen Faktoren definiert werden. So entstehen immer wieder neue Produkte.

7.3 Personen

Der Faktor Mensch innerhalb der Kanzlei ist maßgeblich. Sowohl die Ausstrahlung, die fachliche Kompetenz, der Charakter als auch die Bereitschaft, sich täglich zu reflektieren, sind grundlegend, um die Kanzleiidentität stetig zu verbessern. Dabei müssen ebenso die Kanzleileitung wie die Mitarbeiter betrachtet werden:

Beim Kanzleiinhaber geht es darum, ob dieser sich als Unternehmer oder als Selbstständiger sieht. Sprich, ob dieser die Kanzlei aktiv leitet und an der Kanzlei arbeitet oder ob er sich als Fachkraft sieht und die Wertschöpfung maßgeblich in der Kanzlei vorantreibt. Bei den Mitarbeitern ist es wichtig, dass diese sich als Teil des Teams sehen und Veränderungen als positiv wahrnehmen, um gemeinsam die Kanzlei zu entwickeln.

Da hier verschiedene Ansätze wichtig sind, wird auf beide Bereiche individuell eingegangen.

7.3.1 Kanzleileitung

Als Inhaber einer Kanzlei stellt sich die Frage, ob man sich als Selbstständiger oder als Unternehmer sieht und entsprechend agiert. Per definitionem ist ein **Unternehmer** der Kanzleiinhaber, der vornehmlich **an** und nicht in der Kanzlei arbeitet. Ein **Selbstständiger** kümmert sich in der Regel um viele bis alle Bereiche selbst. Er ist Fachkraft, Steuerberater und Unternehmer in der eigenen Kanzlei. Ohne ihn funktioniert die Kanzlei nicht und alle Mitarbeiter sind von der Wertschöpfung des Chefs abhängig. Natürlich spielt die Kanzleigröße dabei eine wichtige Rolle. Als Kanzleiinhaber mit keinen oder wenigen Mitarbeitern ist die selbstständige Tätigkeit natürlich erforderlich. Dennoch können auch hier bereits Strukturen geschaffen werden, um stets mehr Unternehmeranteile aufzubauen und bei einer Skalierung der Mitarbeiter bewusst das Unternehmertum zu stärken. Um zu prüfen, zu welchen Anteilen die Kanzleileitung Unternehmer oder Selbstständiger ist, sollte erst einmal eine Bestandsaufnahme erstellt werden.

Dabei werden alle Tätigkeiten zu diesen Aufgaben den **Aufgaben-Typen** U oder S zugewiesen:

- **U = Unternehmer**
  Unternehmeraufgaben sind diejenigen Aufgaben, die **an** der Kanzlei erarbeitet werden. Sie definieren die Unternehmensphilosophie und entwickeln die Kanzleizukunft weiter. Anhand dieser Aufgaben gibt die Kanzleileitung den Takt vor und bestimmt die Zielrichtung. Der Inhaber sollte mithilfe dieser Aufgaben immer in der Lage sein, so zu wirtschaften und zu handeln, dass die Kanzlei jeden Tag an einen Nachfolger übergeben werden könnte.
- **S = Steuerberater**
  Die Steuerberater-Tätigkeiten werden von fast allen Steuerberatern, die eine eigene Kanzlei führen, in weiten Teilen noch selbst durchgeführt. So ist das Erstellen und Kontrollieren der Jahresabschlüsse, die beratende Tätigkeit und die Mandantenbetreuung der Hauptteil der Steuerberater-Funktion. Je nach eigenem Anspruch, eigener Kanzleiphilosophie und natürlich Kanzleigröße ist diese Arbeit nicht abzugeben und bildet mit den Unternehmeraufgaben eine optimale Aufgabenplanung.
- **F = Fachkraft**
  Als Fachkraft-Tätigkeiten sind in einer Kanzlei sämtliche fachliche steuerrelevanten Aufgaben gemeint, die von Steuerfachangestellten, Steuerfachwirten, Bilanzbuchhaltern usw. erstellt werden. Hier sollte sich der Kanzleiinhaber stets fragen, ob diese Aufgaben komplett an die Mitarbeiter abgegeben werden können. So hat er mehr Freiraum, um die Kanzleientwicklung aufzubauen.
- **V = Verwaltungstätigkeiten**
  Dies sind sämtliche Aufgaben, die vom Sekretariat, Back Office und von Assistenten erledigt werden könnten. Nach unseren Erfahrungen sind das häufig Aufgaben,

die tatsächlich in Teilen noch von der Kanzleileitung durchgeführt werden. Klassiker sind hier das Öffnen und Verteilen der Eingangspost oder das Annehmen der Telefonate, die eigentlich auf der Zentrale auflaufen müssten.

- **D = Digitalisierung**
  Oft werden auch Aufgaben durchgeführt, die recht einfach mit digitalen Lösungen automatisiert oder zumindest vereinfacht werden können. Hier stellt sich die Frage, ob diese bereits als »D« markiert werden sollten oder erst einmal an einen Mitarbeiter abgegeben werden. Letztendlich wird dieser Mitarbeiter nämlich die Option im Bereich der Prozessoptimierung erarbeiten und umsetzen. Für die Vollständigkeit und vor allem für das Bewusstsein haben wir diesen Punkt mit aufgenommen.

Der Kanzleiinhaber füllt eine oder mehrere Wochen lang die »Goldenen Zeiten« aus, um die einzelnen Tätigkeiten in der Kanzlei zu dokumentieren (s. Abb. 6):

Goldene Zeiten

New Generation Steuerkanzlei Coaching

Nr.	Aufgabe	Dauer in Std	U/S/F/V/D
1			
2			
3			
4			
5			
6			
7			
8			
9			
10			
11			
12			
13			
14			

U Unternehmer
S Steuerberater
F Fachkraft
V Verwaltungstätigkeiten
D Digitalisierung

Abb. 6: Beispiel für die »Goldenen Zeiten« (Quelle: eigene Darstellung)

Dabei wird in jeder Woche geprüft, welche »F«- und »V«-Aufgaben an die jeweiligen Mitarbeiter abgegeben werden können. Bei Kanzlei-Inhabern, die auch die steuerberatenden Aufgaben übergeben möchten, sollten auch die »S«-Aufgaben reflektiert und ggf. abgegeben werden.

Übrigens wird an dieser Stelle stets bewusst von »abgeben« und nicht von »delegieren« geschrieben. Hiermit soll ausgedrückt werden, dass Aufgaben so abgegeben werden, dass auch die Kontrolle nicht mehr bei den Kanzleiinhabern liegt. Das Verb »delegieren« assoziiert, dass die Aufgaben im Nachgang von der Kanzleileitung nachgeschaut werden. Bei einer hohen Eigenverantwortung und Kanzleiidentifikation der Mitarbeiter und dem damit hohen Vertrauen der Kanzleileitung sollte das nur noch bei bestimmten Aufgaben nötig sein, bevor diese zum Mandanten geschickt werden. Eigenverantwortung und Identifikation mit der Kanzlei sind bei den Mitarbeitern sehr wichtig.

7.3.2 Mitarbeiter

Gerade in Steuerkanzleien sind die Mitarbeiter das Herzstück der Wertschöpfung. Doch seien wir einmal ehrlich: Es kann Segen, aber ab und an auch Fluch sein. Mitarbeiter mit auf den Weg der Veränderung zu nehmen, ist häufig eine Herkulesaufgabe. Jeder Mensch ist unterschiedlich. Jeder Mensch hat eine eigene Komfortzone und eine entsprechende Veränderungsbereitschaft. In der traditionellen Steuerkanzlei sind Werte wie Beständigkeit, Sicherheit, Präzision, Tradition oder auch Struktur im Hinblick auf Unternehmen und Mitarbeiterpersönlichkeiten zu finden. Alles großartige Werte, die gerade die Arbeiten in einer Kanzlei prägen. Allerdings sind diese Werte für die Bereitschaft der Veränderung eher hinderlich. Daher ist es wichtig, die unterschiedlichen Typen von Mitarbeitern gemeinsam mit auf den Weg der Veränderung zu nehmen.

In Abb. 7 habe ich einmal mögliche Typen in einer Kanzlei überspitzt skizziert:

Abb. 7: Typen von Kanzleimitarbeitern (Quelle: eigene Darstellung)

Auch wenn die Mitarbeiter lediglich in Tendenzen dem skizzierten Bild ähneln, so wird sicherlich klar, dass die Motive unterschiedlich sind und die Herausforderung darin besteht, alle zusammen zu führen. Wichtig sind hierbei die gemeinsamen Ziele. Um diese zu erreichen, ist ein Verständnis der gemeinsamen Ziele wichtig. Als größtes Hemmnis wird bei der Umsetzung einer digitalen Transformation mit deutlichem Abstand der Grund »fehlende qualifizierte Mitarbeiter mit Digital-Knowhow« genannt. Erst einmal geht es darum, die angedachten Projekte bzw. den Change-Management-Prozess zu simplifizieren, um ein gemeinsames Verständnis zu erreichen. Man sollte also einmal auf einem Niveau mit wenig Interpretationsspielraum kommunizieren, das jeder versteht.

7.3.3 Bierdeckel-Projektmanagement (basierend auf der OKR-Methode)

Um die Transparenz zu gewährleisten, nutzen wir die sog. OKR-Management-Methode. OKR steht für Objectives and Key Results und wird in vielen innovativen Unternehmen eingesetzt. Die Idee hinter der Methode ist, eine einfache, kurzweilige und transparente Form zu finden, mit der alle Mitarbeiter klarkommen.

In Kurzform kann man es so beschreiben: Ein Team, bestehend aus bis zu acht Mitarbeitern, bestimmt für sich drei Ziele mit ca. drei Bedingungen. Diese Ziele sollten in einem Zeitraum von drei Monaten erreicht werden. Der Hintergrund ist, dass ein Projekt(abschnitt) nicht länger als drei Monate vorgeplant werden sollte, um eventuelle Abweichungen berücksichtigen zu können. Ein Zeitraum von drei Monaten wird als »bald« wahrgenommen und es wird nicht verschoben. Des Weiteren wird die Zahl 3 als »nicht viel« erachtet. Sie ist überschaubar und man kann sich drei Ziele sehr gut merken. Da der Begriff »Objectives and Key Results« sich nicht so einfach anhört, wie die Methode aber an sich ist, haben wir das Prinzip »Bierdeckel-Projektmanagement« genannt. Das Projektmanagement damit ist so einfach wie die angedachte Steuererklärung auf dem Bierdeckel und steht somit für Vereinfachung in der Steuerbranche.

Abb. 8: Bierdeckel-Projektmanagement (Quelle: eigene Darstellung)

Die Ziele bzw. die dahintersteckenden Projekte müssen auch nicht in drei Monaten abgeschlossen sein, es können auch Zwischenschritte als Ziele definiert werden. Wichtig ist beim Bierdeckel-Projektmanagement, dass alle Beteiligten die Ziele kennen und ein einheitliches Bild davon haben. So kann gemeinsam an diesen drei Zielen gearbeitet werden.

Wenn weitere Ideen oder Projekte angedacht sind, können diese bei der Auswahl der nächsten drei Ziele genutzt werden. Somit gibt es pro Team nie mehr als drei Projekte gleichzeitig.

7.3.4 Weekly: Einführung mit einem Kanban Board

Nun hat das »Two-Pizza-Team«, bestehend aus acht oder weniger Personen, drei Ziele für drei Monate. Typischerweise haben die Mitarbeiter allerdings immer so viel zu tun, dass keine Zeit ist, um Projekte in den Alltag einbauen zu können. Aus diesem Grund empfehle ich, dass die Mitarbeiter eine Stunde ihrer wöchentlichen Arbeitszeit für das Projekt nutzen. Jede Woche genau eine Stunde. Diese Stunde nenne ich **Elefantenzeit**. Sie lässt sich genauso wenig verschieben wie ein Elefant.

Des Weiteren wird jede Woche ein Meeting in Form eines Weeklys abgehalten. Bei diesem Meeting kommuniziert jeder Teilnehmer, welche Aufgabe er in der letzten Woche erledigt hat und welche er sich für die kommende Woche vorgenommen hat. Natürlich soll die jeweilige Aufgabe innerhalb der Elefantenzeit erledigt werden. Ergo wird die Aufgabe soweit heruntergebrochen, dass diese lediglich eine Stunde Zeit in Anspruch nehmen darf. Ist die Tätigkeit zu aufwändig für eine Stunde, wird sie in kleine Unteraufgaben geteilt und von Woche zu Woche abgearbeitet. Um das zu koordinieren und den Fortschritt ablesen zu können, kommt ein **Kanban-Board** zum Einsatz, das folgendermaßen aufgebaut ist:

offen	in Bearbeitung	erledigt
• Aufgabe 4 • Aufgabe 6 • Aufgabe 7 • Aufgabe 8	• Aufgabe 3 • Aufgabe 9 • Aufgabe 10	• Aufgabe 1 • Aufgabe 2 • Aufgabe 5

Dieses Kanban Board kann eine Magnetwand sein oder eine digitale Lösung. Microsoft Teams, Bitrix24, Trello, Meistertask und viele weitere Software-Tools bieten ein Kanban Board an. Im Bereich »offen« werden sämtliche Aufgaben eingestellt und auf »Stundenaufgaben« heruntergebrochen. Sobald bei diesem Weekly die Aufgabe abgearbeitet werden soll, so wird die Aufgabe in den Bereich »in Bearbeitung« verschoben und mit dem jeweiligen Mitarbeiternamen verknüpft. In der darauffolgenden Woche, wenn die Aufgabe erledigt ist, wird diese nach »erledigt« verschoben.

Somit ergibt sich ein kontinuierlicher Fortschritt, bis die Bierdeckelprojektmanagement-Ziele erreicht worden sind. Um das Weekly zu koordinieren, wird ein Team-Mitglied

zum Weekly-Beauftragten bestimmt. Diese Person achtet darauf, dass der kurzweilige und strikte Ablauf eingehalten wird. Pro Mitarbeiter darf ein Weekly nicht länger als zwei Minuten dauern. Jeder Teilnehmer nennt lediglich folgende Dinge:
- Diese Aufgabe habe ich in der letzten Woche erledigt

Diese Aufgabe werde ich nächste Woche erledigen. Falls diese Aspekte nicht ausreichen, kann um folgende Punkte ergänzt werden:
1. Ich habe die vorgenommene Aufgabe in der letzten Woche nicht erledigt, weil...
2. Ich nehme mir folgende Aufgabe für die nächste Woche vor, jedoch ist fraglich, ob ich diese abarbeiten kann, weil ...

Eine zusätzliche Ergänzung kann sein:
- Folgende wertvolle Erkenntnis habe ich in der letzten Woche gewonnen: ...

Während des Weeklys findet kein fachlicher Austausch statt. Jeder Teilnehmer ist gleichgestellt, egal welche Führungsrolle außerhalb des Weeklys gilt. Jeder darf aussprechen und wird nicht unterbrochen. Damit werden die drei Ziele ohne Überforderung von einem großen Anteil der Mitarbeiter erarbeitet und positive Erlebnisse geschaffen. Die Kanzleileitung sollte nicht Bestandteil des Weeklys sein. Sie sollte lediglich bei dem Dreimonatsgespräch anwesend sein, bei dem das Fazit der drei Ziele kommuniziert wird und die nächsten Ziele abgestimmt werden.

7.4 Präsentation

Die **digitale Identität** einer Kanzlei ist maßgeblich dafür verantwortlich, welche Mandanten und Mitarbeiter sie anspricht und somit anzieht. Die Wirkung der Außendarstellung ist für eine Kanzlei enorm wichtig. Durch diese wird ein erheblicher Wettbewerbsvorteil erzielt. Hierbei geht es nicht nur darum, dass eine Kanzlei eine »schicke« Website oder Landingpage »baut«. Vielmehr geht es darum, aktiv die Ziel-Mandanten und -Mitarbeiter anzusprechen, die man sich wünscht und die zur Kanzlei passen. Förderlich ist es, wenn dies aus der Sicht der Interessenten und möglichen Bewerber in einer ganzheitlichen Sichtweise auf die Online-Welt geschieht. Digital und analog zu trennen ist heutzutage kaum noch möglich – erst recht nicht als Steuerkanzlei. Sucht jemand eine andere Kanzlei, sei es als neuen Arbeitgeber oder als vertrauensvollen Berater, so werden sich sowohl potenzielle Mandanten als auch Mitarbeiter unweigerlich im World Wide Web erkundigen. Selbst wenn es eine Empfehlung eines Bekannten oder Freundes ist, informieren sich viele Interessenten erst einmal online: Wie sehen meine zukünftigen Führungskräfte und Mitarbeiter bzw. wie sieht mein zukünftiger Steuerberater aus?

- Welchen Eindruck erhalte ich bereits vor dem ersten Kontakt von meinem potenziellen Arbeitgeber oder Steuerberater?
- Welche Kompetenzen werden kommuniziert?
- Ist die Kanzlei für mich sympathisch?
- Wie bewerten andere die Kanzlei?
- Gibt es Bewertungen über die Kanzlei?
- Wenn ja, eher Bewertungen mit einem Stern oder 40 Fünf-Sterne-Bewertungen?

Das passiert ganz automatisch, quasi im Unterbewusstsein der Interessenten. Nicht selten entsteht innerhalb weniger Sekunden eine Wertung und Beurteilung. Meist entsteht sie sogar bereits, bevor der Wunschmitarbeiter oder Ziel-Mandant überhaupt auf die Kanzleiwebsite gelangt. Bereits im Voraus sucht man über Suchmaschinen, wie zum Beispiel »Google«, nach Kanzleien. Es stellt sich die Frage, ob die Kanzlei bei Google ganz vorne oder erst auf der zweiten Seite gefunden wird. Die Google-Bewertungen spielen natürlich auch eine immer wichtigere Rolle. Zusätzlich gewinnen die sozialen Netzwerke immer mehr an Bedeutung:

- Ist die Kanzlei bei Facebook oder Instagram zu finden?
- Ist einer der ersten Einträge ein Xing- oder LinkedIn-Eintrag bei Google?

Wenn ja, dann schaue ich mir diesen an.

- Ist das Portraitbild ansprechend?
- Was hat die Person an Informationen freigegeben?

Und erst dann kommt (eventuell) der erste Aufruf der Kanzlei-Website. Innerhalb von Bruchteilen einer Sekunde bewertet der Interessent und urteilt. Darum gilt auch hier vor allem das Sprichwort »Die (Online-) Präsenz soll dem Fisch schmecken und nicht dem Angler«. Um eine **gute digitale Kanzleiidentität aufzubauen**, sollte Folgendes ausgearbeitet werden:

- eine Definition des Wunschmitarbeiters und des Ziel-Mandanten
- ein Bewertungsmanagement (so erhält deine Kanzlei positive Bewertungen für kununu, Google und ProvenExpert)
- den Aufbau einer eigenen Website nach verkaufspsychologischem Aufbau
- die Integration von Handlungsaufforderungen zur Übermittlung der Kontaktdaten der Website-Besucher, auch Call to Action genannt
- Texte aus Interessentensicht, die den Interessenten in den Mittelpunkt stellen
- eine professionelle Social-Media-Identität auf Facebook, Instagram, Xing, LinkedIn und kununu

Wenn diese Punkte beherzigt werden, ist die Kanzleiidentität gut aufgestellt. Die potenziellen Mitarbeiter und Mandanten, die zur Kanzlei passen, werden angezogen. Die

Bewerber und Mandanten, die nicht passen, werden abgehalten sich bei der Kanzlei zu melden. Die digitale Identität bildet das Fundament und die Kanzleimarke. Hierzu habe ich eine Checkliste aufgestellt, die jede Kanzlei für sich erstellen sollte, bevor man sich mit einer Agentur oder einem anderen Dienstleister trifft, um Maßnahmen zu besprechen. Ein Muster für eine Checkliste »Digitale Identität« finden Sie im Anhang (unter 7 Checkliste Digitale Identität) und online auf SPmyBook (siehe Hinweis ganz vorne im Buch) zum Download und Einsatz in der Praxis.

7.5 Prozesse

Ein schlechter analoger Prozess wird zu einem schlechten digitalen Prozess. So oder so ähnlich wird es häufig kommuniziert. In dieser Aussage steckt viel Wahrheit. Meist entsteht bei der Veränderung und bei Innovationsprojekten der Drang zu digitalisieren. Dazu sollten Softwarelösungen eingeführt, Papier vermieden und die Zusammenarbeit mit Mandanten und Lieferanten auch digital umgesetzt werden. Das ist natürlich alles richtig und die Ziele sind auch verständlich, doch ich möchte noch einmal zu bedenken geben, dass viele Digitalprojekte am Widerstand der Mitarbeiter scheitern. Da immer noch Zeit gegen Geld getauscht wird, passt auch die Preispolitik und Leistungsabrechnung nicht. Zusätzlich wird noch immer nichts in der digitalen Welt nach außen getragen, da die Entwicklung der Kanzlei noch nicht klar ist. Aufgrund dieser Erkenntnis ist der Bereich »Prozesse« ganz am Ende des new Gen 5-P-Innovations-Mix gegliedert. Die ersten vier Ps spielen eine große Rolle bzgl. der digitalen Prozesse. Damit möchte ich nicht sagen, dass erst die anderen vier Ps komplett durchgearbeitet werden sollen, bevor man sich mit den Prozessen befasst, doch man sollte sich mit allen anderen Bereichen zumindest parallel auseinandersetzen. Wichtig ist, dass die Veränderungen nachhaltig und wirkungsvoll eingeführt werden. Insbesondere bei den digitalen Prozessen ist dies erforderlich. In diesem Bereich möchte ich weniger darauf eingehen, welche Softwarelösungen eine innovative Kanzlei benötigt. Das kann ein Consultant der jeweiligen Steuerlösung besser bewerten und bei der Einführung behilflich sein. Wobei ich helfen kann, ist, die Lösung gemeinsam mit den Mitarbeitern einzuführen. An dieser Stelle kommt das Beispiel eines Marathonlaufs mit ins Spiel. Doch was hat ein Marathon mit der Digitalisierung der Prozesse zu tun? In den letzten 14 Jahren bin ich einige Marathons gelaufen. Mehr schlecht als recht, doch habe ich stets die 42 km gemeistert. Außerdem habe ich in verschiedenen Laufanfänger-Gruppen die anderen Läufer als Laufbetreuer unterstützt. Das Offensichtliche ist: Sowohl der Laufanfänger als auch ich, der Marathonläufer, beackern dieselbe Disziplin, das Laufen. Doch die Ziele und die Erwartungen sind sehr unterschiedlich. Der Laufanfänger möchte vielleicht ein wenig abnehmen, sich fit fühlen und in der Gemeinschaft etwas schaffen, das er vorher noch nicht geschafft hat. Ich als Marathonläufer habe schon viele Phasen durchgemacht und bin bei einer harten

Vorbereitung mehrmals die Woche für mehrere Stunden unterwegs. Allein im Training laufe ich meist 50–80 km pro Woche. Wenn ich also einen Laufanfänger frage, ob dieser sich vorstellen könnte, einen Marathon zu laufen, dann wird er mir einen Vogel zeigen. Gedanklich ist dieses Ziel überhaupt nicht fassbar und so weit weg, dass er viele Gründe finden wird den Marathon nicht zu laufen.

Genau hier findet sich die Verbindung zur Digitalisierung und zu komplett digitalen Prozessen: Viele Kanzleiinhaber orientieren sich quasi an den Marathonläufern: Alles komplett digital, keine Pendelordner mehr, automatisierte Fibu, Löhne macht der Mandant über eine Webplattform selbst und es ist viel Zeit für innovative Beratungsansätze verfügbar, die natürlich durch Softwarelösungen unterstützt werden. Viele Mitarbeiter hingegen orientieren sich eher an den Laufanfänger: Die Vorstellung fehlt, wie alles digital gehen soll, denn schließlich arbeitet man bereits viele Jahre oder gar Jahrzehnte immer ähnlich. Die Mandanten wollen doch auch so weiter betreut werden, da sie das seit Jahren kennen. Viele denken: »Das wird doch eh nicht klappen, da doch keiner einen genauen Plan hat, wie das gehen soll.« Der Chef erklärt immer Veränderungen, die noch nie richtig funktioniert haben. Zugegebenermaßen gibt es auch hier wieder unterschiedliche Etappen. Neben dem Laufanfänger und dem Marathonläufer gibt es noch verschiedene Zwischenzustände:

- **1. Etappe: Der Laufanfänger**
  Er hat das Ziel einfach laufen zu können, ohne zwischendurch Gehpausen zu machen. Wenn er 30 Minuten am Stück laufen kann, dann hat er sein Ziel erreicht.
- **2. Etappe: Der 5 km-Läufer**
  Sobald der Laufanfänger es geschafft hat 30 Minuten am Stück zu laufen, ist das Ziel einen 5 km-Lauf zu absolvieren nicht mehr weit weg und vorstellbar. Es ist das nächste Ziel diese Distanz zu erreichen.
- **3. Etappe: Der 10 km-Läufer**
  Jeder 5 km-Läufer überlegt, ob er nicht auch einen 10 km-Lauf schaffen kann. Er hat die Erfahrung gemacht, wie viel ihm das Laufen bringt. Ihm geht es gar nicht mehr ausschließlich ums Abnehmen oder die frische Luft. Vielmehr braucht er das Laufen für den inneren Ausgleich.
- **4. Etappe: Der Halbmarathonläufer**
  Jetzt wird das Laufen schon zu einem festen Bestandteil des Alltags. Nun schafft der Läufer die 10 km und hat von so vielen anderen Läufern erfahren, wie aufregend es ist einen Halbmarathon zu laufen. All die großen Veranstaltungen pushen jeden Läufer hin zum Niveau eines Halbmarathonläufers.
- **5. Etappe: Der Marathonläufer**
  Jeder, der schon einen Halbmarathon gelaufen ist, überlegt – zumindest kurz – einen Marathon zu laufen. Es ist zwar immer noch ein großer Schritt, allerdings ist es vorstellbar und die Krönung für viele Läufer.

Wie man an diesen fünf Etappen sieht, ist der Weg das Ziel. Jede einzelne Etappe hat eigene Ziele, Erwartungshaltungen und Vorstellungen. Wichtig ist, dass jeder Mitarbeiter dort abgeholt wird, wo er gerade steht. Jeder sollte sich auf die nächsthöhere Etappe freuen und sich vorstellen können diese zu erreichen. Es ist dringend notwendig, dass er das Etappenziel mit positiven Vorstellungen assoziiert. Die **Etappenziele bei der Digitalisierung der Kanzleiprozesse** könnten wie folgt ausschauen:

- **1. Etappe:** Die vorhandenen Prozesse werden dokumentiert. Gemeinsam (idealerweise unter Berücksichtigung des Bierdeckel-Projektmanagements und dem Weekly) werden die einzelnen Prozesse definiert und dokumentiert. Die Dokumentation kann in verschiedenen Formen erfolgen: Via Dokumente, einem eigenen Kanzlei-Wiki oder auch in einer Qualitätsmanagement-Softwarelösung.
- **2. Etappe:** Den Eingangspost-Prozess definieren und digitalisieren. Wenn erst einmal alle Schriftstücke eingescannt und digital zur Verfügung gestellt werden, füllt sich das Dokumentenmanagement, die Dokumentenablage oder einfach die Dateiablage mit digitalen Dokumenten, ohne dass diese auf den Schreibtischen zu finden sind.
- **3. Etappe:** Die digitale Zusammenarbeit mit den Mandanten wird fokussiert. Ziel ist es, dass immer weniger Papierdokumente in die Kanzlei gelangen. Es wird immer weniger Pendelordner geben und die digitale Wertschöpfung wird von allen Mitarbeitern gelebt.
- **4. Etappe:** Neben der Papiervermeidung werden auch die Prozesse innerhalb der Kanzlei komplett digitalisiert. Hier einige Beispiele: Urlaubsplanung, digitales Signieren, Personalakte, interne Kommunikation professionalisieren, Videokonferenzen für externe und interne Besprechungen einsetzen und vieles mehr.
- **5. Etappe:** Hier werden weitere Wertschöpfungen durch digitale Prozesse erzielt. Rechnungseingangsprozess mit Freigaben, digitales Signieren vom Mandanten, einfache Personalstammdatenerfassung durch Mandanten und vieles mehr. Des Weiteren wären Automatisierungen denkbar, sodass immer wiederkehrende Belege automatisch verbucht werden.

Der skizzierte Etappen-Prozess soll lediglich ein Beispiel sein. Er verdeutlicht, dass jede Etappe bestimmte Ziele verfolgt und die Mitarbeiter mitnimmt. So entstehen, ohne Überforderung und mit einer sehr hohen Akzeptanz der Mitarbeiter, durchgehend digitale Prozesse. Der Weg zur vollständig digitalen Kanzlei kann damit im eigenen Tempo gegangen werden.

7.6 Fazit

Anhand der hier beschriebenen Faktoren kann jeder Kanzleiinhaber, Schritt für Schritt, die eigene Kanzlei zum Gewinner im digitalen Wandel entwickeln. Die Start-up-Methoden und das damit verbundene ganzheitliche Konzept in der Form des new Gen 5-P-Innovations-Mix machen komplexe Sachverhalte einfach zu bearbeiten. Im Gegensatz zu steuerlichen Angelegenheiten gibt es wenig »Wenn und Aber« mit vielen Ausnahmen, sondern mehr »einfach machen und aus Fehlern lernen«. Fehler gehören zum Prozess. Wenn diese positiv gewertet und mit den Mitarbeitern gelebt werden, macht es vieles einfacher. Auch in der Zeit nach der Corona-Krise.

8 Was macht ein Unternehmen stark? – Unternehmenskultur und Leistungsfähigkeit

von Martin Klumpp

»Culture eats strategy for breakfast.«
Peter Drucker

Sehr plakativ bringt dieses Zitat zum Ausdruck, dass der Wert einer guten Unternehmenskultur für den Erfolg eines Unternehmens gar nicht hoch genug eingeschätzt werden kann. Sie ist für die erfolgreiche Umsetzung der Unternehmensstrategie nicht nur eine wichtige Unterstützung, sondern geradezu grundlegend erforderlich.

8.1 Der Weg zur Erkenntnis

Der Wegweiser am Wanderparkplatz im Berner Oberland gab die Dauer zur Bergspitze Niederhorn mit mehr drei Stunden an. Etwa zwei Stunden später hatte ich das Gipfelkreuz erreicht. Wortlos und sehr schnellen Schrittes war ich den Berg hinaufgestürmt. Keine schöne Wanderung für meine mich begleitende Frau. Was war passiert? Die gesamte Wanderung über hatte ich darüber nachgedacht, woran man ein gutes bzw. ein schlechtes Unternehmen erkennt. Ursächlich für meine Überlegung waren zwei Mandate, die wir übernommen hatten. Beiden Unternehmen ging es nicht gut, obwohl sie in Branchen tätig waren, die eigentlich eine gute Entwicklung bzw. sogar Hochkonjunktur aufzeigten: Handwerk und Medizintechnik. Es musste also Gründe geben, die eine Entwicklung gegen den Branchentrend verursachten.

Am Gipfel angekommen war mir klar geworden, was gute und schlechte Unternehmen voneinander unterscheidet. Diese Erkenntnis aus der Wanderung mündete in eine 18-monatige Entwicklungstätigkeit zusammen mit meinem Freund *Bruno Aregger*. Beide hatten wir dieselben Beobachtungen und Erfahrungen in unserer Arbeit gemacht und in ein Software-Tool gepackt. Dieses Tool bildet sozusagen unsere Expertise im Hinblick auf Unternehmensentwicklung ab und macht sie transparent. Die zugrundeliegenden Erfahrungen und Erkenntnisse werde ich Ihnen im Nachfolgenden vorstellen. Allein meine Erfahrung aus jener Wanderung damals führt zu einer ersten Empfehlung an uns alle, die alltäglich im Mühlrad stecken: Man muss aus dem Alltag ausbrechen, wenn man grundlegende und wichtige Erkenntnisse erlangen möchte. Viele sehr erfolgreiche Unternehmerpersönlichkeiten hatten ihre Rückzugsorte, um kreativ und frei nachdenken zu können. Um zu richtigen und guten Entscheidungen zu kommen, muss man sich Zeit nehmen und den richtigen Ort wählen.

EMPFEHLUNG 1:

Kreativität und Gedanken brauchen Freiheit und Zeit!

Sicherlich wussten Sie das bereits, aber manchmal muss man wieder an solche grundlegenden Dinge erinnert werden. Bei mir ist das zumindest so. In den folgenden Kapiteln werde ich meine Empfehlungen wiedergeben, wie man zu einem guten Unternehmen werden bzw. ein gutes Unternehmen bleiben kann. Dabei gibt es nicht den einen Weg ans Ziel, aber es gibt Wege, die sich offensichtlich schon mehrfach bewährt haben. Ich schildere Ihnen daher meinen Weg, den ich für mein Unternehmen mit meinen beiden Gesellschaftern, aber auch schon mit vielen Mandanten beschritten habe. Vielleicht kommen Sie dadurch zu ganz eigenen Erkenntnissen, wie Sie Ihr Unternehmen verbessern und weiterentwickeln können.

8.2 Die Unternehmenskultur (Culture) bestimmt, was ein Unternehmen ausmacht

Als Unternehmer muss Ihnen klar sein, dass der wirkungsvollste Hebel, den Sie in Ihren Händen halten, die Möglichkeit ist, Ihre Mitarbeiter zu optimieren und nicht sich selbst: Bei zehn Mitarbeitern in einem Steuerberatungsunternehmen leisten diese zusammen ca. 16.000 Arbeitsstunden im Jahr. Ein Mitarbeiter also durchschnittlich 1.600 jährlich. Wenn Sie als Unternehmer es erreichen, diese zehn Mitarbeiter beispielsweise 10 € je Stunde produktiver zu machen, dann haben Sie bei gleichen Personalkosten und wahrscheinlich auch den gleichen restlichen Aufwendungen einen Mehr-Ertrag von 160.000 €. Wie viele Stunden müssen Sie als Chef Mandanten beraten, um das zu erreichen bzw. zu kompensieren?

Was aber erleben wir häufig? Wir Unternehmer glauben keine Zeit zu haben, uns um die Abläufe und Prozesse im Unternehmen zu kümmern, da wir ja gerade ganz wichtige Projekte, Steuererklärungen, Bilanzen erstellen oder kontrollieren müssen. Dieses Verhalten ist typisch für Selbstständige. Besser, wirkungsvoller und für Ihre Kunden effizienter ist es, wenn Sie Ihr Unternehmen so führen, dass alle Prozesse optimiert sind und alle Mitarbeiter alle Abläufe kennen und umsetzen. Bedenken Sie, dass der Wert eines Unternehmens steigt, je unabhängiger es von Einzelpersonen (Schlüsselpersonen), also auch vom Inhaber, ist. Dieses Handeln ist verantwortungsbewusst und nachhaltig.

EMPFEHLUNG 2:

Arbeiten Sie am anstatt im Unternehmen!

Sicherlich finden Sie die Empfehlung, mehr **am** anstatt **im** Unternehmen zu arbeiten, logisch. Zugleich denken Sie aber: »Das geht bei mir gar nicht, ich habe ja niemanden, der dann meine Arbeit erledigt.« Das kann schon sein. Dann müssen Sie jedoch darüber nachdenken, wie Sie diesen Flaschenhals beseitigen. Eine wichtige Hilfe ist das Delegieren von Aufgaben oder auch Teilaufgaben. Delegieren bedeutet, dass ein anderer die Aufgabe wahrscheinlich anders angeht, aber (hoffentlich) zum selben bzw. richtigen Ergebnis kommt. Häufig erlebe ich Kollegen, die Aufgaben delegieren und dann in den späten Abendstunden noch im Büro sitzen, um die an einen Mitarbeiter delegierte Steuererklärung nochmals selbst zu erstellen, da der Mitarbeiter seiner Ansicht nach alles falsch gemacht hat. Dieses Vorgehen demotiviert mit Sicherheit den Mitarbeiter und für den Chef ist es angesichts des aufgewendeten Zeiteinsatzes sicher alles andere als effizient. Effizientes Arbeiten bedeutet nämlich, dass man ressourcenschonend ans Ziel gelangt. Effektiv bedeutet hingegen, dass man ungeachtet des Ressourceneinsatzes ans Ziel gelangt.

Besser gelöst wäre die Situation, wenn der Chef mit dem Mitarbeiter gemeinsam die Erklärung durchgeht, die Fehler bespricht und den Mitarbeiter dann selbst berichtigen lässt. Dieses Vorgehen demotiviert den Mitarbeiter nicht und führt zu einem Lerneffekt. Nach und nach wird sich der Mitarbeiter verbessern und eine vollwertige Unterstützung des Chefs werden.

EMPFEHLUNG 3:

Delegieren Sie und akzeptieren Sie, dass es ein anderer anders macht!

Wenn Sie am Unternehmen arbeiten, dann lautet die wichtigste Frage: »Welchen Nutzen stiftet mein Unternehmen?« Die Mandanten beauftragen Sie, weil Sie von Ihrem Unternehmen einen Nutzen erwarten. Wie Sie den Nutzen erreichen, steht in der Regel nicht im Vordergrund. Daher ist es sehr wichtig zu wissen, **welchen Nutzen** Sie anstreben. Man muss sozusagen vom Ende her denken. Wir versuchen die Zukunft zu bewältigen, indem wir ständig in die Vergangenheit blicken, sozusagen in den Rückspiegel blicken. Was beim Autofahren selbstverständlich ist, nämlich nach vorne zu blicken, um das unbekannte Geschehen im Blickfeld zu haben, ist in Unternehmen viel zu selten der Fall.

Wann haben Sie sich das letzte Mal gefragt, wie Ihr Unternehmen in fünf Jahren aussehen wird? *C. Otto Scharmer* nennt diese Vorstellung »Prescencing«, d. h. man versucht zu erahnen, was in der Zukunft sein wird.[38] Man kann hier mit professionellen Coaches zusammenarbeiten, um die jeweiligen Unternehmenswerte zu entwickeln.

Neben der Entwicklung und dem Freilegen der Unternehmenswerte ist es sinnvoll, sich einmal damit zu beschäftigen, welche Entwicklungen das eigene Geschäftsmodell gefährden und was man dagegen tun kann.

Am Ende des ersten Tages bei einem solchen Work-Shop zu Gefährdungen für das Geschäftsmodell habe ich erlebt, dass alle Teilnehmer schockiert und ziemlich irritiert waren. Hatten die teilnehmenden Steuerberater doch erfahren müssen, dass es ganz banale Gefährdungen für ihren Beruf gibt:
- Digitalisierung
- Stromausfall
- branchenfremde Wettbewerber
- Flattax

Am Ende des zweiten Tages, als man Strategien und Maßnahmen erarbeitet hatte, fuhren alle Teilnehmer guten Mutes und mit dem Gefühl, für die Zukunft gewappnet zu sein, nach Hause. Dieser Workshop hat bis heute durchgängig positive Nachwirkungen. Die Teilnehmer hatten z. B. damals entschieden, jeweils einen Digital-Coach in ihrer Kanzlei zu bestimmen. Dessen Aufgabe sollte sein, sich jährlich an zwei bis drei Tagen an unterschiedlichen Messen oder Veranstaltungen teilzunehmen, die sich nicht mit Steuern, sondern mit IT und Digitalisierung beschäftigen. Der Digital-Coach betreibt damit kontinuierlich »Precensing« und berichtet davon in der Kanzlei.

Wichtig bei der Frage, welchen **Nutzen** unser Unternehmen stiftet, ist, **von den Bedürfnissen der Kunden her zu denken**. In unserer Kanzlei halte ich regelmäßig Work-Shops für die Mitarbeiter zum Thema Buchhaltung. Das letzte Mal stellte ich die Frage welche Erwartung unsere Kunden hinsichtlich der Buchhaltung an uns haben. Es kamen von den Mitarbeitern folgende Aussagen:
- Pünktliche Abgabe von Umsatzsteuervoranmeldungen
- Richtige Verbuchung in Bezug auf die Umsatzsteuer
- Wenig Ärger mit der Finanzbehörde

Ist das alles, was Steuerberater an Nutzen stiften? Ich glaube nicht. Die genannten Punkte setzt der Kunde stillschweigend voraus. Erfolgreiche Kunden erwarten deutlich mehr von ihrem Steuerberater. Der Kunde erwartet eine zeitnahe Verarbeitung der

38 C. Otto Scharmer/Katrin Käufer, S. 35 ff.

Buchungsinformationen, damit er wöchentlich weiß, wo er mit seinem Unternehmen wirtschaftlich steht. Der Mandant erwartet, dass wir ihm die Mahnungen erledigen und den Zahlungsverkehr bereitstellen, dass er möglichst wenig Zeit dafür aufbringen muss. Dann hat er wiederum mehr Zeit für sein Unternehmen. Der Kunde erwartet, dass wir auf ihn zugehen, wenn uns etwas aufgrund der Buchhaltungsdaten auffällt, und wir als Sparringspartner auf Augenhöhe mit ihm diskutieren. Die Erfüllung der Deklarationsverpflichtung setzen die Kunden voraus. Für die Mitarbeiter war das ein wichtiger Workshop. Sie mussten den Blickwinkel des Kunden einnehmen und wissen jetzt, welchen Nutzen der Kunde von uns erwartet.

EMPFEHLUNG 4:

Denken Sie vom Ende her!

Erstaunlicherweise erlebe ich häufig Steuerberaterkollegen, die für Ihr eigenes Unternehmen keinen oder kaum merklich **externen Rat** hinzuziehen. Ist das nicht widersprüchlich? Man verdient sein Honorar durch Beratung von Mandanten, aber für sich selbst nimmt man keinerlei externen, nicht betriebsblinden Rat in Anspruch. Gerade wenn sich die Umwelt sehr stark verändert, Krisen aufkommen und bisher geltende Abläufe nicht mehr für die Zukunft relevant erscheinen, dann ist es hilfreich mit Kreativ-Techniken und Branchenfremden zu arbeiten, um die bestehenden »blinden Flecken« von denen *C. Otto Scharner*[39] spricht, ins Bewusstsein zu holen und möglichst zu beseitigen. In der Regel schafft man das nicht ohne externe Hilfe. Es ist kein Zeichen der Schwäche, wenn man andere um Hilfe und Rat bittet. Meiner Erfahrung nach zeichnet es erfolgreiche Menschen aus, dass Sie neugierig sind und Ihre Umwelt permanent mit Fragen konfrontieren.

In diesem Zusammenhang dürfen Sie als Unternehmer nicht in Kosten denken, sondern in zukünftigen Umsätzen. Sicherlich kostet gute Beratung Geld, aber in der Regel macht sich diese dann mehrfach bezahlt. In den fünf Jahren seit unserem Work-Shop zur Erarbeitung der Gefährdungen für unser Geschäftsmodell haben wir unsere Umsätze und Erträge signifikant gesteigert! Durch den Workshop hat sich unser Unternehmen grundlegend in vielen kleinen Dingen verändert. Das war wohl wichtig und der Grund für unser Wachstum.

Mit dem Wachstum kamen aber auch schon die nächsten Herausforderungen auf uns Geschäftsführer zu. Wachstum verändert das Unternehmen. Die Führungspersonen

39 C. Otto Scharmer/Katrin Käufer, S. 14ff.

sind für immer mehr Mitarbeiter zuständig. Die bisherige Organisation passt nicht mehr. Mitarbeiter können in der wachsenden Anzahl von Mitarbeitern abtauchen und vieles mehr. 2017 war klar, wir können so nicht weiter machen. Der Ertrag stagnierte und das Arbeitsvolumen der Geschäftsführung war von rd. 50 Stunden je Woche auf 80 Stunden gestiegen!

Es wurde Zeit für einen externen Berater mit Erfahrung und Wissen, wie man Wachstum in einem Dienstleistungsunternehmen organisiert. Das erste Treffen mit dem beauftragten Berater der DATEV-Consulting dauerte bis in den späten Abend. Selten wurden wir, die Geschäftsführer, so charmant und angenehm ausgelacht! Aber wir waren offen und dankbar, dass uns eine externe Person so zielgerichtet und gekonnt die Finger in unsere Wunden legte. Dieses erste Gespräch mündete in eine dauernde Beratung und machte unser Unternehmen organisatorisch effizienter und entlastete die Geschäftsführer in zeitlicher Hinsicht. Zudem hatte es den Effekt, dass wir wirtschaftlicher stabiler und erfolgreicher wurden, was uns resilienter für die nächste Wirtschaftskrise machen sollte.

In meinen nunmehr über 20 Jahren Arbeitserfahrung in der Steuerberatung und Wirtschaftsprüfung ist mir bei den sehr guten Unternehmen Folgendes aufgefallen: Gute Unternehmen haben für die verschiedensten Themen auch gute bzw. sehr gute externe Berater. Das ist unabhängig von der Branche der Fall.

EMPFEHLUNG 5:

Als gutes Unternehmen suchen Sie sich gute externe Berater!

Ist Ihnen bewusst, dass die Kunden eines Unternehmens ganz wesentlich die Stimmung der Mitarbeiter und damit die Motivation der Mitarbeiter bestimmen? Zudem ist es eine alte Weisheit: »Ein A-Kunde empfiehlt einen A-Kunden, ein B-Kunde empfiehlt einen B-Kunden. Wen empfiehlt ein C-Kunde?« Dementsprechend haben wir in den letzten Jahren unser **Kundenportfolio** so intensiv gepflegt, wie ein Bauer sein Feld bestellt, d. h. wir sähen, ernten, düngen und jäten regelmäßig! Auch dies war eine wichtige Erkenntnis für die Geschäftsführer der Trewitax aus der Beratungsleistung mit unserem DATEV-Consultant im Jahr 2017. Wenn Sie Ihr Kundenportfolio durchgehen und auf wenige Kriterien achten wie Deckungsbeitrag, Zahlungstreue und Sympathiefaktor, dann werden Sie feststellen, dass bei den A-Kunden alle gewählten Kriterien stimmig sind. Sie werden auch feststellen, dass die Kunden, welche Sie und vor allem Ihre Mitarbeiter nerven, meistens auch die Kunden sind, bei welchen die Kriterien nicht stimmen. Insbesondere stimmt der Deckungsbeitrag nicht, er ist schlecht oder sogar negativ. Als wir das erste Mal unser Portfolio überprüften, hatten wir uns entschieden, rund zehn Kunden zu kündigen. Diese Kunden wiesen keinen bzw. einen negativen Deckungsbeitrag auf und waren jedem Geschäftsführer spontan als unangenehm in Erinnerung. Das bedeutet, dass diese Kunden einfach nicht zu uns passen. Sich hier zu verbiegen, wäre auf Dauer viel zu anstrengend und wohl auch nicht erfolgreich.

Kunden, mit denen man keinen positiven Deckungsbetrag erreicht, sorgen für eine extrem ungünstige Bilanz. Man arbeitet, kommt unter Umständen regelmäßig später nach Hause, was die Familie verärgert und zur Krönung des Ganzen wird man nicht adäquat entlohnt.

Nachdem wir die Kündigungen umgesetzt hatten, machte ich drei Beobachtungen. Meiner Frau fiel auf, dass ich wieder früher zu Hause war. Nach einigen Tagen fragte sie mich, ob alles in Ordnung sei? Die zweite Beobachtung war, dass einige Kunden nicht gehen wollten und bereit gewesen wären, deutlich höhere Honorare zu bezahlen. Drittens konnten wir Ende des Jahres sehen, dass wir nicht weniger Umsatz gemacht hatten und der Ertrag sogar gestiegen war. Alle unsere anfänglichen Befürchtungen, dass wir finanzielle Einbußen haben würden, bestätigten sich nicht. Allerdings ist es wichtig, dass der Inhaber entscheidet, welcher Kunde gekündigt wird und nicht der Mitarbeiter. Der Mitarbeiter entscheidet nach anderen Kriterien als der Unternehmer, da die Interessen unterschiedlich sind. Der Mitarbeiter kündigt den Kunden, welcher ihm z. B. die meiste Arbeit macht oder die größten Ansprüche geltend macht. Solange das jedoch auskömmlich honoriert wird und der Kunde als solcher angenehm ist, gibt es keinen Grund sich von ihm zu trennen.

Da der Mitarbeiter andere Interessen in diesem Punkt hat, haben wir davon abgesehen, die Mitarbeiter in diese Entscheidung einzubeziehen. Wir haben uns zwar vor der Kündigung mit dem Mitarbeiter unterhalten, um unseren Eindruck mit seinen täglichen Erfahrungen abzustimmen, aber nicht mit der Intention, dass er über die Kündigung entscheidet.

EMPFEHLUNG 6:

Als gutes Unternehmen suchen Sie sich gute Kunden!

Wie kann ich einen Vorteil erlangen, wenn ich über meine Erfolgsfaktoren spreche? Auf Veranstaltungen und Fortbildungen trifft man auf Mitbewerber bzw. sogenannte Marktbegleiter und beäugt sich. Man redet über alles, bis hin zum Wetter, nur nicht über sein eigenes Unternehmen. Als unmittelbare Konkurrenten sehen Sie keinen Nutzen darin, einen Wettbewerber schlau zu machen. Das stimmt auch in diesem konkreten Zusammenhang. Es gibt aber eine Ausnahme, bei der es sinnvoll ist, offen zu sein.

Im Jahr 2016 wurde ich von unserem Softwarelieferanten DATEV angefragt, ob ich bereit wäre, für drei Jahre jährlich sieben bis zehn Tage meiner Arbeitszeit einzubringen, um in **Workshops** mit DATEV-Mitarbeitern und anderen Steuerberatern aus ganz Deutschland an Produktverbesserungen mitzuwirken. Die Workshops finden rund 400 Kilometer von meinem Wohnort entfernt zwei bis vier Mal im Jahr statt und das Honorar ist nicht sehr üppig. Nach kurzer Überlegung kam ich zu dem Schluss, dass ich absagen würde. Allerdings kam ich wegen hoher Arbeitsbelastung nicht dazu, zeitnah abzusagen. Eines Mittags traf ich mich mit einem Freund, der Geschäftsführer eines großen Autohauses eines deutschen Markenherstellers ist und berichtete ihm von diesem Angebot und meiner geplanten Absage. Er riet mir jedoch dringend, daran teilzunehmen. Dann erzählte er mir, dass es bei dem Automobilhersteller auch solche Treffen gäbe, an welchen sich Hersteller und Händler austauschen und für ihn seien das sehr wichtige Treffen.

Also nahm ich an den Workshops teil. Neben dem Vorteil zu erfahren, welche neuen Produkte die DATEV plant und daran mitwirken zu können, war noch viel wichtiger, sich mit den Steuerberaterkollegen am Abend an der Hotelbar auszutauschen. Dort fand ein reger Erfahrungsaustausch zu allen möglichen beruflichen Themen wie Personal, Prozesse und vieles mehr statt. Erfahrung ist ein sehr hohes Gut und wenn Sie das Glück haben, dass Menschen offen und ehrlich ihre Erfahrung teilen, dann profitieren Sie außerordentlich. Mit einigen Kollegen halte ich bis heute Kontakt. Wir treffen uns teilweise wöchentlich in Videokonferenzen und zwei bis drei Mal im Jahr persönlich, um uns zu Fachthemen auszutauschen. Wir suchen dabei Best-Practice-Ansätze und sind damit gemeinsam sehr erfolgreich.

EMPFEHLUNG 7:

Teilen Sie Ihre Erfolgsgeheimnisse!

Zwei Jahre lang habe ich für die DATEV vor insgesamt rund 6.000 Steuerberatern Vorträge zum Thema Digitalisierung gehalten. Im Rahmen dieser Vortragsreihen führte ich sehr viele Gespräche mit Kollegen, die fast überwiegend dasselbe zu mir sagten: »Das mit der Digitalisierung ist schon ganz gut. Bei uns geht das aber nicht, da unsere Kunden das nicht möchten.« Das hört sich für mich wie die folgende Situation an: Es ist Samstagnachmittag. Mein 18-jähriger Sohn liegt gerade gemütlich auf seinem Bett und hört Musik. Ich erscheine in seinem Zimmer und frage: »Hey, wie geht's? Sag mal, hättest du nicht genau jetzt richtig Lust, dein Zimmer aufzuräumen?« Was wird mein Sohn wohl antworten? »Super Idee, zum Glück hast Du mich daran erinnert, das mache ich natürlich gleich und vor allem total gerne.« Oder: »Spinnst Du? Da habe ich im Moment überhaupt keine Zeit und auch keine Lust zu!« Was meinen Sie?

Unsere Kunden gehen immer alle Digitalisierungsschritte mit uns mit, weil wir Digitalisierung nicht als eine Alternative darstellen, über die es eine Entscheidung zu fällen gilt, sondern als Notwendigkeit, um in der Zukunft gemeinsam bestehen zu können. Alle Kunden sind bei uns bereitwillig den Weg bis heute mit uns gegangen. Würde sich ein Kunde der Weiterentwicklung verweigern, dann würden wir uns von diesem Kunde verabschieden. Zum Zeitpunkt, zu welchem ich diese Zeilen schreibe, befinden wir uns gerade in der Corona-Krise. Ich kann Ihnen sagen, dass wir zu keinem Zeitpunkt in der Kanzlei einen Stillstand hatten. Wir haben immer und zu jeder Zeit alle Informationen und Daten unserer Kunden erhalten und verarbeitet. Kein Kunde hatte einen Ausfall in Bezug auf Finanzbuchhaltung, Lohnbuchhaltung oder Jahresabschluss, weil unsere Zusammenarbeit vollständig digitalisiert ist. Gerade schwere Krisen, d.h. Weltwirtschaftskrisen, sind Innovationsbeschleuniger. Wer noch keine digitalen Prozesse hat, der beginnt spätestens jetzt damit, wenn er dazu in der Lage ist. Wir haben derzeit eine hohe Anfrageintensität von potenziellen Neukunden, die auf Empfehlung einer unserer Kunden mit uns in Kontakt treten. Diese Unternehmen haben in der Krise gemerkt, dass ihr bisheriger Berater es versäumt hat, sie digital aufzustellen. Unsere Kunden schätzen es, dass wir ständig und wiederkehrend mit ihnen »ihr Zimmer aufräumen«.

Stellen sich nun vor, in Ihren Club-Ferien treten je zehn Gäste zum Seilziehen an. Eine Mannschaft besteht aus zehn gut trainierten jungen Herren. Die gegnerische Mannschaft besteht aus einem bunten Haufen von untrainierten Hotelgästen. Die untrainierte gegnerische Mannschaft zieht zu zehnt koordiniert in die richtige Richtung, während die trainierte Mannschaft völlig unabgestimmt ist. Zwei Mann ziehen schräg nach links, drei Mann schräg nach rechts, drei Mann ziehen nach hinten und zwei Männer warten auf das Signal zu ziehen. Sehr wahrscheinlich wird hier die Mannschaft, die koordiniert in dieselbe Richtung zieht, wohl gewinnen. Im übertragenen Sinne führen **gelebte Werte** in einem Unternehmen dazu, dass die Mitarbeiter koordiniert in die gleiche Richtung ziehen, das gibt Power! Aber warum sind Werte so wichtig? *Manfred Spitzer* erklärt, was Werte sind bzw. was wertgeleitetes Handeln bedeutet: »Wertgeleitetes Handeln bedeutet immer auch, bei seinen Handlungen kurzfristige Bedürfnisse hintanzustellen, um langfristige Ziele zu verfolgen.«[40] Sind in einer Gruppe (die Mitarbeiter einer Firma) durch das gleiche Wertesystem vereint, dann richten alle gemeinsam ihr Handeln langfristig auf dasselbe Ziel aus und stellen persönliche (kurzfristige) Bedürfnisse hintenan. Stellen Sie sich vor, dies machen z. B. 40 Mitarbeiter in einem Unternehmen gleichgerichtet. Das ergibt eine ungeheure Kraft. Da gewinnt im Seilziehen sogar die körperlich unterlegene Gruppe gegen die besser trainierte Gruppe, das ist sicher.

40 Spitzer, Manfred, S. 340.

Bitte machen Sie sich klar, das einmalige gemeinsame **Erarbeiten der gemeinsamen Werte** nicht automatisch zum Erfolg führt. Werte müssen täglich und wiederkehrend gelebt, eingefordert und sogar geübt werden. In unserem Unternehmen machen wir regelmäßige Workshops für die Mitarbeiter, in denen wir Praxisfälle unter Einbeziehung unserer Werte diskutieren. Wie hätte der Praxisfall unter Einbeziehung unserer Werte (leidenschaftlich, maßgeschneidert und vernetzt) optimalerweise gelöst werden sollen? Lernen ist ein langwieriger und häufig auch mühsamer Prozess. Ich verstehe Werte als Landkarte, um an das Ziel zu kommen. Aber bitte denken Sie genau darüber nach, welches die richtige Landkarte für Ihr Unternehmen ist. Mit dem Stadtplan von London kommen Sie in Madrid nicht ans Ziel. Das Kopieren von Werten anderer ist auf jeden Fall falsch, denn es ist sehr wahrscheinlich nicht mit Ihren gelebten Werten übereinstimmend und damit dann auch nicht authentisch. Ebenso wenig sind seitenlange Ausführungen, wofür das Unternehmen steht, für die Mitarbeiter verwirrend, nichts aussagend und damit irrelevant für das tägliche Arbeiten. Klare und kurze Definitionen von Zielen, Werten und Handlungsvorgaben sind für Menschen eine gute Orientierung.

EMPFEHLUNG 8:

Gute Kunden räumen gerne ihr Zimmer auf.

8.3 Die Leistungsfähigkeit (Capability) wird ganz wesentlich durch die Mitarbeiter bestimmt

Bei einer Fortbildungsveranstaltung in einem Hotel wurden die angereisten Teilnehmer mit einem Stehempfang begrüßt. Angestellte des Hotels boten den Gästen Mineralwasser und Sekt an. Ein Teilnehmer meinte zu mir: »Ich hätte jetzt richtige Lust auf einen frisch gepressten Orangensaft.« Einige Augenblicke später erschien eine Angestellte des Hotels mit einem Glas frisch gepressten Orangensaft und bot es dem Gast an. Dieser war sehr erstaunt und vollständig angenehm überrascht. Die Angestellte hatte diesen Wunsch im Vorbeigehen aufmerksam vernommen und direkt dem Kundenwunsch entsprechend gehandelt. Diese Aufmerksamkeit den Gästen gegenüber war Bestandteil der Unternehmenswerte des Hotels. Das war bei jedem Angestellten des Hotels spürbar und erlebbar, von der Servicekraft im Restaurant bis zur Empfangsdame an der Rezeption.

Wir hatten in unserem Unternehmen vor einigen Jahren das verzweifelte Gefühl, dass unsere Mitarbeiter überwiegend nicht motiviert seien und wir haben uns gefragt, was wir als Chefs falsch machen. Zufällig sprach ich darüber mit einem sehr erfolgreichen Unternehmer aus dem Bereich Managementfortbildung. Er riet mir: »Finde heraus, wer eure C-Mitarbeiter, B-Mitarbeiter und A-Mitarbeiter sind. Wenn du das weißt, trennst du dich von den C-Mitarbeiter, entwickelst die willigen B-Mitarbeiter zu A-Mitarbeitern und von den unwilligen B-Mitarbeitern trennst du dich ebenfalls, dann passt es!«

Mit der Unterscheidung in A-, B- und C-Mitarbeiter bezog er sich auf das Mitarbeitermodell von Professor Knoblauch[41]. Eine weitere Erkenntnis aus diesem Gespräch: Nicht der Unternehmer kann Mitarbeiter motivieren, **Motivation kommt allein vom Mitarbeiter selbst** und kann nicht von außen in den Mitarbeiter hineingebracht werden. Unser Unternehmen kann Mitarbeiter die Motivation nehmen, aber nicht geben.

Professor Knoblauch charakterisiert **C-Mitarbeiter** wie folgt:
- Sie schaden der Firma,
- haben innerlich gekündigt,
- stören den Betriebsfrieden und
- sind Minderleister.

Als wir uns mit diesem Modell beschäftigten, fielen uns direkt drei Mitarbeiter ein, die diese Eigenschaften aufwiesen. Was für ein Desaster für die Firma, aber auch für den betroffenen Mitarbeiter! In jedem Fall für beide Seiten eine »Lose-Lose-Situation«: Der Mitarbeiter wird keine Anerkennung erfahren und das Unternehmen wird langfristig einen wirtschaftlichen Schaden erleiden. Hier ist eine Trennung unumgänglich. Manche Personalberater beschreiben diese Mitarbeiter auch als »Unternehmensbewohner«. Diesen Mitarbeitern ist es wichtig, dass Strom, Heizung und alles andere, was für die Wohnlichkeit wichtig ist, vorhanden ist. Für Ihre Arbeit bringen sie Verständnis auf, aber keinen persönlichen Einsatz. Häufig sind es auch die Mitarbeiter, die in Hausschuhen und mit diversen persönlichen Utensilien »ihr« Büro bezogen haben.

B-Mitarbeiter werden von Professor Knoblauch folgendermaßen beschrieben:
- Dienst nach Vorschrift
- »Nine-to-Five«-Haltung
- keine Überstunden
- fällt weder positiv noch negativ auf.

Bei diesem Mitarbeiter ist es notwendig herauszufinden, was zu seinem Verhalten führt. Ist er eventuell auf der falschen Position, wird er nicht gefördert oder fehlt ihm eine berufliche Perspektive? Wenn ein solches Motiv vorliegt, dann kann man erfahrungsgemäß die Motivation befreien und in die richtigen Bahnen lenken. Wenn dagegen keine Motivation gegeben ist, dann trennen wir uns von diesem Mitarbeiter.

41 http://www.joerg-knoblauch.de/willkommen.

A-Mitarbeiter erledigen alle Aufgaben einfach nur perfekt. Die Kunden wollen am liebsten nur von Ihnen bedient werden und die Kollegen arbeiten sehr gerne mit Ihnen zusammen.

Um die richtigen Mitarbeiter finden zu können, müssen Sie jedoch genau wissen, wonach Sie suchen. In der Regel schreiben wir Stellen aus und suchen nach Qualifikationen. Über die Eigenschaften bzw. das Wertesystem, das wir als Unternehmen haben, sagen die Inserate in der Regel nichts aus. Das suchen Sie in der Regel vergeblich im Stellenprofil. Das ist so, als ob Bayern München nach einem neuen Spieler wie folgt sucht: »Suchen Fußballspieler.« Meinen Sie, das reicht aus? Die Unternehmen suchen aber nicht viel anders: »Wir suchen einen Ingenieur für Maschinenbau.« Über die persönliche Eigenschaft des zukünftigen Mitarbeiters sagt die Suchanfrage nichts aus. Sie suchen leichter, wenn Ihr Unternehmen seine Unternehmenswerte definiert hat. Dann können Sie über die Werte die richtige Person mit der vorausgesetzten Ausbildung suchen und nicht umgekehrt. In unserem Unternehmen sind die Werte mit Leidenschaft, maßgeschneidert und vernetzt beschrieben: Wir arbeiten leidenschaftlich an maßgeschneiderten Lösungen für unsere Kunden und vernetzen uns mit anderen, um das beste Ergebnis zu erreichen.

Aus diesem Wertesystem lässt sich sehr gut ableiten, dass wir Menschen suchen, die sich für ihre Arbeit bzw. Kunden einsetzen. Unsere Mitarbeiter suchen nach der für den Kunden maßgeschneiderten Lösung. Das bedeutet, dass der Mitarbeiter flexibel und neugierig sein muss, um die beste Lösung für den Kunden zu finden. Zudem müssen unsere Mitarbeiter offen sein und auf andere Menschen, intern wie auch extern, zugehen können, um sich zu vernetzen. Dass die Lohnbuchhalterin das Fachwissen hat, eine Lohnabrechnung zu erstellen, das setzen wir voraus.

Zudem haben wir fundamentale Änderungen insbesondere beim **Bewerberprozess** vorgenommen: Zunächst führt eine Teamleiterin ein genau definiertes telefonisches Interview von rund 10 Minuten mit dem Bewerber. Die Teamleiterin gibt dann eine Empfehlung an die Geschäftsleitung, ob es ein Vorstellungsgespräch geben soll. Wenn es zum Vorstellungsgespräch kommt, wird dem Bewerber mitgeteilt, dass er am Bewerbungstag rund 4 Stunden einplanen soll, denn an diesem Tag wird der Bewerber mit allen zukünftigen Teammitgliedern und dem Teamleiter sprechen, zudem soll er eine kurze Probearbeit durchführen. Sind danach alle von dem Bewerber überzeugt, erhält er ein zweites Bewerbungsgespräch mit einem oder zwei der Geschäftsführer, in welchem ihm dann ein konkretes Job-Angebot unterbreitet wird. Beachten Sie bitte, dass bei wichtigen Entscheidungen, sei es, dass ein Kunde gekündigt oder ein Bewerber eingestellt werden soll, der Unternehmer steht! Es ist Ihr Unternehmen und es sind Ihre Interessen zu wahren, daher verbleibt auch immer die letztendliche Entscheidung über wichtige unternehmerische Fragen bei Ihnen.

Seitdem wir diesen intensiven Bewerbungsprozess durchführen, haben wir eine hohe Trefferquote, A-Mitarbeiter einzustellen. Außerdem ist es für beide Seiten (Bewerber und Unternehmen) ein fairer Prozess, da beide Seiten danach besser abschätzen können, worauf man sich einlässt und was man zu erwarten hat. Sollten wir uns trotz der intensiven Personalauswahl in einem Bewerber getäuscht haben, so scheuen wir es mittlerweile nicht mehr, innerhalb der Probezeit ein Anstellungsverhältnis zu beenden. Das ist zwar hart, aber auf Dauer für beide Seiten besser.

EMPFEHLUNG 9:

Keine Kompromisse bei Mitarbeitern!

Seit einigen Jahren gibt es kaum mehr einen Tag, an welchem nicht über das Thema Digitalisierung berichtet, gesprochen oder geschrieben wird. Ich möchte daher an dieser Stelle keinen weiteren Beitrag zur Wichtigkeit der Digitalisierung geben, aber mit einem Mythos in diesem Zusammenhang aufräumen. Es wird fast immer der Eindruck erweckt, dass Kinder und Jugendliche digital aufwachsen und die älteren Generationen überhaupt nicht digital seien. Dies kann ich nicht bestätigen.

Auf einem Digital-Kongress, nach einem Vortrag von Chris Boos, stellte ein Zuhörer die Frage: »Herr Boos, ich bin Vater eines Abiturienten. Würden Sie ihm empfehlen, Informationstechnologie zu studieren, damit er dann Programmierer werden kann?« Chris Boos antwortete sinngemäß wie folgt: »Wissen Sie, es gibt fünf Befehle in Programmiersprachen, das ist nicht komplex. Es gibt außerdem weltweit schon genug schlechte Programmierer. Daher empfehle ich Ihrem Sohn, lieber Mathematik zu studieren, das ist viel zukunftsfähiger.«

In beiden Fällen steckt dieselbe Kernaussage: »Das Benutzen eines IPhones oder das Schreiben von fünf Befehlen ist nicht wirklich digital!« Hinter dem Begriff Digitalisierung steht für mich die Fähigkeit, in Prozessen und Logiken denken zu können. Das Umsetzen eines Prozesses in Programmen und Schnittstellen ist letztendlich das Einfachere, der Entwurf des Prozesses ist die wahre Kunst. Diese Kunst besteht darin, einen schlanken, medienbruch-freien und logischen Prozess zu entwickeln. Das hat mit dem Alter überhaupt nichts zu tun, sondern mit den Fähigkeiten

- logisches (mathematisches) Denken,
- Neugier,
- Agilität und
- prozessorientiertes Denken.

Meine Teenager-Kinder unterliegen meiner Meinung nach dem gleichen Denkfehler. Sie denken, dass das Schreiben einer WhatsApp mit zwei Daumen digital sei. Nein, das ist im schlimmsten Fall dämlich, da ein Anruf schneller gewesen wäre und die sozialen Fähigkeiten geschult hätte. Aber mit digital hat das eigentlich nichts zu tun. Daher kann ich aufgrund meiner beruflichen Erfahrung sagen, dass Digitalisierung nicht mit dem Alter, sondern wie beschrieben mit den persönlichen Fähigkeiten korreliert.

EMPFEHLUNG 10:

Ein Anruf schult soziale Fähigkeiten – eine WhatsApp ist in der Regel dämlich.

Ich bin begeisterter Fußballspieler. Seit meinem sechsten Lebensjahr spiele ich Fußball. Viele Dinge aus dem Mannschaftssport sind auch übertragbar auf die Arbeitswelt. In Unternehmen gibt es auch Teams. Vielleicht nicht immer in der Größe einer Fußballmannschaft, aber die Gesetzmäßigkeiten von sozialen Gefügen sind ähnlich bzw. die gleichen. Eine wichtige Erfahrung, die wir in unserem Unternehmen gemacht haben, ist, dass die Zusammensetzung von **Teams mit unterschiedlichen Charakteren** für den Teamerfolg wichtig ist. Stellen Sie eine Fußballmannschaft nur mit Stürmern auf, dann erzielt diese Mannschaft vielleicht viele Tore, wird dagegen auch viele Gegentore hinnehmen müssen. Mit hoher Wahrscheinlichkeit wird diese Mannschaft mehr Spiele verlieren als gewinnen.

Es gibt viele Software-Tools, die die charakterlichen Eigenschaften von Menschen abbilden, um zu erkennen, welche Eigenschaften der Mitarbeiter hat und in welchem Umfeld er sich voraussichtlich wohl fühlen wird. Das von uns genutzte Modell arbeitet mit verschiedenen Farben.[42] Wir achten insbesondere bei Projekten darauf, dass wir verschiedene Typen in das jeweilige Team holen, damit im Team alle notwendigen Fähigkeiten vorhanden sind, um erfolgreich zu sein. Wir achten also auf die richtige Zusammensetzung der Fußballmannschaft, d. h. wir stellen sinngemäß einen Torwart, vier Abwehrspieler, vier Mittelfeldspieler und zwei Stürmer auf. Wir haben von jedem Mitarbeiter in unserem Unternehmen die Analyse zu seinen Eigenschaften vorliegen und können daher im Alltag sehr gut miteinander umgehen. Wir schätzen die Verschiedenartigkeit in unserem Unternehmen.

EMPFEHLUNG 11:

Die Zusammensetzung des Teams entscheidet über den Teamerfolg.

42 AECdisc® ist ein Produkt des DIV, Deutsches Institut für Vertriebskompetenz.

Die Personalauswahl ist sicherlich ein wesentlicher Schlüssel zum Erfolg eines Unternehmens. Des Weiteren ist aber auch die **Mitarbeiterführung** für den nachhaltigen Erfolg wichtig. Vor Jahren hatte ich mit einer Steuerberatungskanzlei zu tun, in welcher die Chefsekretärin im Rhythmus von sechs Monaten wechselte, also entweder gekündigt wurde oder aus freien Stücken wieder ging. Auf meine Nachfrage hin erklärte mir der Chef der Kanzlei die Situation folgendermaßen: »Die sind alle zu dumm. Sie machen bei der Terminvergabe ständig Mandanten-Termine aus, die viel zu nah aufeinander liegen oder mitten im Tag anstatt am Tagesanfang oder -ende, sodass ich dazwischen nicht effektiv arbeiten kann.« Auf diese und weitere Ausführungen hin fragte ich: »Haben Sie zu Beginn des Stellenantritts mit den Sekretärinnen besprochen, was Ihnen wichtig ist und was sie von der Sekretärin erwarten?« Die Antwort war: »Nein, das muss man doch wissen.«

Es ist ein typischer Fehler bei der Mitarbeiterführung, dass man Dinge voraussetzt, ohne sie genau abzustimmen. Eine Kollegin nannte mir in diesem Zusammenhang eine Formel:

U=E./.R

Das bedeutet: Unzufriedenheit ist die Differenz von Erwartung minus Realität. Definieren Sie die Ziele für den Mitarbeiter genau und geben Sie regelmäßige Feedbacks, dann hat der Mitarbeiter die Chance, sich Ihren Erwartungen entsprechend zu entwickeln und auch die gewünschten Ziele zu erreichen. Kein Wanderer sagt: »So jetzt gehen wir zwei Stunden nach Osten und schauen, wo wir da ankommen.« Nur wer Ziele hat, kann auch ankommen!

Neben wöchentlichen Teambesprechungen führen wir im Unternehmen drei Mal im Jahr ein kurzes Feedbackgespräch mit jedem Mitarbeiter durch, in welchem wir ihm mitteilen, wo er in Bezug auf seine Jahreszielerreichung steht. Das ist wichtig, damit der Mitarbeiter am Ende des Jahres im Jahresgespräch hoffentlich die Rückmeldung erhält, dass er das Jahresziel erreicht hat und den vollen Leistungsbonus (bis zu zwei Monatsgehälter) erhält. Sie werden jetzt denken, dass das viel Zeit in Anspruch nimmt, die Sie gar nicht haben. Da verweise ich Sie auf die Empfehlung, dass Sie mehr am anstatt im Unternehmen arbeiten sollten.

Neben der Kommunikation mit den Mitarbeitern ist es genauso wichtig, dass Sie als Führungskraft auch führen. Mein Freund Werner war einer der ranghöchsten Militärführer in der Schweiz und ist eine sehr erfahrene und weise Person. Beim letzten Telefonat hatte ich nicht viel zur Begrüßung gesagt, nur die üblichen Begrüßungsformeln, da lautete Werners erste Frage an mich: »Martin, was ist mit dir? Du hörst dich nicht gut an.« Anhand von Intonation und Klangfarbe meiner Stimme hat er meine persönliche Verfassung abgeleitet und lag bei der Einschätzung vollständig richtig. Ja, ich war überhaupt nicht gut »drauf«, wie man umgangssprachlich sagt. Das lag an einer am Vortag stattgefundenen Geschäftsführungssitzung. Meine beiden Kollegen hatten sich in dieser Besprechung minutenlang darüber ausgelassen, dass wir dies und jenes Problem seit Monaten nicht gelöst hätten. Insbesondere die Gewinnung von neuen Mitarbeitern stockte. Es war sicherlich richtig beschrieben, aber die negative Grundhaltung der beiden Kollegen und deren pessimistische Erwartungshaltung waren es, die mich sehr belasteten. In der Situation selbst konnte ich nicht verstehen, warum es mich so sehr negativ stimmte. Aber Werner konnte es mir umgehend erklären, nachdem ich ihm davon berichtet hatte. Er meinte: »Wenn in einer Kompanie der Anführer keine positive Ausstrahlung und Zuversicht hat, stattdessen Angst vermittelt, dann bekommt der nächste in der Kompanie auch Angst und wenn dann mehr als drei Personen Angst haben, dann kommt Panik auf! Führungskräfte haben positiv zu wirken und nicht Angst zu verbreiten.« Genau das war der Umstand, welcher mich am Vortag so sehr am Verhalten meinen beiden Kollegen gestört hatte. Gleich am nächsten Tag habe ich meine Kollegen sehr eindrücklich daran erinnert, was Ihre **Aufgabe als Führungskraft** ist: »Aufgabe einer Führungskraft ist es, Probleme zu lösen und nicht dauerhaft zu beschreiben und zudem noch eine negative Haltung zu vermitteln.« Ich erzählte ihnen dazu ausführlich meine Erkenntnisse aus dem Gespräch mit Werner. Letztlich nahmen beide die Anregung auf und wir entwickelten zum einen den Lösungsansatz für unsere Rekrutierung der neuen Mitarbeiter und zum anderen strahlten sie den Mitarbeitern gegenüber auch wieder Zuversicht aus. Es war erstaunlich, wie schnell die Stimmung in der ganzen Kanzlei davon beeinflusst wurde.

Ein zweiter Aspekt ist in diesem Zusammenhang sehr wichtig. Mein Freund Werner war es als Oberst gewohnt, zu führen und in diesem Zusammenhang aufgrund seiner **empathischen Fähigkeiten** die richtige Ansprache an seine Soldaten zu richten. Führen ist meiner Meinung nach dann wirklich effizient und nicht nur effektiv, wenn sie durch Empathie getragen ist.

Was ist Empathie? Das Wort stammt aus dem Englischen (»empathy«) und ist noch nicht einmal ein Jahrhundert alt. Steven Pinker[43] beschreibt Empathie u. a. wie folgt: »Danach ist wohltätiges Verhalten gegenüber anderen davon abhängig, dass man sich in sie hineinversetzt, dass man fühlt, was sie fühlen, …«

Was passiert, wenn man keine emphatischen Fähigkeiten besitzt oder Empathie missachtet, kann ich durch ein eigenes Erlebnis deutlich machen. Eine Mitarbeiterin kam spät nachmittags in die Kanzlei zur Arbeit. Ich machte eine flapsige Bemerkung: »Ja,

43 Pinker, Steven, 2011.

ja, abends werden die Faulen fleißig.« Ihre Reaktion war ein handfester Wutausbruch, aber warum? Nun sie war am späten Nachmittag nochmals zur Arbeit erschienen, weil eine Kollegin krankheitsbedingt ausgefallen war und sie die Verantwortung übernommen bzw. die Arbeit der Kollegin ohne große Aufforderung erledigt hatte. Da war meine achtlose Bemerkung ziemlich unangebracht gewesen und machte eine ausführliche Entschuldigung notwendig. Besser wäre es gewesen, wenn ich als Führungskraft diesen vorbildlichen Einsatz gelobt hätte.

Ein wirklich für mich erschreckendes bzw. abschreckendes Beispiel für einen empathielosen Führungsstil können Sie sich auf Youtube ansehen: »Magdalena Martullo Blocher – the seven thinking steps!« Wenn ich diesen Videoclip ansehe, dann schaudert es mir. Die Inhaberin und Vorständin des Unternehmens stellt eine Führungskraft vor den Augen aller anderen Führungskräfte an den Pranger, ohne jede Empathie! Glauben Sie, dass die Führungskräfte in diesem Unternehmen selbstbewusst, kreativ und eigenverantwortlich arbeiten werden? Ich habe da große Zweifel. Übrigens arbeitet ein Bekannter von mir in diesem Unternehmen. Er erzählte mir zu diesem Video, dass eben dieser angeprangerte Mitarbeiter noch in der folgenden Woche gekündigt hat. Überrascht uns das?

EMPFEHLUNG 12:

Führungskräfte müssen empathisch und positiv führen!

Auf einer Fortbildungsveranstaltung unserer Trewitax-Gruppe hielt Kurt Matzler einen Vortrag über seine mehrfache Teilnahme an dem Radrennen »Race Across of America« in den USA. Das Rennen geht von der Ost- zur Westküste der USA über rund 4.800 Kilometer. Es kann in verschiedenen Klassen unter Einhaltung eines Zeitlimits teilgenommen werden. Herr Matzler nahm in der Kategorie Vierer-Mannschaft teil, d. h. vier Fahrer wechseln sich permanent ab, so dass immer ein Fahrer unterwegs ist, während die anderen im Auto ihn begleiten, und zwar Tag und Nacht! Herr Matzler berichtete, dass die Vorbereitung aufwendig und anstrengend ist. Viele Tage lang ist man damit beschäftigt, einen Plan für das Rennen zu erstellen, d. h. wer fährt von wann bis wann, wer fährt das Begleitfahrzeug und vieles mehr. Es werden die verschiedensten Eventualitäten diskutiert und Lösungen erarbeitet. Seine wichtige Erfahrung aus vier Teilnahmen ist, dass die Planung mit am wichtigsten für so ein Projekt ist, aber dass das Geplante noch nie bei allen seinen vier Teilnahmen je eingetroffen ist. Da stellt sich die Frage: Warum plant man, wenn man davon ausgeht oder ausgehen muss, dass der Plan wohl nicht eintreten wird? Die Zeit könnte man sich doch sparen.

Ganz einfach: **Ein Plan ersetzt Nichtwissen durch Irrtum**. Man ist aufgrund der intensiven Planungen im Vorfeld geistig flexibel und kann auf unerwartete Situationen erfolgreich reagieren. Eine intensive Planungsarbeit trainiert sozusagen die Lösungsfähigkeit bzw. die Flexibilität, Lösungen zu finden.

Mit unseren Mandanten führen wir jährliche Planungsgespräche durch. In diesen Terminen erstellen wir gemeinsam eine Ertragsplanung und darauf aufbauend eine Bilanz- und Liquiditätsplanung für die nächsten 24 Monate. Diese Termine sind unseren Mandanten sehr wichtig. Die Termine finden immer in unseren Kanzleiräumen statt und nicht beim Mandanten, damit der Mandant in Ruhe reflektieren kann. Die Erstellung einer Planung hilft zu analysieren, wo man als Unternehmer bzw. Unternehmen steht, und zu definieren, wo man sich hin entwickeln möchte.

Bei einem solchen Planungstermin mit einem neuen Kunden waren der Unternehmer und sein angestellter-Geschäftsführer anwesend. Wir gingen gerade die Personalkosten durch und ich das Jahresgehalt einer Mitarbeiterin von rd. 120.000 € auf dem Personaltableau. Ich frage: »Was macht diese Mitarbeiterin?« Die Antwort des Unternehmers: »Das ist unsere neue Vertriebsmitarbeiterin für den deutschen Markt.« Ich stutze und sage dann: »Aber bisher vertreiben sie fast ausschließlich ihre Produkte in anderen Märkten und überhaupt nicht in Deutschland.« Der Unternehmer bestätigte mir meine Feststellung und meinte aber, dass man die Vertriebsmitarbeiterin vor drei Jahren eingestellt habe, um auf dem deutschen Markt Fuß zu fassen. Nach kurzer Diskussion kam man gemeinsam zum Ergebnis, dass der deutsche Markt aufgrund der hohen Regulationsdichte und dem Wettbewerbsumfeld eigentlich der unattraktivste Markt ist und man besser die bisher bedienten Märkte intensivieren sollte, anstatt zu versuchen, auf einem neuen Markt mit hohen Eintrittshürden anzugreifen. Ergebnis der Planungsrunde war die Auflösung des Arbeitsvertrages mit der Vertriebsmitarbeiterin, welche in den letzten drei Jahren keinen einzigen Euro Umsatz erzielt, aber das Unternehmen mehr als 360.000 € gekostet hatte. Dieser Mandant hatte in den letzten drei Jahren einen kumulierten Verlust von rd. 300.000 € angehäuft. In diesem Fall hat das Planen schonungslos eine Fehlentscheidung offengelegt.

Insbesondere in Krisenzeiten ist eine Planungsrunde sehr wichtig. Wir haben zum Beispiel zu Beginn der Corona-Krise für unser eigenes Unternehmen eine Worst-Case-Planung erstellt. Wir wollten wissen: Wie viel Umsatzeinbruch verkraften wir, ohne einen Verlust zu erleiden? Verschiedenen Planungsvariante halfen uns, für unterschiedliche Entwicklungen mögliche Handlungsstränge zu entwickeln. Insbesondere schafft Planung ein Gefühl von Kontrolle und wirkt Angst und Machtlosigkeit bei den Führungskräften entgegen. Wir haben zudem unseren Mitarbeitern darüber berichtet, dass wir verschiedene Pläne für verschiedene mögliche Entwicklungen entwickelt haben, um unser Unternehmen und unsere Mitarbeiter durch diese Krise zu führen. Ich gehe davon aus, dass die Mitarbeiter das von uns erwarten und es auch ihnen hilft, zuversichtlich in die Zukunft zu gehen.

EMPFEHLUNG 13:

Planen Sie und irren Sie!

Lernen erfolgt durch eigenes Erleben. Im Jahr 2005 waren wir mit unserem 23 Monate alten Sohn in den Sommerferien. In einem rund 20-minütigen Urlaubsvideo sieht man den Jungen, wie er 18 Versuche unternimmt, selbstständig ohne Hilfe zu gehen. Er ist 17 Mal hingefallen, ich habe es gezählt! Aber nach jedem Hinfallen ist er wieder aufgestanden und losgelaufen. Beim 18. Versuch schaffte er es, den gesamten Hof der Ferienanlage am Stück zu durchqueren. Er hat immer weiter gemacht und ist nicht liegen geblieben.

Eine weitere wichtige Erfahrung machte ich im Jahr 2012. Ich war in München, als Bayern München sein Champions-League-Finale im Fußball gegen Chelsea London im eigenen Stadion bestreiten durfte. Obwohl Bayern München besser spielte und bis wenige Augenblicke vor Ende der regulären Spielzeit führte, verloren sie doch am Ende im Elfmeter-Schießen. Nach der Niederlage war die Niedergeschlagenheit im Stadion greifbar! Aber diese Mannschaft mit Ihrem Trainer Jupp Heynckes lernte aus dieser leidvollen Erfahrung, zog die richtigen Schlüsse und konnte im folgenden Jahr nicht nur die Champions-League, sondern auch die deutsche Meisterschaft und den deutschen Pokal gewinnen, das sogenannte Triple! Beide Erlebnisse haben eine wichtige Gemeinsamkeit. Vor dem Erfolg standen Misserfolg, d. h. Fehler. Die Betroffenen waren in der Lage, die **Fehler zu akzeptieren und daraus zu lernen**. Das war der Grundstein für das spätere Gelingen. Beide, mein Sohn und Bayern München, gaben nicht auf, sondern machten beharrlich weiter.

Für Unternehmen ist es daher sehr wichtig die Bereitschaft zu pflegen, aus Fehlern zu lernen und eine **gute Fehlerkultur** zu entwickeln. Aus Fehlern resultiert Lernfortschritt. Eine schlechte Fehlerkultur weist die Medizin-Branche auf. Ärzte versuchen in der Regel, begangene Fehler zu verschweigen oder zu vertuschen, weil Fehler normalerweise den Ruf schädigen und auch hohe Schadenersatzklagen verursachen können.[44] Diese schlechte Fehlerkultur verhindert jedoch Verbesserungen. Dagegen pflegt die Flugbranche eine sehr gute Fehlerkultur. Bei Flugzwischenfällen werden diese unmittelbar und

44 Vgl. Gigerenzer, Gerd, 2013.

zeitnah im Flughafen mit allen Beteiligten analysiert. Dabei nehmen alle Betroffenen teil, d. h. Pilot, Fluglotse und Stewardess, jeder ist gleichberechtigt beteiligt bei der Fehleranalyse. Warum ist das so? Ganz einfach, ein Fehler bedeutet in der Luftfahrt meist, dass er tödlich für alle Beteiligten enden kann. Es hängt das Leben aller am Flug beteiligten Menschen von der Sicherheit ab. Das fortschreitende Lernen ist lebenserhaltend bzw. macht Unternehmen kompetitiver.

Wir führen in unserem Unternehmen regelmäßige Workshops für die Mitarbeiter durch. In meinem Workshop für Finanzbuchhaltung schauen wir uns eine Buchhaltung im Team an, analysieren die Fehler und diskutieren Lösungsmöglichkeiten. Zudem bringt jeder Mitarbeiter seinen »Fehler der Woche« mit und stellt diesen vor. So lernen wir in der Gruppe gemeinsam. Vor allem bringe ich als Chef auch meine Fehler mit, die genauso diskutiert werden. Das macht der Gruppe wirklich Spaß und neben dem Lernerfolg wächst das Vertrauen ineinander. Bitte machen Sie deshalb ständig neue Fehler, dann ist der Lernfortschritt hoch! Wir hatten an der Universität einen Professor, der zum Thema Innovationsmanagement lehrte. Er kam aus der Industrie und empfahl uns: »Seien Sie kreativ und machen Sie immer neue Fehler!«

EMPFEHLUNG 14:

Machen Sie ständig neue Fehler!

Als Student absolvierte ich ein Praktikum bei einem großen Unternehmen. Jeden Freitag fand um 11 Uhr ein Jour fixe mit den drei Geschäftsführern, den sechs Abteilungsleitern und deren Stellvertretern statt. Der vorsitzende Geschäftsführer ließ nur Fragen und Anträge auf der Agenda zu, wenn diesen Ordnungspunkten vom Antragssteller mindestens zwei Lösungsvorschläge beigefügt waren. Dieser Geschäftsführer war selten länger als 18 Uhr im Haus und das Unternehmen war wirtschaftlich sehr erfolgreich. Seine Herangehensweise habe ich in meinem beruflichen Alltag übernommen: Mitarbeiter dürfen nur mit Fragen zu mir kommen, wenn Sie zumindest einen Lösungsansatz mitbringen. Auf diese Weise zwingen Sie Ihre Mitarbeiter, über Fragen selbstständig nachzudenken. Bei einem großen Teil der Fragen führt das schon zu dem Ergebnis, dass der Mitarbeiter die Lösung selbst gefunden hat und gar nicht mehr fragen muss und Ihnen damit wichtige Zeit spart. Zudem erweitert die Recherche des Mitarbeiters sein Fachwissen und er wird in der Zukunft immer weniger fragen müssen.

Als ich in meinem Unternehmen diese Herangehensweise als junger Chef zu praktizieren begann, kamen nach ein paar Wochen keine Mitarbeiter mehr mit Fragen zu mir. Es war aber nicht so, dass die Mitarbeiter mittlerweile keine Fragen mehr hatten, sondern sie gingen damit zu meinem Steuerberaterkollegen, der sich mit jeder Frage beschäftigte und die Lösung recherchierte. Konsequenz seines Handelns war, dass sein Arbeitseinsatz wöchentlich anwuchs, da er schließlich die Arbeit von den Mitarbeitern mit erledigte. Er hatte sich sozusagen mehrere Affen von den Mitarbeitern auf seine Schultern setzen lassen. Nachdem wir das gemeinsam bemerkten, änderte er sein Verhalten und verlangte wie ich einen Lösungsvorschlag von dem Fragesteller. Auch manche Mandanten setzen einem Affen auf die Schultern. Da ich mich aber als Berater und nicht als Sklave betrachte, ist mein Beratungsansatz, dass ich die wichtigen Themen anspreche und aufbereite. Die Entscheidung treffen und die Umsetzung anstoßen muss der Unternehmer selbst.

Vor einigen Jahren bekamen wir das Mandat von einem Handwerksbetrieb, der in wirtschaftliche Schwierigkeiten geraten war. Der Inhaber erklärte mir zu Mandatsbeginn schon, dass er eigentlich nichts für seine Misere könne. Mit meinem heutigen Wissen hätte ich das Mandat nicht angenommen: Zunächst hatten wir die wirtschaftliche Lage analysiert und konnten herausarbeiten, dass der Unternehmer das Betriebsgelände acht Jahre zuvor gekauft hatte und der monatliche Kapitaldienst der Finanzierung nicht zu den Erträgen des Unternehmens passte. Er war viel zu hoch und daher kam es zu dem Effekt, dass die Darlehen abnahmen und das Kontokorrent anstieg. Ich fragte den Unternehmer, wie es denn dazu kommen konnte. Er meinte, das habe die Bank so geregelt, das sei ja wohl ganz klar ein Fehler der Bank. Eine weitere Erkenntnis unserer Analyse war, dass der Betrieb viel zu viel administrative und zu wenige produktive Mitarbeiter hatte. Es gab fünf produktive Mitarbeiter und mit dem Chef vier unproduktive Mitarbeiter. Es konnte sein, dass Arbeiten unerledigt blieben, während der Meister im Meisterbüro sich die Zeit mit Planungen für sein Hobby vertrieb. Ich sprach ihn darauf an und als Antwort kam zurück, dass er als Meister niemals mehr einen Handwerker-Overall anziehen werde, er sei schließlich Meister! Trotz dieser Widrigkeiten schafften wir es, den Betrieb zunächst wirtschaftlich zu stabilisieren. Ich vereinbarte mit der Hausbank eine Anpassung der Tilgungsleistungen, wir verbesserten betriebliche Abläufe und die wenigen produktiven Mitarbeiter wurden effizienter. Das wirtschaftliche Ergebnis drehte von Minus in ein leichtes Plus. Jedes Telefonat mit dem Inhaber war jedoch für mich enttäuschend. Er beklagte sich jedes Mal, dass die Situation noch nicht gut genug sei, dass so vieles noch nicht richtig liefe und dass die Ergebnisse zu schwach seien. Mit der Zeit wurde mir klar, dass ich mir einen Mandanten-Affen auf die Schulter gesetzt hatte. Der Mandant sah sich nicht selbst in der Verantwortung, seinen Betrieb zu verbessern und selbst daran zu arbeiten, sondern erwartete von allen Personen im Betrieb und außerhalb des Betriebes, dass sie seine Probleme lösen sollten. Daraufhin habe ich das Mandant beendet. Die gute Honorierung wog die fehlende Wertschätzung unserer Arbeit durch den Kunden und das permanente Schuldgefühl, das der Mandant einem vermittelte, nicht auf.

EMPFEHLUNG 15:

Setzen Sie sich keine Affen auf die Schultern!

Letztens ging ich mit einem Teamleiter unseres Unternehmens zum Mittagessen. Wir fuhren zum Restaurant, alle Parkplätze waren belegt. Neben dem Restaurant befindet sich die Autowerkstatt unseres Autohauses, von welchem unser Unternehmen alle Fahrzeuge bezieht. Die Mitarbeiter-Parkplätze waren zu einem Drittel wegen Mittagspause nicht belegt. Also war ich so frei und stellte mein Fahrzeug dort ab. Als wir nach dem Essen zum Fahrzeug zurückkehrten, waren immer noch nicht alle Mitarbeiter-Parkplätze belegt. Ein Mitarbeiter der Werkstatt kam auf mich zu und sprach mich an. Er teilte mir mit, dass ich zukünftig nicht mehr dort parken solle, es seien schließlich Mitarbeiterparkplätze und die seien sehr rar in der Gegend. Ich blieb freundlich und sicherte ihm zu, das zukünftig zu beachten. Mein Begleiter meinte: »Ganz schön unklug. Er sieht doch, dass wir Kunden sind und außerdem blockieren wir doch in der Mittagszeit keinem Mitarbeiter einen Parkplatz.« Anstatt also den Kunden einen Gefallen zu tun, der dem Unternehmen hilft und den Mitarbeitern nicht schadet, denkt dieser Mitarbeiter nur an seine Interessen. Bei mir blieb der Wunsch zurück, das nächste Mal vielleicht ein Fahrzeug einer anderen Marke zu testen.

In einem Projekt mit einer Steuerberatungsgesellschaft ging der Kontakt zu den Kollegen immer über die seit zwanzig Jahren dort beschäftigte Sekretärin. Die Zusammenarbeit war geprägt von Umständlichkeit und Inflexibilität zu meinen Lasten, nicht jedoch für die Sekretärin. Als das Projekt zu Ende war, gab es ein gemeinsames Abendessen. An diesem Abend war ich so frei und schilderte meinem Kollegen meine Erlebnisse mit dieser Sekretärin. Er war vollständig erstaunt und irritiert. Er wusste nichts von diesem Verhalten seiner Sekretärin. Zu ihm war sie immer zuvorkommend und aufmerksam. Bei näherem Betrachten kamen wir zu dem Schluss, dass diese Person es sich recht bequem eingerichtet hatte und dabei dem Unternehmen über eine lange Zeit eher geschadet als gedient hatte. Die Sekretärin musste das Haus kurze Zeit später verlassen und mittlerweile hat sich die Zusammenarbeit deutlich gewandelt. Beide Erlebnisse haben gemein, dass der Mitarbeiter andere Interessen hat als der Unternehmer. Das ist naturgemäß so und auch nicht verwerflich. Es ist verwerflich, dies als Unternehmer nicht zu berücksichtigen! Wir fragen unsere auch bei grundlegenden Entscheidungen Mitarbeiter und beziehen sie in die Gestaltung von Entscheidungen und Prozessen ein, aber die letztendliche Entscheidung behalten wir uns als Unternehmer vor. Bei alltäglichen Fragen erwarten wir, dass die Mitarbeiter klug und erfahren genug sind, im Sinne der Sache richtig zu entscheiden.

In manchen Unternehmen entwickeln sich Mitarbeiter aufgrund eines Entscheidungsvakuum des Unternehmers zum »Hausdrachen«. Diese Mitarbeiter nutzen das Vakuum und entscheiden, aber nicht im Interesse des Unternehmens, sondern in ihrem oder dem der Kollegen. Das vermeiden Sie, wenn Sie die wichtigen Entscheidungen selbst unter Berücksichtigung der Mitarbeitermeinung treffen. Gehen Sie davon aus, dass nicht alle Ihre Entscheidungen richtig sind, aber solange die Mehrheit der Entscheidungen stimmt, ist es erfahrungsgemäß gut. Es ist auch wichtig, dass Sie überhaupt entscheiden. Wenn Sie häufig nicht entscheiden oder Entscheidungen hinauszögern, dann entsteht ein Vakuum, das meist langjährige Mitarbeiter ausfüllen. Auf diese Weise züchten Sie sich einen Hausdrachen. Diesen Begriff hat mir einmal ein Personalcoach geläufig gemacht. Er meinte, dass gerade in Steuerberatungskanzleien oft so genannte Hausdrachen am Empfang sind und viele Dinge in der Kanzlei beeinflussen bzw. entscheiden. Das sind z. B. Entscheidungen, wer einen Termin beim Chef bekommt. Darüber kann man sehr viel beeinflussen, ohne dass es der Chef mitbekommt.

EMPFEHLUNG 16:

Züchten Sie keine Hausdrachen!

8.4 Mit Controlling messen und steuern

Zu Beginn habe ich Ihnen geschildert, wie mich die Frage umtrieb, was ein erfolgreiches Unternehmen ausmacht. Ich kam zu dem Ergebnis, dass drei Cs für den Erfolg wichtig sind:

1. Culture (Unternehmenskultur)
2. Capability (Leistungsfähigkeit)
3. Controlling

Die ersten beiden Cs entscheiden über den Erfolg und das dritte C misst den Grad des Erfolges bzw. Misserfolges. Erfolg ist immer das Ergebnis vieler kleiner Dinge im Unternehmen. Sie können daher Erfolg nicht direkt ansteuern, weil er das Ergebnis von Handlungen. Und man organisiert und regelt nicht einmalig alles und dann läuft es für immer. Unser Unternehmen ist quasi eine Dauerbaustelle. Wir haben permanent das Gefühl, dass noch so vieles besser gemacht werden könnte bzw. wir noch so viel nicht im Griff haben. Das ist normal!

Das dritte C, das Controlling, brauchen Sie, um ständig prüfen zu können, wie die Ergebnisse aus den ersten beiden Cs sind, wie die Entwicklung in Ihrem Unternehmen ist. Auf meinem Arbeitsweg liegt eine kleine Werkstatt mit acht Mitarbeitern und einem Inhaber. Eines Tages fragt ich nach einer Reparatur und wurde an den Chef verwiesen. Dieser machte einen völlig niedergeschlagenen Eindruck. Ich kannte Ihn flüchtig, daher fragte ich vorsichtig: »Komme ich ungelegen?« In der daran anschließenden kurzen Unterhaltung schilderte er mir, dass er Zahlungsschwierigkeiten habe und ihm alles im Unternehmen über den Kopf gewachsen sei. Er sprach erstaunlich offen und ich fragte Ihn daraufhin nach einer betriebswirtschaftlichen Auswertung. Ich stellte mich vor und er gab er mir nach intensiver Suche eine Auswertung vom Februar des laufenden Jahres. Wir hatten jedoch den 3. Mai! Die Buchhaltung wurde noch klassisch mit einem sogenannten Pendelordner zwischen ihm und seinem Steuerberater abgewickelt. Zudem bestand eine sogenannte Dauerfristverlängerung, d.h. die Buchhaltung und damit verbunden die Abgabe der Umsatzsteuervoranmeldung musste immer erst am zehnten des übernächsten Monats erfolgt sein. Dieser Unternehmer erfuhr also immer erst sechs Wochen nach dem Monatsende, wo er wirtschaftlich stand und das auch nicht wirklich, weil ich nach kurzem Studium der Auswertung feststellen konnte, dass die unfertigen Arbeiten unterjährig nicht ermittelt wurden, sondern immer erst zum Jahresende für den Jahresabschluss. Er hat tatsächlich immer erst Wochen später reagieren können, sein Controlling war verspätet und unvollständig. Das kann sich kein Unternehmen leisten. Dieser Unternehmer wurde unser Mandant: Wir wickeln seine Buchhaltung wöchentliche digital ab, es werden monatlich die unfertigen Arbeiten ermittelt und verbucht, wir machen die Zahlungsbereitstellung und die Mahnläufe. Er weiß immer, wo er wirtschaftlich steht und mit jedem Monatsende weiß er sehr genau Bescheid. Neun Monate später wies das Unternehmen anstatt 50.000 € Verlust wie im Vorjahr einen Gewinn von rund 70.000 € auf. Das gleiche Unternehmen mit den gleichen Mitarbeitern war nicht mehr wiederzuerkennen.

Bitte beachten Sie, dass das Controlling nicht den Erfolg bewirkt, aber es hilft, die richtigen Entscheidungen und Maßnahmen zu treffen und deren Wirksamkeit zu messen. Es macht auch keinen Sinn sein Unternehmen so zu steuern, dass man z.B. einfach pauschale Umsatzsteigerungen um X % und Steigerungen des Deckungsbeitrags um Y % vorgibt. Nein, Sie müssen konkret am Unternehmen arbeiten, d.h. inhaltlich an Ihren Produkten/Dienstleistungen, an Ihrer Unternehmenskultur, an und mit Ihren Mitarbeitern, dann werden Sie feststellen, dass sich Veränderungen messen lassen. Ein Unternehmer muss wie ein Bauer sein Feld bestellen, säen, jäten, düngen und wenn er es gut macht, dann kann er ernten. Wenn Sie einen Landwirt beobachten, dann werden Sie feststellen, dass er ganzjährig fast rund um die Uhr beschäftigt ist. So ist das auch als Unternehmer, es ist nie so, dass man fertig ist.

Häufig beschäftigen wir uns in unserem Unternehmen aber auch bei Mandanten mit der Frage, welche die **wichtigen Kennzahlen** im Unternehmen sind, die ich »controllen« muss, damit ich an den richtigen Stellschrauben ansetze.

Ludwig Mies van der Rohe war ein deutsch-amerikanischer Architekt. In seiner Zeit in Chicago (USA) sollte er ein Bürohauskomplex mit mehreren Gebäuden entwerfen und erstellen lassen. Das tat er auch. Als er fertig war, ließ er zwischen den Gebäuden eine Rasenfläche anlegen, und zwar um die gesamten Gebäude herum, ohne einen einzigen Weg anlegen zu lassen. Der Bauherr war zunächst erbost. Mies van der Rohe empfahl, einige Tage zu warten. Warum? Nun, nach dieser Wartezeit konnte man an den Trampelpfaden die Wege erkennen, welche die Menschen zwischen den Gebäuden täglich benutzt hatten und genau dort ließ er die Wege befestigen. Damit vermied er falsche Weganlagen und die berühmten Abkürzungen durch Beete und Wiesen. Von ihm ist das Prinzip übermittelt: »Weniger ist mehr!« Er hat beobachtet, was passt und dann sein System darauf ausgelegt. So ähnlich ist es mit dem Controlling. Die Dienstleistung bzw. das Produkt geben vor, worauf es ankommt und was Sinn macht. Überwachen Sie nur, was Sie beeinflussen und steuern können, alles andere ist nicht relevant. Bei zu viel Daten sehen Sie den Wald vor lauter Bäumen nicht. Das Vorgehen sollte zunächst vom Groben ins Feine gehen. Wir neigen häufig dazu, vom Start weg viel zu detailliert mit einem Controlling-System loslegen zu wollen. In unserem Unternehmen haben wir vier Kennzahlen seit rund 20 Jahren in der täglichen Überwachung und sind damit sehr erfolgreich. Weitere acht Daten schauen wir uns monatlich an und steuern ggf. zeitnah.

Die zentrale Frage in Zusammenhang mit der Auswahl von Kennzahlen ist: **Was wollen Sie steuern?** Worauf kommt es an? Nur Kennzahlen, auf welche Sie unmittelbaren Einfluss nehmen können und damit auf das Unternehmensergebnis, machen Sinn. Alle anderen Kennzahlen gehören auf den Zahlenfriedhof. Wir sind Dienstleister, daher überwachen unsere Teamleiter die offenen und nicht abgerechneten Stunden unserer Mitarbeiter und achten darauf, dass dieser Wert nicht zu hoch wird. Bei neuen Mitarbeitern steigen die offenen Stunden häufig sehr schnell an und nehmen kaum ab. Eine mögliche Ursache ist, dass der Mitarbeiter z. B. viele Erklärungen und Abschlüsse parallel beginnt und bearbeitet. Uns ist es jedoch lieber, dass ein Mitarbeiter möglichst einen Abschluss beginnt und am Stück fertig macht. Zum einen sinkt in der Regel die Bearbeitungsdauer insgesamt, da ein wiederkehrendes Aufnehmen von Arbeiten viele Rüst- und Einarbeitungszeiten verursacht. Des Weiteren haben wir es lieber, wenn jeden Monat ein Abschluss fertig gestellt und abgerechnet wird. Das schont die Liquidität, reduziert das Ausfallrisiko und führt zu einem stetigen Umsatz in der betriebswirtschaftlichen Auswertung. D. h. diese Steuerungsgröße ist sehr effektiv, da man sehr direkten Einfluss auf die Verhaltensweisen der Mitarbeiter hat.

EMPFEHLUNG 17:

Legen Sie fest, worauf es ankommt und was genau Sie steuern wollen.

Von Haus aus bin ich ein bequemer Mensch. Ich musste allerdings schon sehr früh zu Hause meiner Mutter im Haushalt helfen, da sie selbst berufstätig war und der Vater ebenfalls. Mit dreizehn Jahren half ich mindestens einmal in der Woche beim Kochen. Meine Mutter erklärte mir, dass ein guter Koch die Küche aufgeräumt hat, wenn er mit dem Kochen fertig ist. Damit meinte sie nicht das Aufräumen nach dem Kochen, sondern dass sich viele Dinge während des Kochens bereits spülen und aufräumen lassen, sodass mit fertiger Zubereitung fast die gesamten Küchenutensilien schon wieder in den Schränken waren. Um das zu erreichen, muss man zunächst darüber nachdenken, was man vorhat und in welcher Reihenfolge alles je nach Kochdauer am besten gemacht wird. Man muss einen Plan haben! Je besser der Plan ist, desto besser sind die Abläufe koordiniert und desto weniger Zeit braucht man.

Einer unserer Mandanten betreibt mit der Familie einen Landgasthof. Der Betrieb hat rund 40 Mitarbeiter, drei Gastbetriebe und ein Hotel. In diesen Betrieben befinden sich Küchen. Damals hatte der Senior-Chef Interesse, eine weitere Gaststätte von einer Brauerei zu pachten. Diese Gaststätte befand sich im vollständigen Umbau durch die Brauerei. Wir trafen uns mit dem Geschäftsführer der Brauerei, um das Vorhaben und die Pläne zu diesem renovierten Gastorbetrieb anzusehen und mögliche Konditionen auszuhandeln. Mein Mandant teilte vor dem Gespräch dem Geschäftsführer mit, dass man bitte den Küchenplan zu dieser Besprechung mitbringen solle. Das erste Thema war die räumliche Planung der Küche, des Gastraumes und des Biergartens. Nach genauer Betrachtung fragte mein Mandant, ob der Plan noch veränderbar wäre. Der Geschäftsführer verneinte, woraufhin mein Mandant sich bedankte und verabschiedete sich. Der Geschäftsführer war irritiert und wollte noch über die Pacht sprechen. Mein Mandant verabschiedete sich dennoch und meinte beim Gehen: »Geben Sie Bescheid, wenn Sie bereit sind die Küche umzubauen, dann können wir nochmals sprechen.« Auf der Rückfahrt fragte ich meinen Mandanten, warum er das Gespräch beendet habe, ohne die Konditionen zu erfragen. Er erklärte mir, dass die Art und Weise der Küchen- und Gastraumgestaltung darüber entscheidet, wie viele Mitarbeiter man zum Betrieb braucht. Die ihm vorgelegte Planung war so ungeschickt, dass viel zu viel Personal benötigt würde und damit der Betrieb niemals rentabel führbar sei. Man könne sehen, dass der Planer, also der Architekt, keine Ahnung von Küchen habe. Zudem sei die Anordnung der Geräte so ungeschickt, dass neben dem erhöhten Personalbedarf sich die Mitarbeiter die Füße aus dem Leib laufen würden, was den Krankenstand ansteigen ließe. Er werde jetzt warten, bis die ersten beiden Pächter wieder aufgeben oder in die Insolvenz gehen, dann sei der Verpächter sicher bereit, die Küche umzubauen. Nach vier Jahren waren die ersten beiden Pächter tatsächlich Bankrott gegangen. Mein Kunde hatte aber zwischenzeitlich mit einem klügeren Pächter einen weiteren optimal gestalteten Betrieb angepachtet. Der neue Betrieb ist übrigens sehr wirtschaftlich und wirft stattliche Gewinne ab.

Beide Erfahrungen zeigen auf, dass es wichtig ist, die Prozesse effizient zu gestalten. Sind die Prozesse wirtschaftlich, dann brauchen Sie weniger Ressourcen und können es sich bequem machen.

Aufgrund meiner Neigung bequem zu sein, habe ich von Anfang an für unsere Kanzlei, aber auch für unsere Kunden immer viel Energie eingesetzt, die Buchführungsprozesse und das Controlling möglichst durchgehend digital abzubilden und Medienbrüche zu vermeiden. Auch die Erstellung von Auswertungen aus verschiedenen Tabellen oder Programmen, die uns laufend im Controlling helfen, lassen wir programmieren, weil die wiederkehrende Erstellung viel zu aufwendig und zeitintensiv ist! Bei wiederkehrenden Tätigkeiten bzw. Prozessen lohnt es sich, diese genau anzusehen und Medienbrüche zu beseitigen, doppelte Arbeiten zu beseitigen und unsinnige Arbeitsschritte zu eliminieren. Wenn Sie diesen Weg nicht gehen, überholen Sie vielleicht andere Marktteilnehmer und Sie sind vielleicht nicht mehr wettbewerbsfähig. Gerade in Krisenzeiten beschleunigen sich solche Veränderungen, daher sollte man immer in der Rolle des Agierenden bleiben.

EMPFEHLUNG 18:

Seien Sie bequem!

9 Die digitale Kanzlei als strategische Entscheidung

von Steffi Köchy-Gellfart

»Unternehmerin sein, heißt: Überblick haben, koordinieren, Ziele setzen und Richtung weisen.«
Marlies Blohm-Harry

Die Digitalisierung betrifft uns alle in nahezu allen Lebensbereichen. Es wäre gewiss eine Anmaßung behaupten zu wollen, dass vor allem Steuerberaterinnen und Steuerberater mit dem digitalen Wandel umgehen müssen. Gleichwohl ist mit diesen aber eine Branche in grundlegender Weise betroffen, denn in einer Kanzlei steht die Verarbeitung digitaler Daten schon längst im Zentrum der Tätigkeit. Deshalb sollten Beraterinnen und Berater sich auch gar nicht die Frage stellen, wie Digitalisierung einzuführen wäre, sondern vielmehr sollten sie sich fragen, wie sie die bisherigen digitalen Prozesse effizienter und effektiver gestalten können. Wir alle sind schon mitten in der Digitalisierung, nutzen aber noch längst nicht alle Möglichkeiten. Das ist die wichtige neue Perspektive. Natürlich arbeiten wir am Computer, übermitteln wir digital Daten, aber allein die Verwendung digitaler Technik macht noch lange keine erfolgreiche Digitalisierung aus.

Der frühere Vorstandschef von Telefonica Deutschland, Thorsten Dirks, sagte es so: »Wenn Sie einen Scheißprozess digitalisieren, dann haben Sie einen scheiß digitalen Prozess.« Das mag etwas polemisch klingen, trifft aber eine Wahrheit, die viele Kanzleien noch meiden. Es geht bei der Digitalisierung nicht nur darum, von analog auf digital umzustellen, sondern alle Arbeitsprozesse kritisch zu prüfen und den neuen Bedingungen anzupassen. Dies geht weit über das Feld der digitalen Technologie hinaus. Betroffen sind neue Arbeitszeitenmodelle, Anpassung der Arbeitsplätze, Fragen der Hierarchie und Mitarbeiterbeteiligung, der Mandantenbindung und der Unternehmenskultur. Kurzum: Die Digitalisierung rüttelt an den konventionellen Vorstellungen von Kanzleiführung. Die neuen Perspektiven können hier nur annäherungsweise vorgestellt werden, was aber ausreicht, um die Tragweite für Steuerberaterinnen und Steuerberater hervorheben zu können. Entscheidend ist der Blick auf **digitale Angebote** und die Frage nach der **Gestaltung individueller Anwendungen**.

9.1 Die wichtigsten digitalen Angebote

9.1.1 »Steuer-Software«

Hatten Sie je Angst oder Bedenken, dass Software zur Steuererklärung die Kanzleien einmal überflüssig machen würde? Mit Programmen wie LEXOFFICE, WISO oder QUICK-STEUER können Privatpersonen und Unternehmen selbst ihre Steuererklärungen ausfüllen und an die zuständigen Ämter übermitteln. Auch die Buchhaltung kann mittels solcher Programme selbstständig ausgeführt werden. Trotz dieser Angebote greifen viele Unternehmen früher oder später auf eine professionelle Betreuung zurück. Auch das von den deutschen Steuerverwaltungen angebotene ELSTER-Portal ändert an diesem Trend wenig. Und auch wir als Steuerberaterinnen und Steuerberater nutzen schon längst Software wie DATEV, um unsere Prozesse digital durchzuführen.

Trotz der Zunahme an Angeboten von Steuer-Software haben Kanzleien nach wie vor große Mandantenstämme. Vielleicht greifen vor allem Arbeitnehmerinnen und Arbeitnehmer für ihre jährliche Steuererklärung mehr als früher auf Software und Eigeninitiative zurück, aber gerade Unternehmen nutzen die Angebote der Kanzleien. Hier besteht die Möglichkeit, den Trend der Digitalisierung aktiv zu gestalten, indem die Kanzleien jene Aspekte wahrnehmen, die eine Steuer-Software nicht bieten kann. Das sind in erster Linie **individuelle** und **intensive Beratungsleistungen** und Besprechungen. Als Steuerberaterin bzw. Steuerberater haben wir die Möglichkeit, unsere Mandantinnen und Mandanten optimal vorzubereiten auf sämtliche Entscheidungen seitens der Finanzämter. Daher sei an dieser Stelle nochmals auf Thorsten Dirks verwiesen: »Wenn Sie einen Scheißprozess digitalisieren, dann haben Sie einen scheiß digitalen Prozess.« Die Steuer-Software kann nur so gut sein, wie die Anwenderin oder der Anwender sie nutzt. Wir sollten uns darauf einstellen, in Zukunft weniger auf die formellen Prozesse einzugehen, sondern verstärkt auf die Beziehungen zu unseren Mandantinnen und Mandanten.

9.1.2 Bewertungsportale für Steuerberater

In diesem Zusammenhang ist die Kommunikation nach außen auch ganz im Eigeninteresse der Kanzlei zu verstehen. Im Internet gibt es zahlreiche Plattformen zur Bewertung von Produkten, Leistungen und Dienstleistungen. Während die Mehrzahl der Menschen Urlaubsorte, Hotels, Restaurants etc. bewertet, gibt es auch zunehmend ein Interesse daran, Steuerberaterinnen und Steuerberater öffentlich zu bewerten. Dabei spielt es keine Rolle, ob die Bewertung bei Google veröffentlicht wird oder auf speziellen Bewertungsseiten für Kanzleien. Wie Marketing-Untersuchungen zeigen, sind Bewertungen gegenwärtig (und voraussichtlich auch künftig) maßgebende Entscheidungshilfen für

Mandantinnen und Mandanten. Bei großen Online-Händlern hängt die Kaufentscheidung von dem Grad der Bewertung und den Rezensionen ab. Die Userinnen und User verlassen sich auf die Erfahrungen von anderen Menschen und fragen eher selten, ob eine Bewertung berechtigt ist oder nicht. Das zwingt viele Unternehmen dazu, sich gegenüber Kundinnen und Kunden so positiv wie möglich zu präsentieren. Je bessere und je mehr Bewertungen ein Unternehmen hat, desto höher ist die Wahrscheinlichkeit, dass mehr Userinnen und User auf dieses zukommen.

Für Steuerberaterinnen und Steuerberater kann dies eine große Chance sein, sich öffentlich zu positionieren. Es birgt aber auch eine immense Gefahr, die es auch für andere Berufsgruppen gibt. In in Branchen mit einem sehr hohen Expertenwissen können die Kundinnen und Kunden nicht immer Entscheidungen oder Konsequenzen nachvollziehen. Gerade negative Konsequenzen werden auf das Unternehmen gemünzt, welches dann eine schlechte Bewertung erhält. Hier sollten Kanzleien unbedingt transparent und intensiv mit ihren Mandantinnen und Mandanten zusammenarbeiten, um Entwicklungen und Entscheidungen nachvollziehbar erklären zu können.

Die **Bewertungen** sollten als **Marketinginstrument** verstanden werden und als eine Möglichkeit, Feedback einzuholen, um sich als Kanzlei weiterentwickeln zu können. Auch hier zeigt sich letztlich das gleiche Phänomen wie bei der Steuer-Software: Wir sollten uns stärker dem unmittelbaren Mandantenkontakt zuwenden, anstatt uns nur mit den Verfahren der Buchhaltung und mit Steuererklärungen zu befassen.

9.1.3 Vielfältige Kommunikationskanäle

Für einen intensiveren Kontakt zu Mandantinnen und Mandanten stehen uns mittlerweile zahlreiche Möglichkeiten zur Verfügung. Deshalb geht es auch weniger um die Frage, welche Kommunikationskanäle zu nutzen sind und welche nicht, sondern vielmehr darum, zu klären, welche Kommunikationsmodelle sinnvoll sind. Das hängt auch mit den Arbeitszeit- und Arbeitsplatzmodellen zusammen. Während ein Kontakt per Telefon oder Briefpost noch recht konventionell ist, kann darüber nachgedacht werden, mit den Mandantinnen und Mandanten auch digital in Kontakt zu bleiben. Whatsapp, Facebook oder private Chaträume auf der eigenen Website sind nur einige Möglichkeiten, die in einer digitalen Kanzlei genutzt werden sollten. Hierbei müssen Sie aber klären, wie die Kontakte zu gestalten sind. Gerade wenn die Grenzen zwischen Präsenzbüro und Homeoffice verschwimmen, sollten Gesprächszeiten vereinbart werden, damit es zu keiner uferlosen Kommunikation kommt.

Wichtig ist, dass wir den Trend der zunehmenden Erreichbarkeit intelligent nutzen, statt uns gegen ihn zu stellen. Die Zeit ist schnelllebig und immer mehr Menschen sind »always on«, so dass sie dies auch von ihren Beraterinnen und Beratern erwarten. Es ist heutzutage nicht mehr wichtig, wo Mandantinnen oder Mandanten wohnen. Sie können Unterlagen digital verfügbar machen und Details können im digitalen Kontakt geklärt werden. Auch Teamsitzungen oder digitale Telefonate sind denkbar. Skype oder Zoom sind nur zwei Optionen, die Verwendung finden können.

9.1.4 Cloud-Dienste

Gerade wenn Mandantinnen und Mandanten nicht in der Nähe wohnen bzw. ihren Betriebsstandort weiter weg haben, sollten die digitalen Angebote erweitert werden. Neben den Kommunikationskanälen sind Cloud-Dienste das Mittel der Wahl. Wenn diese Programme einwandfrei funktionieren und der Datenschutz eingehalten wird, kann eine Mandantin gerade in den USA sein und Sie können aus Ihrer Kanzlei oder dem Homeoffice heraus auf ihre hochgeladenen Unterlagen zugreifen. Der Vorteil von Cloud-Angeboten liegt darin, dass man jederzeit und von überall aus auf die Dateien zugreifen kann. Sowohl die Mandantinnen und Mandanten als auch die Steuerberaterinnen und Steuerberater sind so **flexibler und unabhängiger** in ihrem Tun. Damit wird die Schnelligkeit der **Zusammenarbeit mit den Mandantinnen und Mandanten immens gesteigert**, weil die Prozesse dynamischer sind und beidseitig Dokumente schnell verfügbar gemacht und besprochen werden können. So schließt sich der Kreis zu den digitalen Kommunikationswegen.

Letztlich dürften sich all diese Entwicklungen in den nächsten Jahren intensivieren und ausdifferenzieren, so dass es für eine Steuerkanzlei heute schon notwendig ist, sich mit diesen neuen Entwicklungen auseinanderzusetzen. Ganz im Sinne von Bruce Lee, dem berühmten Schauspieler und Kampfkünstler, gilt: »Nimm an, was nützlich ist. Lass weg, was unnütz ist. Und füge das hinzu, was dein eigenes ist.«

9.2 Chancen und Risiken

Die neuen Perspektiven bieten für Steuerberaterinnen und Steuerberater maßgebende Chancen der eigenen Entwicklung und der Positionierung am Markt. Gleichzeitig kann dies nur gelingen, wenn die Risiken kalkulierbar und steuerbar sind. Es reicht nicht aus, lediglich digitale Technik statt analoger Verfahren zu nutzen. Das sollte hinlänglich bekannt sein. Mit der Digitalisierung einer Steuerkanzlei gehen fundamentale Veränderungen einher, was sich auf alle Dimensionen der beruflichen Tätigkeit erstreckt. Dies liegt vor allem an den neuen Möglichkeiten, die die Digitalisierung bietet. Doch genau hier liegen Chancen und Risiken nah beieinander.

Um eine digitale Kanzlei aufzubauen, braucht es eine kritische Ist- und Soll-Analyse. Hier kann man auf externe Anbieter und Berater zurückgreifen, die bei der Umstellung der Kanzlei helfen. Eine Kanzlei kann sich aber auch eigenständig transformieren, was auch im Selbstverständnis vieler Kanzleien liegen dürfte, die schon länger andere Unternehmen beraten. Würde ein Stuntman, der Schauspieler ist, seine Stunts an einen anderen Stuntman abgeben? Vermutlich nicht. Kanzleiinhaberinnen und -inhaber sind Unternehmerinnen bzw. Unternehmer. Das heißt, sie sollten ihre »Stunts« auch selbst durchführen. Das ist nicht nur eine Frage der Authentizität, sondern auch eine ökonomische Frage. Steuerberaterinnen und Steuerberater sollten es – salopp gesagt – »drauf haben«. Ausgangspunkt sind die Chancen und Risiken, die mit dem digitalen Wandel einhergehen.

9.2.1 Chancen

Die größten Chancen einer digitalen Kanzlei liegen in

- geringeren Investitionskosten,
- weniger Papieraufwand,
- einer deutlich verbesserten Kommunikation,
- einer höheren Transparenz und
- in agilen Arbeitsweisen.

Aber Achtung! Diese Chancen gibt es nur für jene, die darin auch Chancen sehen. Sie sind nicht objektiv da, sondern müssen subjektiv erkannt und erarbeitet werden. Gerade junge Kanzleien können viele **Kosten sparen**, wenn sie ganz auf die Digitalisierung setzen. Abgesehen von adäquater Steuer-Software gehen damit nämlich auch die agilen Arbeitsweisen Hand in Hand, so dass es noch nicht einmal erforderlich ist, eigene Kanzleiräume zu besitzen. Wenn junge Steuerberaterinnen und Steuerberater ihr Kapital sparsam verwenden wollen, können sie dank der digitalen Technik auf Homeoffice oder Co-Working-Spaces zurückgreifen. Wenn alle Dokumente in einer Cloud abrufbar sind, ist das Arbeiten von überall her möglich, wo es eine stabile Internetverbindung gibt. Damit kommt es zwangsläufig zu einer **völligen Umgestaltung von Arbeitsmodellen**. Das setzt wiederum entsprechende Kompetenzen bei den Mitarbeiterinnen und Mitarbeitern voraus. Junge Kanzleien können hier auf die jungen Generationen zurückgreifen. Bestehende Kanzleien können dies auch, sollten aber auch an die Weiterbildung der älteren Fachkräfte denken. Bereits hier zeigt sich, dass die Chancen erarbeitet werden müssen. Es reicht nicht, digitale Technik zur Verfügung zu stellen.

Mit der Digitalisierung verlieren analoge Prozesse an Bedeutung. Zwar sind Unternehmen noch immer angehalten, ihre Rechnungen in Papierform zu behalten, aber für die Kanzleien ist der Aufwand im Umgang mit Papieren deutlich geringer. Solange alle Dokumente in digitalisierter Form vorliegen, kann unmittelbar mit diesen gearbeitet werden. Durch die digitalisierten Ablagen bleiben lange Suchzeiten erspart. Mit den Dokumenten kann sofort am PC gearbeitet werden und man kann sie schnell den Mandantinnen, den Mandanten oder den Ämtern zur Verfügung stellen. Auch Postwege bleiben erspart, damit Wartezeiten oder Fristüberschreitungen.

Der wichtigste Punkt dürften aber die **verbesserten Kommunikationsmöglichkeiten** sein. Daten können innerhalb weniger Sekunden weltweit vermittelt werden und man selbst bleibt als Kanzlei für seine Mandantinnen und Mandanten erreichbar. Hier liegt die Chance darin, nicht nur mehrere Kommunikationskanäle anzubieten, sondern jene Kanäle zu nutzen, die die Mandantinnen und Mandanten auch in ihrem Alltag verwenden. Soziale Netzwerke oder Messenger-Dienste sind das Mittel der Wahl, wenn es um digitale Kommunikation geht. Vorsicht ist geboten, wenn die Kommunikation nicht dosiert verläuft, sondern immer ermöglicht wird. Keine Steuerberaterin und kein Steuerberater möchte nachts um eins von seinen Mandantinnen oder Mandanten kontaktiert werden. Hier sollte strikt zwischen privaten und beruflichen Kontaktkanälen unterschieden werden. Mit den verbesserten Kommunikationsmöglichkeiten geht eine höhere Transparenz einher. Dies ist auch als Chance zu verstehen, weil so die Mandantinnen und Mandanten besser an die Kanzlei gebunden werden können. Die Unternehmen und Privatpersonen sourcen nicht einfach ihre Steuerangelegenheiten aus, sondern erhalten eine kontinuierliche **Verbindung zu Expertinnen und Experten**. Diese Verbindung fußt auf Vertrauen, Erreichbarkeit, Verständnis und Sympathie. Das heißt, die Digitalisierung macht es erforderlich, soziale Kompetenzen in den Fokus zu nehmen. Das betrifft auch die Unternehmenskultur, denn wenn man schon in der Kanzlei auf diese Aspekte kaum Wert legt, können sie auch nicht nach außen transportiert werden. Deshalb ist einmal mehr die These bestätigt, dass die Digitalisierung einen grundlegenden Wandel meint, der auch den Umgang mit Menschen einbezieht.

Eine weitere Chance der Digitalisierung liegt darin, dass **Agilität** gefördert werden kann. Hier tun sich gerade ältere Kanzleien schwer, die über Jahre ihre Strukturen aufgebaut haben. Diese Strukturen sind folgerichtig relativ starr, was dem Konzept der Agilität gegenübersteht. Mit einer umfassenden Digitalisierung haben Kanzleien aber die Chance, die Arbeitsprozesse immer wieder neu anzupassen, nämlich an die sich immer schneller ändernden Bedingungen. Das betrifft sowohl den Kontakt zu den Mandantinnen und Mandanten als auch die Grenzen und Möglichkeiten der Mitarbeiterinnen und Mitarbeiter.

Wir können als digitale Kanzlei unserem Team Entfaltungsmöglichkeiten bieten. Wir können ihm Freiraum zur Verfügung stellen, damit es proaktiv tätig wird. Auch hier zeigt sich einmal mehr, dass es nicht so sehr um die digitale Technik geht, sondern um die Frage, ob und inwieweit wir bereit sind, unserem Team echte Verantwortung zu übergeben. Damit sind wir in den Feldern der Unternehmenskultur und Mitarbeiterbindung. Die Digitalisierung erlaubt es einer Kanzlei, individuelle Arbeitsweisen zu etablieren und Unternehmensziele mit den Zielen der Mitarbeiterinnen und Mitarbeiter in Einklang zu bringen. Doch last not least geht es letztlich um den Unternehmenserfolg. **Wir müssen verstehen, dass wir einem schnellen und teils radikalen Wandel unterliegen, den wir mit starren Strukturen nicht bewältigen können.** Wenn wir flexibler werden in Arbeitsweisen, Kompetenzerwartungen und Technik können wir schneller aktiv handeln, statt nur zu reagieren. Ein unbeständiges Umfeld macht entsprechend Flexibilität notwendig. Wir wissen nicht, was morgen sein wird, sollten aber vorbereitet sein, auf Änderungen rasch reagieren zu können.

9.2.2 Risiken

In einer digitalen Kanzlei ist der **Datenschutz** das wohl größte Risiko – nicht nur aus juristischer Sicht, sondern auch aus ökonomischer, denn der Aufwand für einen adäquaten Datenschutz ist enorm. Eine Datenschutzbeauftragte bzw. ein Datenschutzbeauftragter kann fachliche Hilfe bieten, ist aber entsprechend einzukalkulieren. Weiterhin müssen alle digitalen Dokumente stets verfügbar sein. Eine instabile Technik wäre der K.O.-Schlag. Hinzu kommen als weiteres Risiko unzureichende digitale Kompetenzen beim Personal. Das bedeutet, dass Weiterbildungen zu initiieren wären. Menschen, die an digitale Technik nicht gewohnt sind, was vor allem ältere Arbeitskräfte betrifft, müssen auf den Stand der Dinge gebracht werden. Das kann weitere Risiken mit sich bringen, nämlich unter anderem die Frage nach Lernbereitschaft und Lernerfolgen. Auch muss ein betriebliches Gesundheitsmanagement angedacht werden, um das Personal zu schützen. Neben ungünstigen Körperhaltungen und viel Bildschirmarbeit sind es auch psychische Belastungen, die berücksichtigt werden müssen.

Eine solche Belastung ist die »**Always-on-Kultur**«, die sich zunehmend in Unternehmen etabliert. Das heißt: Die Arbeitskräfte sind immer erreichbar, sie sind »always on«. Diese Entwicklung pauschal abzulehnen ist jedoch falsch, hier sollte sich am Einzelfall orientiert werden. Gerade Menschen der Generation Z sind es gewohnt, immer erreichbar zu sein. Es gibt Menschen, die kein Problem damit haben, in ihrer Freizeit sich beruflichen Anliegen zu widmen. Aber es gibt eben auch Menschen, die genau darin ein Problem sehen. Sie wünschen sich eine fest definierte Arbeitszeit und freuen sich dann auf die Freizeit, die wir als Führungskräfte natürlich wahren sollten.

»Always-on« ist als Gefahr einzustufen, weil darunter unsere Mitarbeiterinnen und Mitarbeiter leiden könnten. Das ist aber nicht zu pauschalisieren, weshalb der Einzelfall betrachtet werden muss, was wiederum den Kreis zur Agilität schließt. Wir sollten so flexibel sein, dass wir unsere Arbeitskräfte entsprechend ihrer Stärken und Schwächen variabel einsetzen können. Damit einher gehen aber auch weitere Risiken, nämlich die **Personalsuche und die Mitarbeiterbindung.** Gerade junge Menschen gehen nicht mehr den konventionellen Weg, ein einmal betretenes Unternehmen bis zur Rente als Arbeitgeber zu behalten. Wir müssen qualifizierte Kräfte halten und ihnen entgegenkommen. Auch bei der Personalsuche ist es erforderlich, auf die Bedürfnisse der Bewerberinnen und Bewerber einzugehen. Eine Steuerkanzlei wird mittelfristig verschwinden, wenn sie nur die eigenen Ziele im Blick hat und die Arbeitskräfte als Mittel zum Zweck ansieht. Deshalb ist es naheliegend, die Unternehmensziele mit den Zielen der Arbeitskräfte zu verbinden. Damit arbeitet das Personal nicht für fremde Ziele, sondern auch für seine eigenen, was der Arbeitsmoral und Mitarbeiterbindung zugutekommt.

9.3 Die Digitalisierung unserer Kanzleistruktur

9.3.1 Entwicklung und Status quo

Wir arbeiten seit 2005 mit dem Dokumentenmanagementsystem der DATEV und versenden seit einigen Jahren ca. 80 % des Schriftverkehrs per E-Mail. Im DATEV-Arbeitsplatz haben wir uns zusätzlich den Status zur Unterschrift Kanzleileitung/Teamleitung und »Freigegeben« programmieren lassen. Dies bedeutet, dass nach Freigabe der Dokumente der Versand durch den Mandatsverantwortlichen unmittelbar per E-Mail erfolgt oder bei Papierform der Schriftsatz zum Postausgang gesetzt wird. Mit dieser Verfahrensweise können wir unser 4-Augen-Prinzip leben. In der Postmappe befinden sich ausschließlich Dokumente, die bereits vor dem Ausdruck ggf. korrigiert wurden. Diese Verfahrensweise hat sich optimal zu Corona-Zeiten bewährt. Selbstverständlich nutzen wir die elektronische Rückübertragung der Bescheiddaten und auch DIVA (Digitale Veranlagung), sodass die Bescheide per E-Mail eingehen und das Scannen der Bescheide entfällt. Bedauerlich ist, dass diese Möglichkeiten nur für einen Teil der Bescheide nutzbar sind und immer wieder unterschiedliche Prozesse nebeneinander in der Kanzlei laufen. Gute Erfahrungen haben wir gemacht, wenn wir bei Einsatz neuer Verfahren die Dokumente gesondert bei der Ablage im DMS kennzeichnen, z. B. steht zusätzlich im Betreff »DIVA« bei diesen Bescheiden. Dies hat den Vorteil, dass die Bearbeiterin bzw. der Bearbeiter sofort weiß, ob die Mandantin bzw. der Mandant den Bescheid bereits unmittelbar nach Eingang erhalten hat.

Mit Beginn der Digitalisierung in 2008 haben wir einen Verantwortlichen für die Einrichtungen bei unseren Mandantinnen und Mandanten eingesetzt, der auch als Ansprechpartner für Fragen der Mitarbeiterinnen und Mitarbeiter zu technischen Themen bereitstand. Bei einem Mitarbeiterwechsel wurden Externe wie z. B. die DATEV zur Einarbeitung des »Technikmitarbeiters« hinzugezogen. Dabei sind die Anforderungen an die technischen Kompetenzen der Mitarbeiterinnen und Mitarbeiter vielfältig. Ein gutes technisches Verständnis und Interesse sind zwingend. Zusätzlich bedarf es guter Kommunikationsfähigkeiten für Schulung und Beantwortung der Fragen unserer Mandantinnen und Mandanten. Intern sind die Informationen zeitnah an die jeweilige Steuerfachfrau bzw. an den jeweiligen Steuerfachmann weiterzugeben, sodass gegenüber unseren Mandantinnen und Mandanten »eine Sprache« gesprochen wird. Die Bearbeiterin bzw. der Bearbeiter der Finanzbuchhaltung erhält die Informationen, wann und wie welche Belege bereitgestellt werden. In der Lohnbuchhaltung geht es in der Regel um die Frage, welche Lohnzahlungen künftig unseren Mandantinnen und Mandanten im Unternehmen online zur Zahlung zu übergeben sind. Zusätzlich soll nach der Umstellung unser Tool Kanzlei One genutzt werden. Hierüber können alle Fragen zur Lohn- und Finanzbuchhaltung miteinander sehr schnell geklärt werden. Gern nutzen wir den Bereich Drive im Kanzlei One, in dem Word- und Excel-Dokumente gemeinsam bearbeitet werden. Die Auswertungen erhalten die Mandantinnen und Mandanten rechtssicher über das Programm DATEV Unternehmen online bereitgestellt. Kanzlei One wird von uns auch für die Erstellung von Telefonnotizen genutzt. Dies hat den Vorteil, dass diese jederzeit mit Kommentaren fortgesetzt werden können und der Verlauf ersichtlich ist. Dabei wurden jede Mandantin bzw. jeder Mandant mit der Bezeichnung »intern« angelegt. Sofern die Mandantin/der Mandant das System ebenfalls nutzt, gibt es die Mandantin/den Mandanten zusätzlich mit der Ergänzung »extern«. Daher ist darauf zu achten, dass bei internen Notizen auch die richtige Mandantin bzw. der richtige Mandant ausgewählt wird.

Wir haben eine umfangreiche ProCheck-Liste »Technik« erarbeitet, sodass in dem gesamten Einrichtungs- und Abstimmungsprozess nichts vergessen wird. Nach Abschluss der Umstellung wird in unserer technischen Übersicht vermerkt, was unsere Mandantinnen und Mandanten nutzen. Die »frisch« umgestellten Mandantinnen und Mandanten werden die ersten sechs Wochen wöchentlich von dem Mandatsverantwortlichen betreut, sodass ein zeitnahes Feedback zur korrekten Arbeit mit dem System gegeben werden kann. Wenn sich Fehler erst einmal manifestiert haben, ist die Korrektur deutlich schwieriger. Deshalb sollte von Vornherein präzise und ausführlich gearbeitet werden. Wir sind bemüht, die wöchentliche Bearbeitung beizubehalten. Die Vorteile bestehen darin, dass sich der Arbeitsaufwand bei umfangreichen Buchhaltungen verteilt und wir unsere Mandantinnen und Mandanten intensiver und zeitnah beraten können. Des Weiteren sind mir einheitliche Prozesse in der Kanzlei wichtig, sodass ich zum 01.01.2012 entschieden habe, alle Buchhaltungen digital zu führen. Wir haben in der Kanzlei für die analogen Mandantinnen und Mandanten die Belege gescannt. Dies hatte den Vorteil, dass bei jedem Jahresabschluss alle Belege verknüpft waren. Es brauchte keine Festlegungen mehr, welche Belege für die Erstellung des Jahresabschlusses benötigt werden würden. Zunächst ist der Zeitaufwand für das Scannen und Bearbeiten der Buchhaltung gestiegen. Jedoch war bei den meisten Mandantinnen und Mandanten nach drei Monaten kein Unterschied mehr festzustellen. Davon unabhängig haben wir immer wieder nach Möglichkeiten gesucht, unseren Mandantinnen und Mandanten die Vorteile der eigenen Nutzung des digitalen Systems näher zu bringen, sodass dies aktuell circa 60 % der Mandantschaft nutzen.

In den letzten Jahren ist vermehrt die Nutzung von Schnittstellen aus den vorhandenen Vorsystemen der Mandantschaft hinzugekommen. Dies betrifft in der Regel die Ausgangsrechnungen und die Barkasse. Zurzeit arbeiten die Softwarehersteller mit den Datevschnittstellen Datevconnect und Datev Connect online. Wir nutzen Beleg2buchen, wenn nur eine CSV-Datei und eine Bilddatei getrennt ausgegeben wird, um beides miteinander zu verbinden. Dies alles hat zur Folge, dass die Wege für das Einspielen der Daten in das DATEV-Rechnungswesen oftmals unterschiedlich sind. Hier übernimmt unser technischer Mitarbeiter die Einrichtung der Schnittstelle in Zusammenarbeit mit dem Softwareanbieter und das erstmalige Einspielen der Daten in das DATEV -Rechnungswesen. Es wird von ihm ein kurzes Video erstellt, welches die Mandantenverantwortliche bzw. der Mandatsverantwortliche nutzt, wenn sie/er beim nächsten Mal die Daten selbst überträgt. In den letzten Jahren haben wir viele verschiedene Tools für die Bereitstellung von Unterlagen an uns ausprobiert, da häufig Funktionen (z. B. Weiterleitung der Eingangsrechnungen per E-Mail) eingebaut sind, auf die wir bei der DATEV lange Jahre teilweise vergeblich gewartet haben. Jedoch stellten wir fest, dass dafür Probleme an anderer Stelle auftraten und immer weiterer Schulungsbedarf erforderlich war. Aktuell bieten wir vollumfänglich unseren Mandantinnen und Mandanten DATEV Unternehmen online an und binden entsprechende vorhandene Vorsysteme wie oben dargestellt ein.

In unseren Besprechungen in der Zukunftswerkstatt werden unsere Mitarbeiterinnen und Mitarbeiter über die Neuerungen in den vorhandenen Systemen informiert. Letztendlich funktioniert eine gute Digitalisierung nur, wenn die Zusammenarbeit zwischen der Technik und dem Team reibungslos verläuft. Dabei gilt der alte Spruch: »Informationen sind Hol- und Bringschulden!« Selbstverständlich habe ich von Anfang an das Projekt »Digitalisierung« zur Chefsache erklärt und immer wieder unsere vorhandenen Prozesse hinterfragt. Sofern neue Produkte, wie z. B. DATEV »Meine Steuern«, freigegeben werden, nutzen wir diese und bieten sie unserer Mandantschaft an. Ganz neu bieten wir eine wöchentliche Lohn- und Einkommensteuersprechstunde an, bei der die Terminbuchung möglichst über unsere Homepage oder einen per E-Mail zur Verfügung gestellten Link erfolgen soll. Dies hat den Vorteil, dass bereits Informationen im Vorfeld abgefragt werden und eine bessere Gesprächsvorbereitung möglich ist. Ggf. wird dieses Angebot in Zukunft für andere Themen ausgebaut. Über unsere wöchentliche Zukunftswerkstatt verbinden wir die Digitalisierung mit der Beratung. Jede Woche besprechen alle in das Mandat involvierten Personen (Lohn, Mandatsverantwortlicher, Kanzleileitung) zehn Fragen zu den Mandanteninnen und Mandanten und werten gemeinsam die aktuelle betriebswirtschaftliche Auswertung aus. Dies wird dokumentiert und es wird festgelegt, wer in welchen Rahmen die Mandantinnen und Mandanten kontaktiert und berät.

9.3.2 Mitarbeiterauswahl- und Mitarbeiterbindung

Eine digitale Kanzlei impliziert ständige Fortbildung sowie fachlich als auch technisch auf dem aktuellem Stand tätige Fachkräfte. Durch unsere umfangreichen Fortbildungen investiere ich sozusagen in den Marktwert und die »Beschäftigungsfähigkeit« meiner Mitarbeiterinnen und Mitarbeiter. Auf der anderen Seite ist unsere Kanzlei für Mitarbeiterinnen/Mitarbeiter sehr attraktiv, da wir herausragende Bildungsmöglichkeiten zur Verfügung stellen.

Wir bieten In-House-Seminare über das IFU-Institut an und führen »Nichtsteuerliche Workshops« durch. Diese Workshops werden über unsere Benchmarkgruppe »Steuerspezialisten« organisiert, seit 2020 laden wir zu unseren eigenen Workshops ausgewählte Mandantinnen und Mandanten ein. Die technische Fortbildung erfolgt über den DATEV PC-Club, die Teilnahme am Thementag Rechnungswesen oder entsprechende Seminare unserer Verbände. Zusätzlich finden regelmäßige themenbezogene Workshops für die Mitarbeiter der Kanzleien unserer Benchmarkgruppe statt. So sind wir für die Organisation des Lohn-Workshops zuständig und laden die Lohnbearbeiterinnen und -bearbeiter der anderen Kanzleien zum Austausch ein. Der Workshop erfolgt 2020 erstmalig online. Dazu werden im Vorfeld die Themenwünsche gesammelt und zusammen mit dem dazugehörigen Praxisbeispiel diskutiert.

Im Durchschnitt liegt der Zeitaufwand für die Fortbildung bei einer Mitarbeiterin bzw. einem Mitarbeiter ohne Zusatzabschluss bei zwei bis drei Wochen/Kalenderjahr. Hier stehen wir auf Platz 1 innerhalb unserer Benchmarkgruppe. In den jährlichen Mitarbeitergesprächen frage ich die individuellen Fortbildungswünsche ab. Entscheidet sich jemand für die Weiterbildung zum Bilanzbuchhalter/Steuerfachwirt oder Steuerberater, übernehme ich diese Fortbildungskosten und gewähre auch im Bedarfsfall entsprechenden Bildungsurlaub. Sicherlich handelt es sich um eine Win-win-Situation. Unsere kompetenten Mitarbeiter sind das Aushängeschild der Kanzlei und stehen jeden Tag unseren Mandanten mit Rat und Tat zur Seite.

Ein weiteres Ziel aus unserem Innovations-Workshop ist die Einführung einer 25-Stunden-Woche in der Kanzlei. In unserer Kanzlei arbeiten überwiegend Mütter, sodass die Herausforderung besteht, Beruf und Familie unter einem Hut zu bringen. Entsprechend der Situation wurde ein sehr flexibles **Arbeitszeitenmodell** eingeführt, das wir regelmäßig auf die Vor- und Nachteile prüfen. Hierzu haben wir Folgendes vereinbart:

1. Es gibt keine festgelegten Arbeitszeiten (außer Sekretariat und Auszubildende). Anwesenheit ist über den Status »verfügbar« in der Telefonanlage zu kennzeichnen.
2. Es besteht die Rückrufgarantie (intern und extern) aller Mitarbeiter innerhalb von zwei Stunden während der Bürozeiten.
3. Es besteht Anwesenheitspflicht in der Kanzlei für jeden Mitarbeiter an mindestens zwei Tagen/Woche und bei folgenden Terminen:
   - Zukunftswerkstatt
   - Mandantentermine
   - Seminare
   - Mitarbeiterbesprechungen
   - Jour fixe
   - Besprechungen Kanzleileitung & Mitarbeiter

Jeder verpflichtet sich, die Termine im Kanzleikalender und in seinem persönlichen Kalender täglich zu prüfen. Bei Ausübung der Vertretung ist zusätzlich der Kalender der vertretenen Person zu prüfen. Homeoffice-Zeiten sind im Kalender einzutragen. Des Weiteren ist die Teilnahme an unserem Briefing um 8.30 Uhr für alle Mitarbeiter verpflichtend.

Diese Ideen werden zunächst mit unseren Teamleitern diskutiert und ggf. ergänzt, danach dem gesamten Team vorgestellt. Durch die offene Diskussion fühlen sich unsere Mitarbeiter mit Ihren Problemen von mir wertgeschätzt. Dies wirkt sich positiv auf Ihr Engagement und die Mitarbeiterbindung aus. Selbstverständlich sind für uns gemeinsame Mittagspausen oder die gegenseitige Unterstützung in »Notsituationen«. Nach meinen Erfahrungen ist es wichtig, aus den Möglichkeiten zur Mitarbeiterbindung die zur Kanzlei und zur Kanzleiinhaberin/-inhaber passenden auszuwählen, gezielt einzusetzen und zu leben. Hier ist manchmal weniger mehr.

9.3.3 Online-Seminare

Als im März der Corona-Lockdown Realität wurde war klar, dass mehrere Mandantinnen und Mandanten schnellstmöglich den Antrag auf Soforthilfe stellen mussten. Um ihnen auch in dieser sehr schwierigen Zeit beratend zur Seite stehen zu können, habe ich das Online-Seminar »Corona-Soforthilfe in Sachsen-Anhalt beantragen« eingerichtet. Die

Anträge sollten schnell und korrekt ausgefüllt eingereicht werden, damit sie reibungslos und ebenso schnell von der Investitionsbank Sachsen-Anhalt bearbeitet werden konnten. Dabei waren meine Mandantinnen und Mandanten auf Unterstützung angewiesen. Die Soforthilfe konnte ab dem 30.03.2020 in Sachsen-Anhalt beantragt werden. An diesem Tag gingen circa 8.000 Anrufe bei der Investitionsbank ein. Es war sehr schwierig, dort Antworten auf offene Fragen zur Vorbereitung des Seminars zu erhalten. Zur Unterstützung habe ich mir einen Moderator (diesen Service bieten beispielsweise Online-Marketing-Agenturen an) gesucht, sodass ich mich voll auf den Seminarinhalt konzentrieren konnte. Der Moderator hat die Fragen an mich weitergegeben und sich um die komplette Organisation gekümmert. Dies hat alles etwas aufgelockert. Inhaltlich bin ich sehr pragmatisch vorgegangen. Anhand des Musterantrags der Investitionsbank habe ich meinen Mandantinnen und Mandanten erläutert, was beim Ausfüllen zu beachten ist. Zusätzlich haben wir eine Excel-Datei entworfen und als Berechnungsgrundlage zur Verfügung gestellt. Auf diese Initiative hin haben wir viel positives Feedback von unseren Mandantinnen und Mandanten erhalten, sodass weitere Online-Seminare folgten und auch in Zukunft folgen werden.

Fazit

1. Durch die Teilnahme der Mitarbeiterinnen und Mitarbeiter an unseren Online-Seminaren haben alle den gleichen Wissensstand und können die im Nachgang auftretenden Fragen der Mandantinnen und Mandanten gut beantworten.
2. Die Mandantinnen und Mandanten haben beim Online-Seminar über den Chat die Möglichkeit Fragen zu stellen, sodass diese sofort beantwortet werden können.
3. Die Online-Seminare werden aufgezeichnet, sodass auf Wunsch unsere Mandantinnen und Mandanten die Informationen im Nachgang erhalten können.
4. Unsere Online-Seminare sollen zukünftig in den YouTube-Kanal unserer Kanzlei eingestellt werden.

Wie organisieren wir die Online-Seminare?

1. Ich lege das Thema fest und stimme den Termin mit dem Organisator (Moderator) ab. Der Organisator schickt uns den Link für die Anmeldung.
2. Über das Programm »Marketing & Vertrieb« erhalten unsere Mandantinnen und Mandanten die Einladung zum Online-Seminar. Zeitgleich wird es auf unserer Homepage und auf unseren anderen Kanälen eingestellt.
3. Es wird eine Power-Point-Präsentation zu den einzelnen Themen erarbeitet.
4. Per E-Mail geht eine Kopie der Anmeldung der Teilnehmenden bei uns ein.
5. Nach dem Online-Seminar erhalten alle Mandantinnen und Mandanten und auf Wunsch auch die die externen Teilnehmerinnen und Teilnehmer die Aufzeichnung des Webinars und ggf. weitere Unterlagen.

Online-Seminare in dieser Form sind sicherlich aufwendiger einfache Rundmails. Jedoch bemerken wir eine höhere Aufmerksamkeit für dieses Format bei unseren Mandantinnen und Mandanten und der persönliche Austausch erhöht auch die Kundenbindung. Das Feedback ist hervorragend und der Bedarf an immer weiteren Themen ist gegeben.

9.3.4 Innovationsworkshop »Digitale Kanzlei 2022«

Anfang März 2020 haben wir mit allen Mitarbeiterinnen und Mitarbeitern sowie fünf Mandantinnen und Mandanten einen **Innovationsworkshop** nach der Edision-Methode veranstaltet. In den Vorgesprächen waren wir zu dem Schluss gekommen, dass es hilfreich für die Erarbeitung unserer Themen wäre, Mandantinnen und Mandanten mit einzuladen, wie z. B. unsere Marketingfirma, mit der wir eng zusammenarbeiten. Die fünf externen Gäste haben uns sozusagen den Spiegel vorgehalten, was uns im Innovationsprozess sehr geholfen hat. Sicherlich sind wir im Vergleich zu einigen Kolleginnen und Kollegen bereits eine digitale Kanzlei. Jedoch arbeiten wir immer noch in zwei Welten, da einige Mandantinnen und Mandanten nach wie vor ihre Unterlagen analog in der Kanzlei einreichen. Hier wollten wir einen alternativen Weg aufzeigen und stärker in der digitalen Welt arbeiten. Des Weiteren war unser Jahresabschlussprozess noch mit sehr viel Papier verbunden. Jahresabschlüsse wurden gedruckt, unterschrieben und wieder eingescannt. Eine immense Mühe!

Der Workshop hat uns in unserer Entwicklung sehr vorangebracht: Innerhalb von zwei Wochen war der Prozess in unserer Kanzlei komplett umgestellt, was ansonsten (und ohne die Notwendigkeiten der Corona-Krise) mindestens vier bis acht Wochen gedauert hätte. Die Jahresabschlüsse werden inzwischen komplett digital vorbereitet und es werden von uns keinerlei Dokumente im Rahmen des Jahresabschlusses mehr ausgedruckt. Alle Jahresabschlüsse 2019 wurden unseren Mandantinnen und Mandanten über das System Docusign zur Unterschrift zur Verfügung gestellt.

Unser Team sieht folgende **Vorteile im digitalen Prozess**:

- Der Jahresabschluss kann jederzeit im Homeoffice erstellt werden, da alle benötigten Unterlagen digital vorhanden sind.
- Auftretende Fragen zwischen Bearbeiterin/Bearbeiter und Kontrolleurin/Kontrolleur können aufgrund der jederzeitigen Verfügbarkeit der digitalen Unterlagen ohne persönliches Gespräch ortsunabhängig geklärt werden.
- Es wird weniger Papier benötigt, da den Mandantinnen und Mandanten die Unterlagen per E-Mail ausgereicht werden.
- Der Ersteller benötigt weniger Zeit für die Zusammenstellung der Jahresabschlussunterlagen.

- Das Sekretariat stellt problemlos die Unterlagen für das Jahresabschlussgespräch über das Programm Docusign zusammen und klärt die organisatorischen Fragen mit den Mandantinnen und Mandanten.

Die **Vorteile für unsere Mandantinnen und Mandanten sind**:
- Die Unterschriftenfelder sind von uns vordefiniert und die Unterschriften sind immer vollständig.
- Die Mandantin bzw. der Mandant entscheidet, ob sie/er einen Kanzleitermin wahrnimmt oder das Jahresabschlussgespräch über Fernwartung oder Videokonferenz erfolgen soll.
- Die gewonnene Zeit können wir für die aktuell relevanten Beratungsthemen verwenden. Hier geben wir Feedback zu vorhandenen Verträgen aus steuerlicher Sicht und sprechen über aktuelle Gesetzesänderungen von der Forschungszulage bis zu den Fragen der Steuerstundung oder des pauschalen Verlustrücktrags im Rahmen der Corona-Krise.

Durch unseren Workshop haben wir erreicht, dass alle Mitarbeiterinnen und Mitarbeiter an unserem Projekt »Digitale Kanzlei« mitwirken und hinter dieser Veränderung stehen. Die wichtigste Erkenntnis aus dem Workshop war für mich, dass jeder Menschentypus für den Innovationsprozess gebraucht wird. In unserer Branche haben wir vorwiegend mit analytisch denkenden Menschen zu tun, Kreativität, Intuition oder »Querdenken« sind oftmals noch unterrepräsentiert. Im Workshop haben wir gelernt und erlebt, dass sowohl die analytischen Kritiker als auch die innovativen Köpfe gebraucht werden, wenn man Dienstleistungen und Prozesse optimieren oder neu erfinden will.

9.3.5 Die Core Story unserer Kanzlei

Zusammen mit unserer Marketingfirma haben wir kürzlich unsere eigene Core Story formuliert. Eine solche »Kerngeschichte« bringt auf den Punkt, was das jeweilige Unternehmen auszeichnet. Sie beantwortet die Frage nach der Motivation und nach der Haltung des Unternehmens und bildet die Basis für die gesamte Unternehmenskultur und -kommunikation. Erarbeitet haben wir die folgende Aussage:

»Wir sind DIE digitale Kanzlei in Sachsen-Anhalt und Partner für KMU in ganz Deutschland. Mit der Basis unserer steuerlichen Kompetenz agieren wir für unsere Mandantinnen und Mandanten als Unternehmensentwickler und Berater in allen relevanten Bereichen. Wir optimieren die Unternehmen in allen digitalen Prozessen, die wir im eigenen Unternehmen geprüft und durchlaufen haben: So vermitteln wir Sicherheit, sparen unseren Partnern Zeit und Geld und nehmen ihnen Verantwortung ab.«

Nun gilt es, diese Story in den nächsten Monaten innerhalb der Kanzlei und in der Außendarstellung zu implementieren. Hier besteht die Herausforderung darin, einerseits die aktuellen Ideen umzusetzen und gleichzeitig weiter an der festgelegten Core-Story zu arbeiten. Dies funktioniert nur mit einem wöchentlichen Austausch.

9.4 Unser Beratungsangebot

Hier unterscheidet sich unsere Vorgehensweise bei Mandantinnen und Mandanten, die schon teilweise das System DATEV Unternehmen online nutzen und bei kompletten Neueinsteigerinnen und Neueinsteigern.

Bei (teilweiser) Nutzung des Systems DATEV Unternehmen online dokumentieren wir in einer Excel-Tabelle, welche Systemteile aktuell genutzt werden und welche Potenziale bestehen. Anhand dieser Tabelle erhält die jeweilige Mandantin bzw. der jeweilige Mandant eine E-Mail mit den für sie/ihn zutreffenden konkreten Empfehlungen mit Terminvorschlag, bis wann die Vorschläge möglichst umgesetzt werden sollten. Das ist ein aufwendiger Prozess. Jedoch ist unser Erfahrungswert aus der Praxis, dass die Mandantinnen und Mandanten gern schrittweise mit dem Unternehmen online beginnen. Solange uns nur Rechnungen über das Portal zur Verfügung gestellt werden, ist die Empfindung der Mandantinnen und Mandanten, damit Vorarbeiten für die Steuerberaterin bzw. den Steuerberater zu erledigen. Sobald jedoch der Zahlungsverkehr genutzt wird, treten zwei Effekte auf:

1. Die Belege werden zeitnah erfasst, die Mandantinnen und Mandanten können damit fristgemäß ihre Zahlungen vornehmen.
2. Es entfällt die Diskussion, dass die Mandantinnen und Mandanten dies nur für die Steuerberaterin/den Steuerberater tun und ihnen damit die Arbeit erleichtern, obwohl sie diesen ein gleichbleibendes Honorar zahlen.

Bei Neueinsteigerinnen und Neueinsteigern gehen wir anders vor. Die Voraussetzungen und Strukturen sind in jedem Unternehmen unterschiedlich: In manchen Unternehmen kümmert sich die Geschäftsführerin/Inhaberin bzw. der Geschäftsführer/Inhaber um alles selbst und in anderen Unternehmen sind diese Aufgaben an Mitarbeiterinnen, Mitarbeiter oder an externe Unternehmen delegiert. Daher beginnt unser Handlungskatalog mit einer umfassenden Information über die Organisation im Unternehmen. Der Ablauf des Beratungs- und Umsetzungsprozesses ist dann wie folgt:

1. **Wie ist Ihr Unternehmen bisher organisiert?**
   Wir führen eine umfassende Befragung zur Unternehmensorganisation durch.
2. **Beratungsbericht mit Handlungsempfehlungen**
   Auf Basis der individuellen Strukturen erarbeiten wir einen Beratungsbericht mit konkreten Handlungsempfehlungen.

3. **Verfahrensdokumentation für Ihre nächste Betriebsprüfung**
   Nach der Umsetzung unserer Handlungsempfehlungen erhalten Sie zusätzlich eine Verfahrensdokumentation, sodass Sie für die nächste Betriebsprüfung gut vorbereitet sind. Die Verfahrensdokumentation dient auch als Grundlage für die weitere Entwicklung der Unternehmensprozesse und ist regelmäßig zu aktualisieren.
4. **Unterstützung bei der Umsetzung der Handlungsempfehlungen**
   Während des gesamten Digitalisierungsprozesses wird die Kundin/der Kunde von einem festen Ansprechpartner betreut. **Auf Wunsch geben wir auch Software- und Technikempfehlungen.** Hier gehen wir von unseren Erfahrungswerten bei gleichen Problemstellungen aus bzw. orientieren uns an den Empfehlungen des DATEV -Marktplatzes für Ihre Branche. Unsere Unterstützung bei der Umsetzung der Handlungsempfehlungen erstreckt sich auf folgende Bereiche:
   - **Prozess Rechnungsausgang**
     Wir recherchieren, welche Schnittstellen wir aus dem jeweiligen Abrechnungsprogramm nutzen können, um papierlos arbeiten zu können. Dies stimmen wir im Regelfall direkt mit dem Softwarebetreuer des Unternehmens ab. Die DATEV bietet hierzu verschiedene Schnittstellen-Lösungen an. Ziel ist, den Buchungssatz zusammen mit dem Beleg zu erhalten.
   - **Prozess Rechnungseingang**
     Wir richten eine E-Mail-Adresse für den Rechnungsempfang der Mandantin/des Mandanten ein und bitten alle Lieferanten die Rechnungen ab sofort dorthin zu schicken. Nach der Umstellung landen die Rechnungseingänge automatisch im DATEV Unternehmen online. Für Rechnungen aus Plattformen wie Amazon & Co. gibt es beispielsweise den Anbieter GETMYINVOICES.COM, der die Rechnungen gleich im DATEV Unternehmen online bereitstellt, sodass das lästige Herunterladen der Rechnungen entfällt. Die Daten sind jeweils in den Portalen zu hinterlegen.
   - **Prozess des bargeldlosen Zahlungsverkehrs**
     Es werden die Geschäftsbanken der Mandantin/des Mandanten im System eingepflegt, sodass die vorher erfassten Eingangsrechnungen direkt aus dem System bezahlt werden. Damit ist jederzeit der Überblick gegeben, welche Rechnungen zur Zahlung anstehen bzw. noch offen sind. Zusätzlich können Sie die Lohnzahlungen bequem darüber abgewickelt werden. Dazu stehen die Übermittlungsverfahren HBCI PIN/TAN oder EBICS zur Verfügung. Auch der Zahlungsdienst Paypal kann eingebunden werden.
   - **Prozess Barkasse, wenn vorhanden!**
     Wir recherchieren, welche Schnittstellen wir aus Ihrem elektronischen Kassensystem nutzen können. Es wird ein Kassendaten-Service von der DATEV angeboten, der die Daten z. B. aus elektronischen Casio-Kassen an die DATEV überträgt, sodass ein zusätzliches manuelles Kassenbuch entfällt. Sofern bisher eine

offene Ladenkasse geführt wird, ist häufig das Kassenbuch online der Da DATEV tev eine rechtssichere Alternative. Eine gute Ergänzung ist das Auftragswesen Online, womit die Belege entsprechend den Anforderungen der Finanzverwaltung erstellt werden können. Der Beleg kann auf Wunsch des Kunden via E-Mail oder in Papierform zur Verfügung gestellt werden.

- **Prozess Lohnabrechnung**
  Auch hier nutzen wir mögliche Schnittstellen Ihres Vorsystems oder stellen unseren Lohn-/oder Gehaltskonverter zur Verfügung. Die Nutzung der digitalen Personalakte empfehlen wir für Mitarbeiterunterlagen. Diese sind streng vertrauliche, persönliche Daten. Die Mandantin/der Mandant stellt uns die Unterlagen über den Belegtyp »Digitale Personalakte« bereit, wir legen die Dokumente mitarbeiterbezogen im System ab. Bei einer personalisierten Suche werden alle Dokumente angezeigt. Der Datenschutz wird selbstverständlich eingehalten und die Dokumente können problemlos für eine Prüfung zur Verfügung gestellt werden.
  Wir empfehlen unseren Mandanten Ihren Mitarbeitern die monatliche Lohnabrechnung über das DATEV -Portal Arbeitnehmer Online zur Verfügung zu stellen. Es entfällt das lästige Verteilen der ausgedruckten und kuvertierten Briefumschläge. Der Mitarbeiter wird informiert, wenn seine Lohnabrechnung für Ihn bereitsteht.
- **Prozess Jahresabschluss/Meine private Steuer**
  Wenn der Beleg bei der Mandantin/beim Mandanten eingegangen ist, kann uns dieser sofort zur Verfügung gestellt werden. Das lästige Heraussuchen im Laufe des Folgejahres entfällt.
- **Arbeitsteilung/Vertretungsregelung**
  Auf Wunsch vergeben wir für verschiedene Nutzerinnen und Nutzer unterschiedliche Rechte, wie zum Beispiel die Einsicht in Lohndokumente oder das Aufteilen des Rechnungseingangsprozesses. Somit kann die Belegerfassung an Mitarbeiterinnen/Mitarbeiter übertragen werden und der Mandant selbst löst nur noch die Zahlung an die Bank aus. Ihre Mitarbeiterin bzw. ihr Mitarbeiter sieht dabei nur die Rechnungen, jedoch keine Bankdaten. Im Krankheitsfall übernehmen wir die Aufgabe vertretungsweise.

5. **Installation**
   Nachdem der Prozess und die Nutzerinnen bzw. Nutzer feststehen, vereinbaren wir einen Installationstermin.
6. **Schulung**
   Im Regelfall erfolgt die Schulung nach Fertigstellung der Installation.
7. **Digitaler Informationsaustausch zwischen Kanzlei & Mandant**
   Wir richten zusätzlich das System Kanzlei One ein. Darüber können wir auftretende Fragen rasch klären und gemeinsame Dokumente bearbeiten.

Ihre Auswertungen finden Sie alle rechtssicher gespeichert in Ihrem Unternehmen Online der DATEV.

8. **Anwendungsprobleme oder Mitarbeiterwechsel im Unternehmen**
   Selbstverständlich stehen wir Ihnen auch hierfür zur Seite.

Wir zeigen, wie im Unternehmen Online Screenshots gemacht werden können. Der Screenshot dokumentiert das aufgetretene Problem und wird uns via Kanzlei One geschickt. Dies ist einfacher und schneller als anzurufen und das Problem zu beschreiben.

Die weiteren Vorteile sind:

- **Digitaler Jahresabschluss mit Docusign**
  Sie wählen ob wir in einem gemeinsamen Termin in der Kanzlei den Jahresabschluss digital unterzeichnen oder Sie die Unterlagen per E-Mail erhalten. Wir besprechen diese via Videokonferenz oder auch per Fernwartung.
- **Zeit sparen**
  Ihre Belege sind jederzeit und überall in Sekundenschnelle abrufbar. Das lästige Suchen in Archiven und Akten ist damit Vergangenheit! Auch das nervenraubende Ein- und Aussortieren der Pendelordner für Ihre Steuerberaterin bzw. Ihren Steuerberater entfällt.
- **Effektive Prozesse**
  Sie können fällige Zahlungen einfach und bequem per Knopfdruck veranlassen. Fällige Zahlungsfristen müssen Sie nicht berücksichtigen, das erledigt die Buchungssoftware für Sie.
- **Immer auf dem Laufenden bleiben und digitale Auswertungen**
  Nach dem elektronischen Bereitstellen von Belegen erhalten Sie die aktuellen Unternehmenszahlen umgehend auf Ihr Endgerät. Somit sind Sie immer über die Finanzen Ihres Unternehmens informiert!
- **Wettbewerbsvorteil schaffen**
  Die digitale Buchführung kann ein Anreiz für neue Mitarbeiterinnen oder Mitarbeiter sein. Wenn Sie Ihre Prozesse digitalisieren, können Sie sich einen Wettbewerbsvorteil schaffen. Viele Ihrer Kundinnen und Kunden wünschen sich die Rechnung von Ihnen digital zu erhalten, um Medienbrüche und Scanaufwand zu vermeiden. Auch Ihre Lieferanten wollen Ihnen gern Ihre Rechnung per E-Mail schicken.
- **Schnellerer und einfacherer Ablauf der Betriebsprüfung:**
  Das Finanzamt meldet sich bei Ihnen zur Betriebsprüfung an. Wir rufen bei der DATEV eine DVD mit Ihren GDPDU-Daten (Grundsätze zum Datenzugriff und zur Prüfbarkeit digitaler Unterlagen) und dazugehörigen Belegen ab. Die Prüferin bzw. der Prüfer erhält die DVD und kann mit der Prüfung beginnen. Sie müssen also nicht mehr die kompletten Belege der letzten drei Jahre zusammensuchen. Durch das zeitnahe Digitalisieren sind die Belege alle lesbar.

- **Kosten sparen**
  Originalbelege können Sie nach einer revisionssicheren Archivierung und dem Erstellen und Pflegen einer Verfahrensdokumentation sofort vernichten. Das spart Archivierungskosten!
- **Einhalten der gesetzlichen Regeln (GOBD) durch Nutzung eines revisionssicheren Systems**
  Wenn Sie bereits elektronische Rechnungen von verschiedenen Lieferanten erhalten, sind Sie verpflichtet, die E-Mail bzw. die Datei zehn Jahre revisionssicher elektronisch zu archivieren. Ausdrucken und Abheften ist ein Verstoß gegen die GOBD.
- **Entlastung im Backoffice**
  Durch das zeitnahe Buchen der Belege besteht die Möglichkeit, das Unternehmen von zeitintensiven Tätigkeiten zu entlasten. Gute Erfahrungen haben wir bei der Auslagerung des Mahnwesens gemacht.

Eine Checkliste mit unseren digitalen Handlungsempfehlungen finden Sie im Anhang (unter 7 Checkliste Muster digitale Handlungsempfehlungen) und online auf SPmyBook (siehe Hinweis ganz vorne im Buch) zum Download und Einsatz in der Praxis.

10 Digitalisierung jetzt!

von Paul Liese

»Tue, was du kannst, mit dem, was du hast, genau da, wo du bist.«
Theodore Roosevelt

Digitalisierung als Thema und als Schlagwort ist uns allen fast schon über und man mag es gar nicht mehr hören. Und ja, wir alle wissen, dass vieles digital funktioniert und machbar wäre. Nur wann? Wie? Mit wem? Wer macht es? Jeder schaut erst einmal in die Zukunft und übersieht, dass die Chance im »Ist« liegt. Im aktuellen Prozess. Kennen Sie Ihre Prozesse?

Die Corona-Krise hat deutlich gemacht, wie schnell sich vieles von jetzt auf gleich verändern kann: Einerseits wird von heute auf morgen alles langsamer. Keine Reisen, keine Feiern, keine Veranstaltungen finden mehr statt, wir verbringen notgedrungen viel Zeit zu Hause und entschleunigen. Andererseits wurden beim Arbeiten auf einmal alle Bedenken über Bord geworfen und zum Homeoffice übergegangen, wo immer es möglich war. Auch Arbeitsabläufe wurden in dem Zusammenhang verändert, weil ja nicht mehr mal eben Papier von Kollege zu Kollege gereicht werden konnte. Ich denke, die wenigsten von uns haben sich in dieser Situation über den Ist-Prozess Gedanken gemacht und überlegt, wie er optimal aussehen würde. Es wurde einfach reagiert, um genau in diesem Moment die Situation anzupassen. Nach einiger Zeit lief dann der geänderte Prozess. Aber ist es auch der optimale Prozess? Jetzt mag man einwenden: »Sicherlich nicht, aber Hauptsache, wir sind (wieder) arbeitsfähig.« Richtig, dem stimme ich zu. Es hilft jetzt auch nicht darüber nachzudenken, ob alles anders gelaufen wäre, wenn bereits vor Corona die Ist-Prozesse bekannt gewesen und optimiert worden wären.

Ich vertrete die These, dass die Finanzverwaltung Unternehmen bereits gut aufstellen und damit auch auf Krisen vorbereiten wollte: In den Grundsätzen ordnungsmäßiger DV-gestützter Buchführungssysteme (GoBS, BMF vom 07.11.1995) steht in Tz 6: »Für jedes DV-System ist eine Verfahrensdokumentation zu erstellen.« Als die Grundsätze zur ordnungsmäßigen Führung und Aufbewahrung von Büchern, Aufzeichnungen und Unterlagen in elektronischer Form sowie zum Datenzugriff (GoBD) im Jahr 2015 in Kraft traten, wurde diese Aufforderung wiederholt und zuletzt in der Aktualisierung der GoBD im Jahr 2019 erneuert. Was versteht nun die Finanzverwaltung unter einer Verfahrensdokumentation? Ich durfte dazu mit Alice Siegert sprechen, der stellvertretenden Amtsleiterin in einem Hamburger Finanzamt. Noch vor Corona-Zeiten, aber nicht minder spannend. Die klare Antwort: Die Verfahrensdokumentation wird in der Finanzverwaltung als wichtiges Instrument für Controlling und Effizienzprüfung der Gesamtorganisation bewertet. Es wird empfohlen, ihre Möglichkeiten auch entsprechend zu nutzen. Frau Siegert bestätigte mir in aller Deutlichkeit: »Als Kontrollinstrument für die Unternehmensleitung stellt sie sicher, dass alle Arbeitsabläufe im Betrieb nachvollziehbar dokumentiert sind. Aufgabenverteilung und Personalsituation werden abgebildet und es wird transparent, wo Tätigkeitsbereiche ineinandergreifen.« In diesem Kontext wird deutlich, wie eine Verfahrensdokumentation das Bewusstsein dafür schärfen kann, wie im Unternehmen die Prozesse ablaufen und an welchen Stellen sie sich effizienter gestalten lassen. In der Folge führt eine Verfahrensdokumentation dazu, dass bisher womöglich doppelt ausgeführte Arbeitsschritte vermieden werden. Sie deckt auf, an welcher Stelle im Unternehmen noch effizienter vorgegangen werden kann, welche Prozesse mit welchen Mitteln optimierbar sind. Unternehmen fahren also unabhängig von ihrer Größe gut damit zu erkennen, dass die Pflichtaufgabe Verfahrensdokumentation ihnen zusätzlichen Mehrwert beschert; einen transparenten Überblick, durch den es gelingt, die gesamte Organisation betriebswirtschaftlich besser aufstellen. »Sollte der Betriebsprüfer noch systemische Brüche erkennen, birgt auch das wieder eine Chance für die künftige Optimierung der Organisation und Kommunikation in dem Unternehmen und zwischen ihren Abteilungen«, betonte Alice Siegert. Zurück zu meiner These: Hätten wir Unternehmer alle eine Verfahrensdokumentation seit 1995 geschrieben, unsere Prozesse im Unternehmen dokumentiert, wo wäre dann jetzt in der Corona-Krise das Problem gewesen? Es gäbe keines, denn wir hätten sofort gewusst, wo die Medienbrüche in der Prozesskette sind, die durch Homeoffice entstehen würden und hätten dem sofort entgegengewirkt.

Nun hat die Bundesregierung im Sommer 2020 ein Konjunkturpaket beschlossen und damit einhergehend die temporäre Veränderung der Mehrwertsteuer. In einer Verfahrensdokumentation hätten wir sofort nachlesen können, welche Softwaresysteme und welche Schnittstellen betroffen sind, wer die Entwickler der Schnittstellen waren/sind, wen wir ansprechen müssen, wer was tun muss und was zu ändern ist usw. Ohne Verfahrensdokumentation verbringen wir viel Zeit damit, alle Informationen zusammenzutragen, um dann festzustellen, dass der verantwortliche Mitarbeiter gar nicht mehr an Bord ist. Damit ist im schlimmsten Fall auch das Wissen verloren gegangen. Dies ist übrigens das häufigste Problem von Unternehmen, die nicht rechtzeitig Altsysteme in ein Archiv überführen und damit methodisch ablegen. Der letzte verantwortliche Mitarbeiter ist nicht mehr greifbar, das Altsystem erleidet einen Hardwaredefekt und die Daten sind nicht mehr im Zugriff. Wohl dem, der eine Dokumentation hat oder, besser noch, die Daten archiviert hat. Nun besitzen wir aber nichts, was uns helfen würde, den Ist-Zustand unserer Prozesse zu kennen. Wir befinden uns in einer Krisensituation und für viele Unternehmer geht es erst einmal darum, Schlimmeres abzuwenden. Ganz bestimmt nicht darum, jetzt eine Dokumentation zu schreiben. Aber wenn nicht jetzt, wann denn dann? Im April habe ich mit einem Unternehmer darüber gesprochen und er sagte mir:

»Vor der Krise hatten wir keine Chance, im laufenden Betrieb Prozesse zu ändern. Wir werden uns jetzt mit den Prozessen intensiv beschäftigen und unser Unternehmen nach der Krise in einem anderen Modus, mit geänderten Prozessen, wieder hochfahren.« Sein Problem war und ist aus meiner Erfahrung bei vielen ähnlich. Die Veränderung von Prozessen, das Verlassen ausgetretener Pfade ist immer mit Aufwand verbunden. Denn es gilt, die Veränderung auf mehreren Ebenen zu vollziehen. Die technische Ebene lässt sich in den meisten Fällen sehr einfach ändern. Das passende Produkt für mein aktuelles Problem zu finden, ist schnell erledigt. Bedeutet das zum Beispiel, dass wir Microsoft Teams, Zoom oder GotoMeeting nach der Krise nicht mehr benötigen? Weil wir dann alle wieder im Büro sind? Oder begreifen wir den unfreiwilligen Wechsel zur Technik als Chance?

Viele Projekte scheitern daran, dass Mitarbeiter nicht in Projekte eingebunden waren, dass Projektbeteiligte nicht von den Vorteilen überzeugt waren und daher nicht begeistert mitgewirkt haben, nicht Feuer und Flamme waren. Heute? Der Verlust des geliebten Büros und die Unbequemlichkeit, in einem Homeoffice zu arbeiten, wurde erstaunlich wenig diskutiert. Weil es alternativlos war. Warum wird dann nicht bei Projekten im Unternehmen gemeinsam und mit einem ähnlichen Pragmatismus am Erfolg gearbeitet? **Denn die Digitalisierung von Prozessen ist genauso alternativlos wie die krisenbedingte Verlegung eines Arbeitsplatzes ins Homeoffice.** Beschäftigen wir Unternehmer uns jetzt nicht mit den Prozessen in unseren Unternehmen, werden wir den Schwung aus der Ad-hoc-Digitalisierung durch die aktuelle Krise nicht mitnehmen. Wir werden wieder in alte Verhaltensmuster zurückfallen.

10.1 Der Start in ein Digitalisierungsprojekt

Mit einem Geschäftspartner habe ich über den richtigen Start im Frühjahr kontrovers diskutiert. Im Verlauf des Gespräches stellten sich zwei Ansichten heraus. Im ersten Ansatz wird zum Beispiel erkannt, dass noch zu viel Papier durch das Unternehmen bewegt wird, dass dadurch die Entscheidungszeiten zu lang sind etc. Also liegt es auf der Hand, dass ein Dokumenten-Management-System eingeführt werden muss. Es werden Anbieter gesucht, die im Idealfall eine Schnittstelle zum eigenen ERP-System haben. Nach Projektstart werden die Prozesse im besten Fall mit den Projektteilnehmern erarbeitet, die Software wird eingeführt und erst dann wird der Prozess dokumentiert. Persönlich bin ich von einem anderen Vorgehen überzeugt. Im ersten Schritt bitte ich die Geschäftsführung oder die Verantwortlichen

- das aktuelle Problem,
- die Situation und warum das Problem besteht und
- welche Folgeprobleme in dieser Situation des aktuellen Prozesses für das gesamte Unternehmen entstehen

zu beschreiben. Die gesammelten Informationen werden in diesem Projektschritt bereits in der Ist-Dokumentation aufgenommen und festgehalten. Im nächsten Schritt spreche ich mit den Prozessbeteiligten und lasse mir die heutige Arbeitsweise zeigen. Ganz wichtig: ohne jeden Kommentar meinerseits, ich »lerne« nur. Die Ist-Dokumentation wird ergänzt und ich beginne gleich, zu den jeweiligen Prozessschritten Handlungsempfehlungen und Lösungsansätze für bestehende Probleme festzuhalten. Dann bitte ich die Prozessbeteiligten, sich mit mir gedanklich auf eine grüne Wiese zu begeben und mir nach dem Motto »Wünsch dir was« zu erzählen, wie diese den Prozess am liebsten gestalten würden und lasse mir begründen, warum der Prozess so oder so sein sollte. Auch diese Informationen werden in der Ist-Dokumentation schriftlich festgehalten und mit meinen Handlungsempfehlungen abgeglichen. Im nächsten Schritt besprechen wir die Wunschprozesse mit der Geschäftsführung und/oder den Verantwortlichen, die im Übrigen nicht bei den Gesprächen mit den Prozessbeteiligten dabei waren. Sehr schnell wird zwischen Geschäftsführung und Prozessbeteiligten ein Konsens gefunden, wie die Prozesse künftig aussehen sollen: **Aus der Ist-Dokumentation entsteht die Soll-Dokumentation!**

Nun erst geht es an die Auswahl eines Anbieters, der die Soll-Dokumentation als Grundlage für sein Angebot erhält. Die gesamte Projektkoordination basiert auf der Soll-Dokumentation, Änderungen an den Prozessen werden im Team mit allen Projektbeteiligten besprochen und dann gemeinsam verabschiedet. Der große Nebeneffekt und eigentlich das Beste an der Sache ist der Umstand, dass alle bestmöglich in das Projekt mit integriert sind. Die Geschäftsführung oder die Verantwortlichen und auch die Prozessbeteiligten haben mitentschieden – so trägt jeder das Projekt mit, als wäre es seine Idee, sein Projekt.

10.2 Der Steuerberater als Digitalisierungsberater

Was haben diese Ausführungen nun mit dem Berufsstand der Steuerberater zu tun? Aus meiner Sicht sehr viel: Der Steuerberater wird (endlich) zum Berater, zum Digitalisierer. Wenn er das möchte. Denn genau damit tun sich viele Steuerberater meiner Erfahrung nach sehr schwer. Ich bin kein Steuerberater, habe auch nie in einer Kanzlei gearbeitet und daher nur den Blick von außen. Das ist ein Vorteil, wenn man Dinge grundlegend neu gestalten möchte. In den letzten zwei Jahren habe ich gelernt, dass Steuerberater sich zwei primären **Herausforderungen** stellen müssen:

1. Es sind wenig Fachkräfte auf dem Arbeitsmarkt verfügbar, die die stetig wachsenden Anforderungen in der Kanzlei erfüllen.
2. Es herrscht eine zunehmende Digitalisierung und es existieren neue Marktbegleiter, die die Geschäftsgrundlage reduzieren.

10.2.1 Prozesse dokumentieren und optimieren

Wenn es immer mehr Arbeit gibt und personelle Verstärkung für mein Team schwer zu bekommen ist, ist es meine Aufgabe als Unternehmer, die Prozesse im Unternehmen zu optimieren. Beispielsweise sind gute Softwareentwickler, die nach wenig Einarbeitungszeit sofort voll mitarbeiten können, nicht zu bekommen oder unbezahlbar.

In meinem Unternehmen haben wir als Lösung die Flucht nach vorne angetreten. Jeder Mitarbeiter hat einen Zugang zu einem E-Learning-Portal erhalten und ist angehalten, 30 Minuten seiner Arbeitszeit täglich in sein persönliches, individuell gewähltes Lernthema zu investieren. Diese Maßnahme hat uns alle nach vorne gebracht. Eingeführte Systeme wie Microsoft Teams oder der gesamte Microsoft 365-Kosmos werden intensiv genutzt, weil jeder die Lernpfade dazu durchgearbeitet hat. Unsere Software ist besser geworden, da selbst gewählte Lerninhalte der Mitarbeiter zu besserem Code und besserer Usability geführt haben. Verteilte Systeme wurden eingeführt, die alle miteinander vernetzt wurden, so dass beispielsweise Tickets im Support mit einem Klick zu einem Ticket für den Entwickler in dessen System werden. Oder Tickets aus den Feature Requests der Partner mit einem Klick mit dem Ticket der Entwicklung verknüpft werden und der Partner den Fortschritt eigenständig beobachten kann. Damit haben wir nicht mehr Fachkräfte im Team, aber vorhandene Prozesse optimiert und in das Kapital unseres Unternehmens investiert: das Know-how unserer Mitarbeiter.

Für den Steuerberater bedeutet das genauso: Wenn keine Fachkräfte auf dem Arbeitsmarkt verfügbar sind, muss ich meine Prozesse optimieren. Zum Beispiel den Prozess, wie die Belege und Daten für die Buchhaltung in die Kanzlei kommen. Viele Steuerberater haben hier bereits erfolgreich bei Ihren Mandanten digitale Datendrehscheiben eingeführt, zum Beispiel DATEV Unternehmen online, kanzlei.land oder die 5F-Software. Die wenigsten Steuerberater beschäftigen sich jedoch bei der Einführung einer solchen Plattform mit den Prozessen beim Mandanten. Dem Mandanten wird gezeigt, welche Tools und Werkzeuge es gibt und wie die Belege per Scan, E-Mail, Upload etc. an die Kanzlei übertragen werden. Ist das damit aber schon der optimale Prozess? Oder bekommt der Mandant nur einen Teil der Informationen? Ist der Prozess nun für die Kanzlei optimal, aber für den Mandanten weiterhin aufwendig oder sogar noch aufwendiger als vorher?

In den letzten Monaten durfte ich mit Steuerberatern viele Projekte gemeinsam zur Erstellung einer Verfahrensdokumentation durchführen. 90 % der Steuerberater hatten keine Kenntnis über die Prozesse beim Mandanten. Das Wissen über die Prozesse war nur vage vorhanden und es gab viele Aha-Erlebnisse. Dabei unterscheidet sich das Lernen über die Ist-Prozesse beim Mandanten nicht von dem Start in ein Digitalisierungsprojekt – wie oben schon beschrieben. Die klassischen Prozesse beim Mandanten sind schnell aufgenommen. Ich möchte das an dem nachfolgend dargestellten sehr simplen Debitorenprozess veranschaulichen.

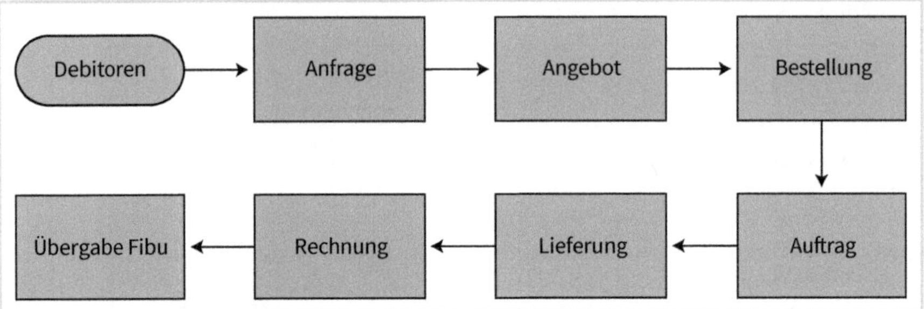

Abb. 9: Debitorenprozess (Quelle: eigene Darstellung)

10.2.2 Prozessschritte abarbeiten

Zu jedem **Prozessschritt** werden mit dem Mandanten folgende Fragen besprochen:

- Was passiert in diesem Prozessschritt?
- Wer macht was? Wer ist verantwortlich für diesen Prozessschritt?
- Womit wird dieser Prozess realisiert (z. B. Software)?
- Wo liegen die Daten, die in diesem Prozessschritt erfasst werden?
- Werden die Daten aus einem vorhergehenden Prozessschritt abgeholt und weiterverarbeitet? Wenn ja, von wem? Wie kommen die Daten dorthin?

Das Gleiche wird dann für weitere Prozesse erarbeitet, wie zum Beispiel:

- Kreditoren
- Lager
- Produktion
- Buchhaltung (sofern Selbstbucher)
- Controlling

Dabei kann ich jedem Steuerberater nur empfehlen, neugierig zu sein! Dies gilt auch für den Mitarbeiter in der Kanzlei, der die Ist-Prozesse beim Mandanten kennenlernen soll. Wenn ich den Wunsch habe verstehen zu wollen, wie mein Mandant arbeitet, werde ich viele Fragen stellen müssen. Dazu zwei wichtige Hinweise:

1. Erklären Sie ausdrücklich vorab, dass ihre Fragen nicht die Arbeitsweise des Mandanten in Frage stellen sollen, sondern dass es nur um das Verstehen geht.
2. Behalten Sie jegliche Verbesserungsvorschläge für sich, nehmen Sie zunächst wirklich nur den Ist-Zustand auf.

Damit haben wir die **Verfahrensdokumentation** abgeschlossen:

- Wir haben die Prozesse im Unternehmen identifiziert.
- Wir haben die Prozessverantwortlichen identifiziert.
- Wir kennen die IT-Systeme, die dafür verwendet werden.

In meinem Gespräch mit Frau Siegert wurden die Bestandteile der Verfahrensdokumentation wie folgt benannt:

1. Die allgemeine Beschreibung des Unternehmens, zu der zum Beispiel Standorte und Betriebsstätten gehören.
2. Die technische Systemdokumentation mit Standort der Server und einem Backup-Konzept.
3. Die Betriebsdokumentation mit der Beschreibung der Prozesse. Dabei werden alle Schritte von der Kundenanfrage bis zur Lieferung des Produkts dargelegt. Auch Betriebsstätten, andere Standorte und andere rechtliche Einheiten müssen berücksichtigt werden und können in der Gesamtverfahrensdokumentation zusammengeführt werden.
4. Die fachliche Dokumentation, die darlegt, dass und wie zum Beispiel die Anforderungen der GoBD eingehalten und auch die jeweiligen Ergebnisse ermittelt, in die Finanzbuchhaltung einfließen und erfasst werden.

Punkt 1 ist schnell dokumentiert, Punkt 3 haben wir soeben über die Prozessdokumentation erledigt. Verbleiben zwei offene Punkte:

Zu 2: Sobald wir mit dem Mandanten den Prozess dokumentieren und nach der ausführenden Software fragen, ergibt sich immer eine Folgefrage: Wo liegen die Daten? Auf lokalen Servern, im Rechenzentrum oder in einer Cloud? Außerdem ist zu klären: Wie werden die Daten gesichert? Wie ist der Zugriffsschutz organisiert, wie lautet das Berechtigungskonzept? Die Antworten auf diese Fragen ergänzen die Prozessdokumentation.

Zu 4: Nun dürfen wir endlich eine Bewertung der Prozesse vornehmen. Wir kennen Prozessketten beim Mandanten, die verwendete Software usw. und wissen, ob die Prozesse zum Beispiel GoBD-konform sind. Wir wissen auch, ob die Prozesse optimierbar sind. Denn ein Steuerberater hat viele Mandanten, oft auch viele aus der gleichen Branche und kann deshalb mit wertvollen Tipps helfen, wie in vergleichbaren Unternehmen ähnliche Prozesse optimiert gestaltet wurden.

10.2.3 Digitale Datendrehscheibe installieren

Da jetzt die Ist-Prozesse klar sind, kann dem Mandanten die perfekte Umgebung (digitale Datendrehscheibe) geschaffen werden, um die Daten in die Kanzlei fließen zu lassen. Und das entweder abgestimmt auf die bestehenden Prozesse und Systeme des Mandanten oder es ist identifiziert, welche verwendeten Systeme aktualisiert/getauscht werden sollten, um die digitale Zusammenarbeit zu optimieren. Ist die digitale Datendrehscheibe aktiv und sind die Prozesse aufeinander abgestimmt, sowohl in der Kanzlei als auch beim Mandanten, ergibt sich eine Win-Win-Situation und damit neuer Freiraum. Auch in der Kanzlei.

Im Herbst 2019 haben wir bei uns im Unternehmen ein Dokumenten-Management-System (DMS) eingeführt. Die primäre Motivation war die Optimierung und Vereinfachung der Buchhaltung. Gemäß meiner oben beschriebenen Methode haben wir im Team identifiziert, welches die Aufwandstreiber sind und beschrieben, wie unsere grüne Wiese aussehen würde. Mit diesem Wissen haben wir den Markt der DMS-Anbieter nach einer entsprechenden Lösung durchsucht. Insgesamt vergingen nur wenige Wochen von der Geburt der Idee, diesen Prozess zu digitalisieren, bis zum Go-Live. Das Ergebnis: Der Aufwand ist deutlich reduziert, die Datenqualität ist um ein Vielfaches besser.

Ganz allgemein gesehen profitiert übrigens neben der Kanzlei und dem Unternehmen auch die Finanzverwaltung von der Verfahrensdokumentation, die in Betriebsprüfungen sofort präsentiert werden kann. Frau Siegert fasste das wie folgt zusammen: »Ziel der Verfahrensdokumentation ist, schnell und effizient verstehen zu können, welche Prozesse im Unternehmen ablaufen und wie Daten wo zusammengeführt werden.«

10.2.4 Kontinuierliche betriebswirtschaftliche Beratung anbieten

Ich kenne wenige Steuerberater, die ihre Mandanten wirklich betriebswirtschaftlich in den Prozessen beraten. Wenn die Digitalisierung weiter zunimmt – das hat die Corona-Krise deutlich beschleunigt – und neue Marktteilnehmer etwa das originäre Geschäft der Finanzbuchhaltung übernehmen, gilt es neue Geschäftsfelder in der Kanzlei zu etablieren. Geht die Kanzlei wie oben beschrieben vor, ist ein neues nachhaltiges Geschäftsfeld identifiziert. Darüber hinaus muss eine Verfahrensdokumentation kontinuierlich angepasst werden. So beschreibt Frau Siegert: »Außerdem ist eine Verfahrensdokumentation nie wirklich abgeschlossen: Durch die Notwendigkeit der Versionierung und Historisierung muss sie stets auf dem aktuellen Stand gehalten und weiterentwickelt werden.

Schließlich verändern sich auch die Prozesse in Unternehmen innerhalb eines Jahres – das muss abgebildet werden.«

Der **Lebenszyklus einer Verfahrensdokumentation** sieht wie folgt aus:

Abb. 10: Lebenszyklus einer Verfahrensdokumentation (Quelle: eigene Darstellung)

Die erstmalige Erstellung der Prozessdokumentation passiert idealerweise mit der Aufnahme der Ist-Prozesse, um die digitale Drehscheibe im Unternehmen einzuführen. Viele mir bekannte Kanzleien lassen sich die Einführung dieser Datendrehscheibe vom Mandanten vergüten. Das ist nachvollziehbar, es entsteht Aufwand bei der Bereitstellung des Systems und der Schulung des Mandanten. Weniger nachvollziehbar für mich ist, dass in dem Leistungspaket nicht gleich die Prozessdokumentation obligatorisch enthalten und damit auch bepreist ist. Dies im Nachgang dem Mandanten zu »verkaufen« und ihn davon zu überzeugen, eine Verfahrensdokumentation zu erstellen, ist ungleich schwieriger.

Mein **Tipp**: Das Leistungspaket zur Einführung der digitalen Datendrehscheibe sollte immer die Prozessdokumentation beinhalten und auch bepreist sein. Der Mandant wird die einzelnen Bestandteile in der Regel nicht hinterfragen. Die Prozessdokumentation lässt sich immer mit Verweis auf die GoBD und dem Stichwort Verfahrensdokumentation begründen.

Die **erste Korrektur der Prozess- oder Verfahrensdokumentation** ergibt sich daraus, dass bei der erstmaligen Erstellung festgestellt wurde, dass einzelne Prozesse nicht GoBD-konform sind. Oder betriebswirtschaftlich nicht optimal sind. Insbesondere der erste Fall führt immer wieder zur Frage: Sollte das dokumentiert werden? Meine persönliche Sichtweise dazu ist: ja. Denn ich kann die Vergangenheit nicht heilen, aber die Zukunft gestalten. Wenn in der Dokumentation Mängel in den Prozessen festgestellt werden, dann dokumentiere ich den Mangel und die Handlungsempfehlung, wie dieser Mangel kurzfristig abgestellt werden kann. Mit der Festschreibung der ersten Dokumentation in einer entsprechenden Software ergibt sich automatisch die Notwendigkeit, ein Korrekturdokument zu erzeugen. Die Festschreibung ist aus den oben benannten und in den GoBD geforderten Versionierungen und Historisierungen notwendig. Nach Behebung der identifzierten Mängel wird in dem Korrekturdokument der neue Prozess dokumentiert. Idealerweise ist das Korrekturdokument eine 1:1-Kopie der vorherigen Dokumentation, so dass nur die betroffenen Bereiche geändert werden müssen. Werden immer »nur« Ergänzungsdokumentationen erstellt, geht mir der fortschreibenden Erstellung von Dokumenten im Laufe der Zeit der Überblick verloren, welches Dokument für den jeweiligen Teilprozess gültigen Charakter hat.

Das **zweite Korrekturdokument** oder weitere können sich innerhalb des 12-Monats-Rhythmus der Prozess- und Verfahrensdokumentation daraus ergeben, dass weitere betriebliche Prozesse optimiert werden. Oder dass Schnittstellen aufgrund von Gesetzesänderungen angepasst werden mussten. Nach elf Monaten wird mit dem Mandanten die dann letzte gültige Verfahrensdokumentation als Ganzes geprüft und als Nachfolgedokumentation für den neuen Zeitraum geführt.

10.2.5 Das Business-Modell zur Verfahrensdokumentation

Damit ergibt sich das folgende **Business-Modell aus der Prozess- und Verfahrensdokumentation**:

- Die erste Erstellung basiert idealerweise auf der Einführung einer digitalen Datendrehscheibe und ist damit bereits bepreist.
- Ist die digitale Datendrehscheibe bereits beim Mandanten eingeführt, kann die erstmalige Erstellung über das Bundesamt für Wirtschaft und Ausfuhrkontrolle (BAFA) und das Programm »Förderung unternehmerischen Know-hows« bezuschusst werden.
- Die kontinuierliche Pflege der Prozess- und Verfahrensdokumentation lässt sich über eine 1/12-Regelung mit dem Mandanten vereinbaren. Abhängig vom Unternehmensumsatz lassen sich gestaffelte Honorarmodelle etablieren, zum Beispiel 79 € monatlich bis 100 T€ Jahresumsatz. Die Vielzahl der Mandanten ergibt einen wachsenden Umsatzbaustein für die Kanzlei, welcher im Idealfall die Reduzierung der Umsätze im Bereich Finanzbuchhaltung auffängt.
- Während der Erstellung der Prozess- und Verfahrensdokumentation werden neue gemeinsame Projekte identifiziert, in denen die Kanzlei und/oder der Steuerberater dem Mandanten betriebswirtschaftlich zur Seite steht.

In die Verfahrensdokumentation gehören auch die **Aufgaben der Kanzlei**, wenn diese in die Prozesskette integriert ist. Dafür wird beschrieben, in welchem Umfang und mit welchen Inhalten der Steuerberater beliefert wird und wie der Rücklauf erfolgt. Auch die Verantwortlichen an dieser Schnittstelle werden benannt. Die Verfahrensdokumentation muss ausformuliert und nachvollziehbar sein, sodass ein durchschnittlich technisch gebildeter Mensch sie verstehen kann. Es dürfen keine Spezialkenntnisse vorausgesetzt werden.

Die Erstellung und kontinuierliche Pflege der Prozess- und Verfahrensdokumentation bildet den Anfang. Die GoBD benennt ergänzend das Thema **Internes Kontrollsystem** (IKS). Ein gelebtes IKS führt zu weiterem Umsatzpotenzial, denn die GoBD benennen in der Ausführung vom 28.11.2019 in der Randziffer 100, dass Unternehmen Kontrollen einrichten, ausüben und protokollieren sollen. Dazu gehören beispielsweise:

- Zugangs- und Zugriffsberechtigungskontrollen
- Funktionstrennungen
- Erfassungskontrollen

Wie das Interne Kontrollsystem gelebt wird, wird dem Unternehmen überlassen. Das folgende Schaubild zeigt die sog. »GoBD-Pyramide«:

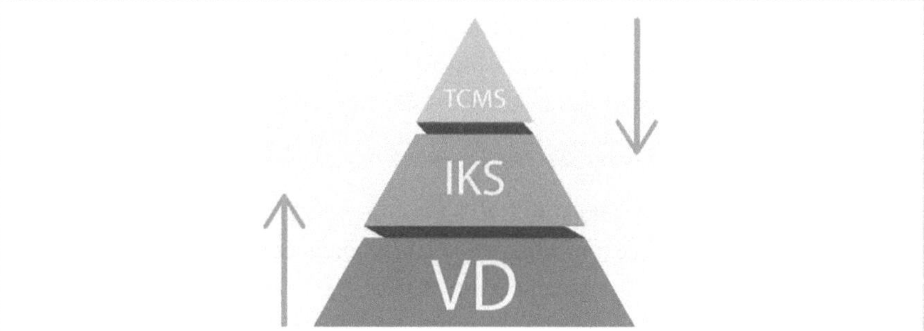

Abb. 11: GoBD-Pyramide (Quelle: eigene Darstellung)

Basis der Pyramide ist die Prozess- oder Verfahrensdokumentation. In dieser werden, wie oben dargestellt, alle Prozesse im Unternehmen dokumentiert. Sind die Prozesse im Unternehmen identifiziert, kann an den jeweiligen Prozessschritt der Kontrollschritt gehängt werden.

Beispiel

In der folgenden Debitorenprozesskette wird vor der Erstellung des Angebotes unterschieden, ob der Debitor bereits in der ERP-Software vorhanden ist oder nicht und geprüft, ob der Debitor aus dem In- oder Ausland kommt. Im Prozessschritt »Umsatzsteuer-Identifikationsnummer prüfen« wird nun eine Erfassungskontrolle etabliert. Der Verantwortliche für diesen Prozessschritt soll einmal im Quartal bei allen neu angelegten Debitoren mit Sitz im Ausland in Stichproben die Umsatzsteuer-Identifikationsnummer prüfen.

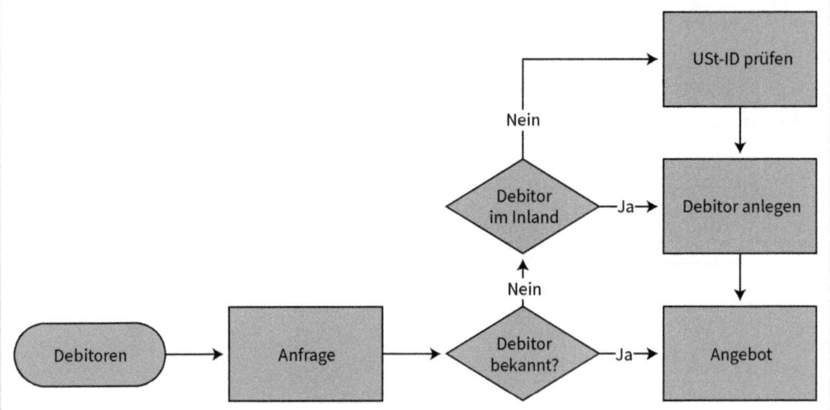

Abb. 12: Debitorenprozesskette (Quelle: eigene Darstellung)

Nach Prüfung durch den Prozessverantwortlichen wird das Ergebnis dem Gesamtverantwortlichen im Unternehmen weitergeleitet, der das Ergebnis zur Kenntnis nimmt und damit bestätigt oder zurück an den Prozessverantwortlichen verweist. Erst wenn der Gesamtverantwortliche die Erfassungskontrolle bestätigt, fließt das Prüfungsergebnis in das Interne Kontrollsystem und damit in die Prozess- und Verfahrensdokumentation ein.

Mein **Tipp**: Bereits an dieser Stelle wird deutlich, dass die Entscheidung für ein System oder eine Software zur Erstellung der Verfahrensdokumentation eine strategische Entscheidung ist. Unterstützt das bevorzugte System neben der Dokumentation von Prozessen und Verfahren auch ein aktives Internes Kontrollsystem? Es geht beim IKS nicht nur darum, die Kontrollen zu entwerfen, es geht auch darum, diese zu leben und die Kontrollen zu protokollieren. Auch wenn die GoBD sagt, dass die Beschreibung des IKS in die Verfahrensdokumentation gehört, so ist die Verknüpfung zwischen Beschreibung, Kontrolle und Protokoll in einem System/einer Software ein digitaler Prozess.

In der GoBD-Pyramide findet sich in der Spitze das **Tax Compliance Management System** (TCMS). Es basiert wie das Interne Kontrollsystem auf Basis von Geschäftsvorfällen oder Prozessschritten. Entsprechende Risikobewertungen werden je nach Steuerart direkt mit diesen verknüpft und zeigen dem Management des Mandanten an, in welchen Bereichen Optimierungen vorzunehmen sind. Dies birgt weiteres Umsatzpotenzial für die Kanzlei, dem Mandanten beratend zur Seite zu stehen und das Tax Compliance Managementsystem zu entwickeln. Dabei ist die Umsetzung der Pyramide von unten nach oben (Bottom-up-Methode) nicht bei jedem Unternehmen notwendig oder gar durchsetzbar. Mit jedem aufsteigenden Thema erhöht sich die Schwierigkeit der Vermarktung, denn nicht jedes Unternehmen möchte sofort ein Internes Kontrollsystem einführen oder gar ein Tax Compliance Managementsystem.

Mein **Tipp**: Die Thematik der Verrechnungspreisdokumentation basiert ebenfalls auf Geschäftsvorfällen und Prozessen. Sie bildet damit einen weiteren Bereich, der auf Grundlage einer Verfahrens- und Prozessdokumentation entwickelt wird und den Steuerberater begleiten können.

Die Umsetzung der Pyramide von oben nach unten (Top-down-Methode) ist ungleich schwerer, weil hier auf eventuell bestehende Prozessdokumentationen zurückgegriffen werden muss, die nicht vorab gemeinsam zwischen Steuerberater und Mandant entwickelt wurden. Dies birgt das Risiko, dass die Prozessdokumentation nicht die gelebten Prozesse beinhaltet. In meinem Gespräch mit Frau Siegert machte sie deutlich: »Wichtig ist, dass die dokumentierten Arbeitsprozesse im Unternehmen auch wirklich gelebt werden.« An die Steuerberater gewandt führte sie aus, dass bei der Erstellung der Verfahrens- und Prozessdokumentation ein externer Blick hilfreich sei, weil vielen Unternehmern der objektive Abstand fehlt, wenn sie die Dokumentation selbst aufsetzen müssen. Außerdem helfen immer wieder auch Anregungen von außen. Selbstverständlichkeiten oder Details, die ausschlaggebend sein können, werden manchmal einfach nicht wahrgenommen.

10.3 Methodik gleich Werkzeug?

Auf den vorherigen Seiten bin ich bewusst nicht weiter auf die Software Opti.Tax eingegangen und möchte hier ein paar Informationen dazu geben: Aus der Idee im Jahr 2011 ist heute eine Plattform geworden, die auf Basis von Taxonomien die unterschiedlichsten Themen abdeckt. Die fachliche Weiterentwicklung verteilt sich auf immer mehr Schultern, auch auf Kanzleien, die die Vorteile einer Taxonomie-Software erkannt haben und ihrerseits den fachlichen Beitrag zur Umsetzung verschiedener Themen leisten. Das Schwarmprinzip der vielen Anwender von Opti.Tax führt dazu, dass jeder auf die neueste Taxonomie zugreifen kann und von den Ideen und Hinweisen anderer Kanzleien profitiert. Es gibt damit kein Hoheitswissen von einzelnen, sondern gemeinsam entwickeln wir die Plattform inhaltlich, fachlich und technisch weiter. Mein Team und ich sind bestrebt und immer in neuen Projekten unterwegs, um Medienbrüche abzuschaffen und die Digitalisierung voranzutreiben. Aktuelles Projekt ist die Erstellung einer Plattform mit Partnern, über die die gesamte GoBD-Pyramide mit dem Mandanten gemeinsam entwickelt und gelebt werden kann.

Zusammengefasst prägen fünf Erkenntnisse meine Überlegungen für die Zeit nach der Krise:

Erkenntnis 1: Verfahrensdokumentation macht krisenfester
Es gab Zeiten, da galt die Verfahrensdokumentation als reine Pflichtaufgabe für die Finanzbehörden – und bei nicht wenigen Unternehmen ist das bis heute so: Immer noch stellen sich vielen Unternehmern beim Gedanken an diese Aufgabe die Nackenhaare auf. Dabei zeigt die aktuelle Krise: Nur wer die eigenen Prozesse kennt und sauber dokumentiert hat, kann schnell und wirksam auf plötzliche Veränderungen reagieren. Die Verfahrensdokumentation ist zu Unrecht ungeliebt. Durch den Einsatz zeitgemäßer Software erübrigen sich zudem Vorurteile wie das, dass die Erstellung einer Verfahrensdokumentation zu umständlich, aufwendig oder kostspielig wäre.

Zum einen verpflichtet die Finanzbehörde zur Verfahrensdokumentation. Die korrekte Umsetzung nach den Grundsätzen zur ordnungsmäßigen Führung und Aufbewahrung von Büchern, Aufzeichnungen und Unterlagen in elektronischer Form sowie zum Datenzugriff (GoBD) wird für Betriebsprüfungen immer zentraler. Zum anderen ist diese Aufgabe mehr als nur eine notwendige, letztendlich beinhaltet die Verfahrensdokumentation massive Optimierungsmöglichkeiten für Unternehmen. Die positiven Effekte machen sich schnell im Alltag bemerkbar. Im Prozess der Verfahrensdokumentation gelingt es Unternehmen, ihre Abläufe auf den Prüfstand zu stellen, zu erkennen, wo Prozesse verbessert werden können und an welchen Stellen bislang Ressourcen vergeudet wurden. Eine Verfahrensdokumentation deckt interne Schwächen auf und macht die Abläufe in Unternehmen besser. Sie stellt Organisationen krisenfest auf.

Erkenntnis 2: Schnelligkeit entscheidet
Schocks können unterschiedlichste Effekte hervorrufen. Die einen erstarren, die anderen agieren in Panik irrational und begehen Fehler. Manche behalten einen kühlen Kopf, schauen sich die Situation an und überlegen: Mit welchen Maßnahmen lassen sich Probleme vermeiden oder überwinden? Die Verfahrensdokumentation birgt das Potenzial, die Strukturen und Abläufe eines Unternehmens zu durchleuchten und zu optimieren. Unterschiedliche Programme des Bundes unterstützen daher mit einer Beratungsförderung Unternehmen bei der Verbesserung ihrer Prozesse.

Erkenntnis 3: Steuerberater können mehr

In der Krise finden überall Transformationen statt. Bisher stationär verortete Händler starten Onlineshops, selbst gehobene Restaurants liefern ihr Essen aus, Veranstaltungen und Vorträge werden vollständig über Streams verfolgt. Und auch viele Steuerberater erweitern ihr Business: Als Krisenmanager der ersten Stunde helfen sie ihren Mandanten zu überleben. Und mit direktem Feedback aus der Praxis sorgen sie dafür, dass Softwareanbieter wie mein Team und ich ihnen immer das optimale Werkzeug liefern können. In der Praxis der Steuerberater hat sich gezeigt, dass die Lernkurve bei den Mitarbeitern beim Thema Verfahrensdokumentation steil nach oben geht, je mehr Projekte gemeinsam umgesetzt werden – weil parallel ein Verständnis entsteht, worauf es eigentlich ankommt. Im Zuge der Krise ist zudem erneut bewiesen worden, dass eine Verfahrensdokumentation schnell und effizient bei der Masse der Mandanten, also bei kleineren Unternehmen, abbildbar ist. Zudem profitieren die Mandanten: Durch den Prozess der Verfahrensdokumentation gelingt es Unternehmen, die eigenen Abläufe nochmals gut zu überprüfen. Es offenbart sich, an welchen Stellen die Arbeit noch effizienter gestaltet werden kann und wo Ressourcen bisher nicht ausgeschöpft wurden. Steuerberater können durch eine Verfahrensdokumentation zur Optimierung eines Unternehmens beitragen.

Erkenntnis 4: Kommunikation stärkt gegenseitig

Allein oder mit Konkurrenzdenken durch die Krise kommen? Die klare Antwort: Das ist unmöglich. Wirklich niemand profitiert davon, als Einziger zu überleben. Der Austausch von Erfahrungen, Tipps und Wissen ist wertvoll wie nie. Deshalb arbeiten sich die meisten erfolgreichen Unternehmen in der Krise nicht am Wettbewerb ab, sondern setzen auf Kommunikation. Zusammenhalten stärkt schließlich jeden Einzelnen. Auch Software-Unternehmen gehen in diesem Bereich mit der Zeit und setzen auf Wissensvermittlung: In Online-Seminaren wurden auch während der Hochphase der Krise die aktuellen Erkenntnisse weitergegeben, im offenen und direkten Austausch mit den Anwendern der Software. Die Vorteile, die sich durch Online-Kommunikation ergeben, wurden während der Krise besonders deutlich.

Erkenntnis 5: Deutschland kann digital

Es hat sich gezeigt, dass das Internet und die digitalen Möglichkeiten noch umfassendere Vorteile bringen, als sie schon bis vor der Krise genutzt wurden. Lange Jahre schien etwa das Homeoffice für viele Unternehmen ein rotes Tuch zu sein. Doch die Corona-Ausnahmesituation hat eindrücklich gezeigt: Wenn es sein muss, können unglaublich viele Prozesse digital umgesetzt werden. Nun gilt es, diese positiven Erfahrungen in die Zukunft mitzunehmen und die Möglichkeiten der Digitalisierung weiterhin voll zu nutzen. Was in der Krise überlebenswichtig ist, kann Deutschland als Wirtschaftsstandort langfristig weiterbringen. Schon jetzt zeigt sich, welches Potential wirklich hinter digitalisierten Prozessen schlummert. Ob die heimische Wirtschaft tatsächlich in der Lage ist, Digitalisierung alltagsauglich und erfolgreich umsetzen zu können, ist spätestens nach Corona keine Frage mehr. Die Berührungsangst vor Video-Konferenzen, vor Cloud-Lösungen, vor Streams und Podcasts ist praktisch verschwunden. Für die Zukunft kann dies nur Gutes bedeuten.

10.4 Fazit: Krise als Chance

Mit der Corona-Krise haben sich viele Rahmenbedingungen geändert. Darauf müssen sich Unternehmen jetzt einstellen – sie tun gut daran, offen über die Krise und ihre Folgen zu sprechen. Und zwar in positiver, lösungsorientierter Weise. Jede Krise ist immer auch Chance für einen Neubeginn. Schon jetzt zeigt sich in vielen Bereichen, dass die Herausforderungen der Pandemie vielerorts neue Möglichkeiten eröffnen. Diese gilt es zu mutig nutzen.

11 So begleiten Sie Ihre Mandanten durch die Krise – Beratungsansätze von A bis Z

von Ines Scholz

Sicher erging es Ihnen und Ihrem Team ähnlich wie uns: In den ersten beiden Lockdown-Wochen war schlichtweg Land unter. Die Telefone standen kaum still, weil unsere Mandanten in der Regel als Erstes unsere Nummer wählten, um zumindest ein paar Antworten auf Ihre unzähligen Fragen zu bekommen. Trotz oder gerade weil es so viel zu tun gab, um den Mandanten zur Seite zu stehen, entstand mitten im Ausnahmezustand die Idee für dieses Buch. Mit diesem Krisen-ABC möchten wir Ihnen eine Vielzahl von Beratungsansätzen zur Hand geben, damit Sie sich und Ihre Mandanten sicher aufstellen können. Wir waren selbst erstaunt, auf welchen Wissensschatz und interne Standards wir von A bis Z zurückgreifen können und welche rechnungswesennahen »Grenzthemen« der BWL wir zu den Kernaufgaben der Steuerberatung ohnehin schon beherrschen. Das folgende ABC soll eher Denkanregungen geben, anstatt komplette Theorien wiedergeben. Die Generaltugenden der guten angewandten Betriebswirtschaftslehre –auch und gerade in schwierigen Zeiten – soll hier Gegenstand der Ausführungen sein.

A wie ABC-Analyse und Pareto-Ansatz
Die ABC-Analyse hilft bei der Klassifizierung großer Zahlen von Daten. Bekannte ABC-Analysen betreffen beispielsweise Kunden, Lieferanten, Prozesse, Artikel oder Erzeugnisse. Diese Analysen haben sich in der Praxis als praktisches BWL-Analyseinstrument bewährt. Es macht die Konzentration von Produkten, Kunden oder Artikeln sichtbar, die als Kategorie in einem bestimmten Umfang zum Gesamtergebnis beiträgt.

Die ABC-Analyse hilft dem Unternehmer dabei, den Fokus auf die wichtigsten Kunden und Lieferanten zu schärfen. Wichtigste Informationsquellen dafür sind die Debitorenbuchhaltung und die Kreditorenbuchhaltung. Buchhaltung wird so zur fundamentalen Informationsbasis. Zur Planung und Entscheidungsfindung werden die Objekte je nach Wichtigkeit in die drei Kategorien A, B und C unterteilt.

Messung des Wertanteils an jährlichen Beträgen für drei Kategorien, beispielhafte Klassifizierung:
- A-Kunden: hoher Umsatzbeitrag
- B-Kunden: mittelmäßiger Umsatzbeitrag
- C-Kunden: geringer Umsatzbeitrag

Mit der ABC-Analyse wird das Wesentliche vom Unwesentlichen getrennt, es werden Rationalisierungsschwerpunkte aufgezeigt, unwirtschaftliche Anstrengung vermieden und die Wirtschaftlichkeit verbessert. Sortieren Sie doch einfach die Debitorenliste Ihrer Mandanten nach den wichtigsten Kunden, mit denen sie 50 % Ihres Umsatzes generieren. Die zweite Liste umfasst die nächsten 30 % des Umsatzanteils. Danach werten Sie den »Rest« Ihrer Kunden aus. So ergibt sich zunächst eine einfache ABC-Analyse anhand der Fibu-Daten. Wenn Sie diese Liste dann noch um Merkmale wie gute Zahlungsmoral, guter und aktiver Empfehlungsgeber, partnerschaftliche Zusammenarbeit oder Chaos-Kunde ergänzen, wissen Sie recht schnell und auf einen Blick, für welchen Mandanten Sie welche Extrameile gehen wollen. So wird Kunden-Berichtswesen auf Basis der Buchhaltungsdaten informativ und nützlich. Dieses Know-how können Sie nicht nur im eigenen Unternehmen nutzen, sondern auch an Ihre Mandanten als Unternehmensberatung weitergeben. Auf diese Weise helfen Sie Ihren Mandanten sich selbst zu helfen und mit der ABC-Analyse Planungen und Gewinne zu verbessern, Verwaltungskosten einzusparen oder Lagerkosten zu reduzieren.

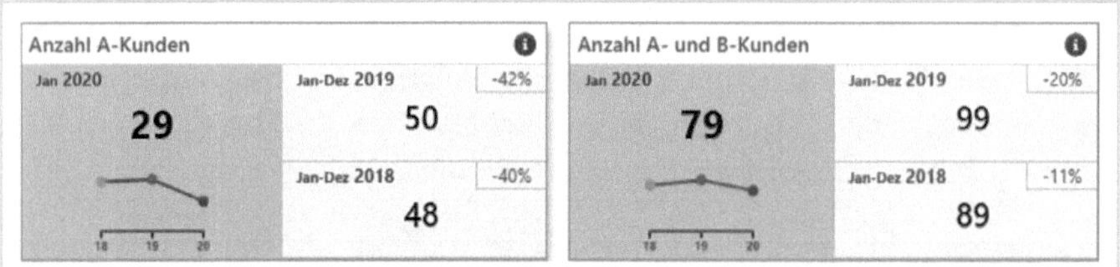

Abb. 13: ABC-Analyse der Kunden (Quelle: Cheftresor®)

Darüber hinaus gibt es einen weiteren Ansatz, das sogenannte Pareto-Prinzip. Es gilt als idealtypisch und findet sich fast in allem Lebenszusammenhängen bestätigt: Dabei gilt die 80/20-Regel. Was bedeutet das? Im Fall der Kundenbewertung werden beispielsweise mit lediglich 20 Prozent der Kunden bereits 80 % des Umsatzes erzielt (A-Kunden = hohe Bedeutung). 30 % der Kunden bringen 15 % des Umsatzes (B-Kunden = mittlere Bedeutung) und von 50 % der Kunden kommen nur 5 % Umsatz (C-Kunden = geringe Bedeutung). Der ideale Pareto-Ansatz wird in der Praxis selten vorkommen – es geht in erster Linie um das sinnvolle Gruppieren der verschiedenen Klassen (Clusteranalysen).

B wie Break-Even-Berechnung

In Zeiten der uns bevorstehenden wirtschaftlichen Herausforderungen kommt es auf die Kenntnis des Handlungsrahmens des Unternehmens an. Wieviel Umsatz brauche ich, um die Fixkostendeckung zu erreichen und den notwendigen Mindestgewinn zu realisieren? Welche Bedeutung hat die Handelsspanne in der Praxis Ihres Mandanten? Jeder Unternehmer möchte genau wissen, wie hoch der Gewinn aus seiner geschäftlichen Tätigkeit ist. Der Vergleich der Kosten und Erlöse ist einfach zu bewerkstelligen. Als Unternehmer strebt man höhere Einnahmen an als Kosten aufgewendet werden mussten, um somit positive Margen zu erzielen. Der Unternehmer wird also bei jedem seiner vielen Geschäfte stets die Spanne im Blick behalten. Die Handelsspanne dient sozusagen als Kompass, der anzeigt, ob sich das Unternehmen in die richtige Richtung hin zu höheren Gewinnen entwickelt.

Der Begriff Handelsspanne ist, wie der Name schon sagt, dem Bereich des Handels zuzuordnen. Synonym wird oftmals der Begriff Gewinnspanne oder auch Marge verwendet. Generell definiert sich die Handelsspanne als Differenz zwischen dem sogenannten Einstandspreis und dem Verkaufspreis. Dabei gibt es jedoch verschiedene Arten von Handelsspannen, je nach Bezugspunkt. Die Handelsspanne kann in absoluten Zahlen ausgedrückt werden, bezeichnet als Rohertrag. In relativen Zahlen ergibt sich eine Prozentspanne. Prinzipiell wird die Handelsspanne anhand von Nettopreisen ermittelt und ist eine sehr bedeutende Größe im Rahmen der Handelskalkulation eines Unternehmens.

Die Handelsspanne beziehungsweise Marge ist stark branchenabhängig. Eine Rolle spielt etwa wie hoch die Produktionskosten, aber auch wie preissensitiv potenzielle Kunden sind, ebenso die Wettbewerbssituation sowie viele weitere Faktoren. Die Handelsspanne muss nicht nur die Kosten des Einstands bzw. Einkaufs abdecken, sondern auch die Restaufwendungen berücksichtigen. In jedem Fall sollten Sie gemeinsam mit Ihren Mandanten unterschiedliche Stufen von Handelsspannen im Unternehmen ermitteln (Deckungsbeiträge), um den unterschiedlichen Anforderungen der Märkte gerecht zu werden. Mehr über Kalkulation und Deckungsbeitragsrechnung erfahren Sie unter dem jeweiligen Stichpunkt.

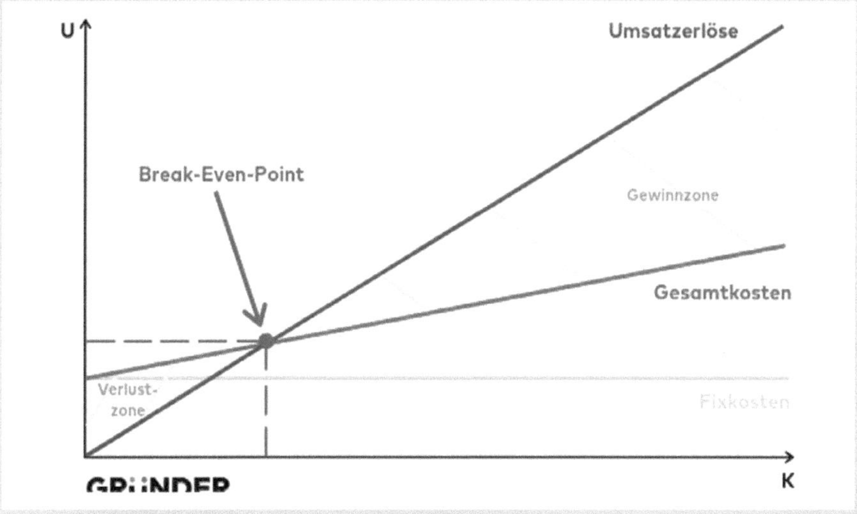

Abb. 14: Break-Even-Point (Quelle: www.gruenderplattform.de)

B wie Branchenvergleich und Benchmarking
Genau wissen, wo das eigene Unternehmen steht. Unternehmerische Entscheidungen nicht aus dem Bauch heraus treffen, sondern auf Grundlage von Zahlen – was so einfach klingt, ist tatsächlich in vielen Firmen noch immer keine Selbstverständlichkeit. Hier hilft der externe Branchenvergleich, um zu wissen, wo das Unternehmen im Vergleich zu anderen Marktteilnehmern steht. Kritisch hierbei ist, dass der Beste der Branche mit dem Schlechtesten verglichen und daraus ein Durchschnittswert ermittelt wird. Konkreter und transparenter ist das **Benchmarking** – sowohl für Ihre eigene Kanzlei als auch für Ihre Mandanten. Die Benchmark-Analyse, auch Stärken-Schwächen-Analyse genannt, ist ein Instrument, um die aktuelle Position eines Unternehmens im Wettbewerb zu bestimmen. Neben finanzwirtschaftlichen Kennzahlen wie Umsatz oder Kosten spielen auch Arbeitsprozesse eine Rolle. Dabei vergleichen sich Unternehmen ganz konkret mit der Konkurrenz. Aber bitte nicht mit dem Wettbewerber »von nebenan«! Lernen von den Besten, nicht vom Durchschnitt, lautet das Credo.

Der Begriff »Benchmark« kommt aus dem Englischen und bezeichnet die Orientierung am Maßstab, also den führenden Betrieben einer Branche. Mit Benchmarking lassen sich Optimierungspotenziale analysieren und identifizieren. Außerdem eröffnet der Vergleich mit anderen Unternehmen derselben Branche die Möglichkeit, aus erfolgreichen Maßnahmen anderer zu lernen. Benchmark-Analysen werden sowohl extern von Unternehmensberatungen angeboten, sind aber auch intern im Vergleich mit befreundeten Unternehmen (derselben Branche, möglichst unter Ausschluss einer direkten Wettbewerbsposition) umsetzbar. Aus Daten des Rechnungswesens, Buchhaltung und Lohnabrechnung werden relevante Entwicklungsdaten. Sie haben eine hohe Aussagekraft, wenn man diese Controlling-Kennzahlen miteinander über fünf Jahre hinweg vergleicht oder sich mit anderen aus der eigenen Branche misst.

Der permanente Vergleich anhand nackter Zahlen bedeutet zwar harte Arbeit, sichert aber langfristig die solide Wirtschaftlichkeit eines Unternehmens. Denn es werden Missstände sichtbar, die sonst im operativen Geschäft allzu häufig untergehen. Angenehmer Nebeneffekt: Man bekommt zudem einen Überblick über sich entwickelnde oder bereits bestehende interne Schwachstellen und kann rechtzeitig gegensteuern. Diese Chance der Benchmark-Gruppen wurde bisher als mögliches Beratungsfeld der Steuerberatung vernachlässigt. Was wäre, wenn … man ohnehin aus einer Branche bereits eine Vielzahl von Mandanten hat und diese eine geschlossene Benchmark-Gruppe durch Ihre Steuerkanzlei gut finden würden und gerne Ihre Erfahrungen untereinander austauschen wollen? Dann eröffnet sich für Sie als Steuerberatung vielleicht schon bald ein neues Geschäftsfeld.

C wie Controlling – sinnvolle Indikatoren dienen als Informationssystem
Während sich Frühwarnsysteme in Bereichen wie Militär, Brandschutz und Naturkatastrophen flächendeckend als Standard durchgesetzt haben, fehlen in Unternehmen oftmals verlässliche Frühwarnindikatoren im Controlling. Das interaktive, frei gestaltbare Dashboard zur Visualisierung der wichtigsten Kennzahlen und Entwicklungen im Überblick ist noch nicht der Standard. Ein Scoreboard, das Inhaber und Mitarbeiter über die Entwicklung kritischer Erfolgsfaktoren informiert, hilft den Überblick zu behalten und das Unternehmen proaktiv zu steuern. Entgegen landläufiger Befürchtungen, dass Controlling teuer und unwirtschaftlich ist, zeigt sich, dass sich die Ergebnisse dessen, was gemessen wird, verbessern. Man spricht vom sogenannten Stab-Hochsprung-Effekt. Die Parallele zum Stabhochsprung ergibt sich aus der Tatsache, dass auch die weltweit besten Stabhochspringer nur dann ein ambitioniertes Ziel erreichen, wenn die Latte aufgelegt ist. Ohne Zielhöhe würden niemals Spitzenleistungen erreicht. Nun muss man im Unternehmen den eigenen Wert nicht zwingend auf Weltmeisterniveau hochschrauben.

Allerdings sollte man zumindest den Vergleich zu den eigenen Entwicklungszielen des Unternehmens als Maßstab ansetzen und die kontinuierliche Fortschreibung beziehungsweise Verbesserung eben dieser Werte anstreben. Unsere Wirtschaft entwickelt sich beständig weiter, auch die Personalkosten steigen von Jahr zu Jahr – ein dauerhaftes Verbleiben auf dem Status quo kann von keinem Unternehmen ernsthaft gewollt sein. Controlling ist wirtschaftlich – insbesondere, wenn diese Aufgabe in Teilzeit oder von einem externen Dienstleister übernommen wird. Sie ahnen es schon: Als Steuerberater sind wir dazu prädestiniert, da wir die Zahlen bereits vorliegen haben. Ein einfaches Kennzahlensystem zu entwickeln, ist sehr hilfreich und wirksam. Dieses lohnenswerte Tracking der Unternehmenszahlen ist noch effektiver als der Fitnesstracker am Handgelenk der Unternehmer zur Überwachung der eigenen Bewegungsparameter. Helfen wir unseren Mandanten dabei, die relevanten Bewegungs- und Erfolgsparameter für ihr Unternehmen zu visualisieren: »Datentracking« als Chefsache! Das lässt sich mit den Daten der Buchhaltung und Lohnabrechnung pragmatisch umsetzen. Grundsätzlich wird das Controlling in verschiedene Teilbereiche unterschieden: Vom Finanzcontrolling über Personalcontrolling, Vertriebs- und Marketingcontrolling, Projektcontrolling, Einkaufscontrolling bis hin zum Prozesscontrolling. Für den steuerberatenden Beruf bieten sich vor allem die rechnungswesennahen Controllingbereiche des Finanzcontrollings an. Aber auch Teilmengen aus den anderen Bereichen lassen sich aus den in der Kanzlei erhobenen Daten generieren und zusammenstellen.

Mögliche **Parameter eines effizienten Frühwarnsystems** sind folgende Kennzahlen:

- **Kennzahlen Finanzcontrolling**
  - Umsatzzuwachs/Umsatzrückgang in %
  - Umsatz je Stunde

  - Sachkosten je Stunde
  - Gemeinkostenquote
  - Entwicklung der Rohertragsmarge
  - Erreichung Mindestumsatz/Mindestgewinn
  - Cashflow der kumulierten Periode
  - Forderungsbestand Kundenforderungen
  - Gebundenes Kapital durch Vorräte und unfertige Produktion
  - Steuerprognose auf Basis der aktuellen Gewinne
- **Kennzahlen Personalcontrolling**
  - Entwicklung der Mitarbeiter-Produktivität
  - Umsatz je Stunde
  - Personalkosten je Stunde
  - Personalkostenquote
- **Weitere nützliche Denkansätze**, die über die Buchhaltung hinausgehen:
  - 4DX, BHAG® oder OKR-Kriterium (Tracking erfolgsrelevanter Verursacher z. B. Zahl der Neukunden)
  - EKS®-Strategie – Fokus auf den relevanten Engpass im Unternehmen
  - Auftragsbestand, Höhe und geplante Kapazitäten
  - Projektplan
  - Erfolgsquote der Angebotserstellung

Bei allen Themen empfiehlt es sich ein Informationsschema oder besser noch Dashboard zu entwickeln, das den Unternehmern alle relevanten Informationen auf den Punkt an die Hand gibt. Denn unternehmerische Vorsorge für etwaige Notsituationen beginnt mit einem effizienten Frühwarnsystem bzw. einem Kennzahlensystem.

C wie Coaching und Change

Im Bereich der unternehmerischen Beratung insbesondere in Krisenzeiten kommt es nicht allein auf Faktenwissen hinsichtlich detaillierter Analysen und Berechnung an. Der entscheidende Punkt wird sein, wie es gelingt den Mandanten als Teil der Arbeitsgruppe ins Handeln zu bringen. Berater sollten nur beraten. Die Aufgabe liegt also darin den Mandanten bei Entscheidungen zu unterstützen, Fakten und mögliche Optionen zu besprechen, das Handeln zu begleiten, die Wirksamkeit nachzuhalten und ein Follow-up zu organisieren.

Im Bereich der Unternehmensnachfolge ist erwiesen, dass 60 Prozent der geplanten Deals/Veränderungen aufgrund der Psychologie scheitern. Es ist eine Binsenweisheit, dass die Ratio beim Menschen hoffnungslos überschätzt wird. In Ausnahmesituationen und angesichts besonderer Herausforderungen braucht es mehr Coaching sowie Konzepte, um die wichtigen und richtigen Handlungsschritte anzugehen. Wie so oft liegt die Lösung sehr oft beim Betroffenen selbst. Um dies herauszuarbeiten bedarf es des achtsamen Umgangs. Bei diesen Überlegungen möchten wir Ihnen **fünf Grundsätze im Bereich Coaching und Change** ans Herz legen:

- Keine Beratung ohne ausdrücklichen Auftrag (gilt auch im privaten Bereich!)
- Maria-Montessori-Prinzip: Hilf mir, es selbst zu tun
- Ich lasse deins bei dir
- Wertschätzung und Respekt für die Person
- Rolle des Befähigers und Ermöglichers

Bei Veränderungsprozessen ist zudem wichtig, die verschiedenen Phasen der Veränderung zu kennen und professionell zu begleiten, manchmal auch schlicht nur auszuhalten. Je besser Sie Betroffene zu Beteiligten machen und die Transparenz über Ist- und Soll-Zustand kommunizieren, desto erfolgreicher wird der Change-Verlauf. Die nachstehende Grafik verdeutlicht die Stimmungskurve eines jeden Veränderungsprojekts. Hier sind Durchhaltevermögen und positive Begleitung der Widerstände notwendig.

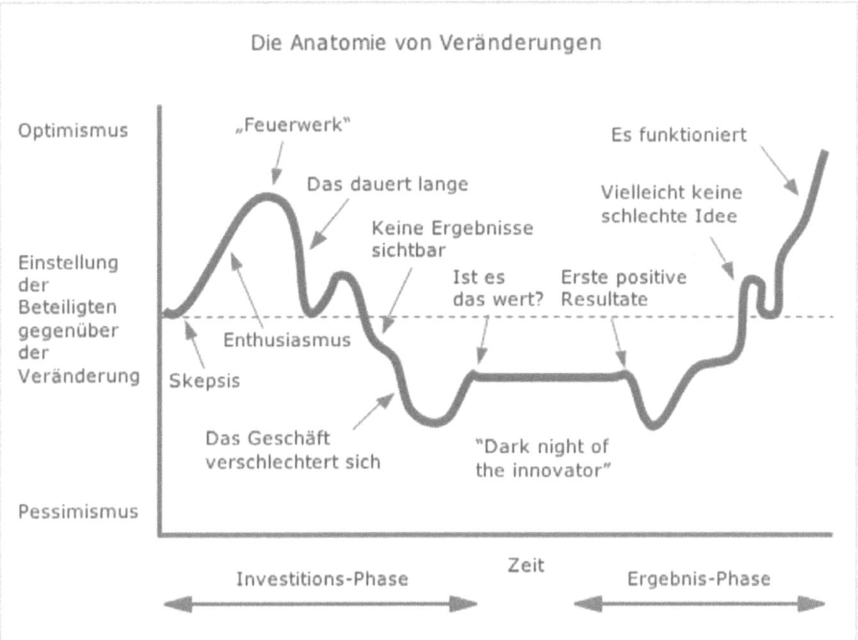

Abb. 15: Anatomie von Veränderungen (Quelle: www.econnectconsulting.de)

D wie Deckungsbeitrag – die Fixkosten im Blick

Aus der Finanzbuchhaltung lässt sich mit Eingabe der Kostenstellen-Bereiche eine Kostenrechnung zumeist gut integrieren. Die wichtigste Berechnungsart der Kostenrechnung ist die mehrstufige Deckungsbeitragsrechnung (DB). Hierbei werden die Erlöse um die jeweiligen Kostenstufen bereinigt und Sie bekommen als Unternehmer einen Überblick über erzielte Rohertragsmargen, die Produktivität einzelner Bereiche und Projekte und können mittels differenzierter Berechnungen wichtige Schlussfolgerungen ziehen. Welche Aufträge und/oder Kunden lohnen sich besonders? Welche nicht? Vor allem aber warum? Der Reiz der Deckungsbeitragsrechnung liegt in der schonungslosen Offenlegung der Wirklichkeit im Detail. Notwendige Änderungsmaßnahmen oder Lob und Anerkennung der Mitarbeiter im Erfolgsfall folgen klassisch nach.

Die **Deckungsbeitragsrechnung** ermittelt die Differenz aus erzielten Erlösen und variablen Kosten. Sie zeigt den Wert an, der zur Deckung der Unternehmens-Fixkosten eingespielt wurde. Bei unterschiedlichen Produkten, Leistungen, Projekten und Baustellen ist eine Deckungsbeitragsrechnung ein absolutes Muss. Nur so lassen sich rentable von unrentablen Bereichen unterscheiden. Verbesserungen, Einsparungsentscheidungen und Preisänderungen sind unmittelbare Folgen einer konsequenten DB-Analyse. Diese Unterscheidung ist für Unternehmer elementar. Wichtigstes Kriterium für alle Unternehmen ist zunächst einmal die Unterteilung von Fixkosten und variablen Kosten. Unterstützen Sie Ihre Mandanten dabei, durchaus pragmatisch vorzugehen. Einen ersten groben Überblick erhält man, wenn man anhand der Ist-Kosten eine plausible Schätzung der Fixkostenanteile vornimmt. Mit der Deckungsbeitragsrechnung haben Unternehmer ein wertvolles Werkzeug an der Hand, um den Erfolg ihres Unternehmens abzusichern. Dabei zieht man die direkt zuzuordnenden Produktkosten beziehungsweise Einzelkosten von den Erlösen ab und untersucht den Beitrag der verbleibenden Erlöse zur Deckung der Fixkosten. Der Deckungsbeitrag in seiner einfachsten Form ist der Anteil, ab dem die Umsatzerlöse eines Produkts die Produktkosten übersteigen.

Liegt der **Deckungsbeitrag über null**, so spricht man von einem positiven Deckungsbeitrag. In diesem Fall übersteigen die Erlöse die variablen Kosten eines Produkts, was aber noch nicht heißt, dass tatsächlich auch Gewinn erwirtschaftet wird. Denn der Deckungsbeitrag muss zunächst die fixen Kosten decken wie beispielsweise Miete, Firmenwagen usw. Ist der Deckungsbeitrag gleich null, entsprechen die Erträge eines Produkts den variablen Kosten. Das wird als absolute oder kurzfristige Preisuntergrenze bezeichnet. Diesen Wert sollte der Deckungsbeitrag mindestens haben, um als Unternehmen am Markt bestehen zu können. Nur im Ausnahmefall ist ein Deckungsbeitrag von null zu akzeptieren.

Problematisch wird es, wenn ein **negativer Deckungsbeitrag** realisiert wurde. Dann ergibt sich pro hergestelltem Produkt unter dem Strich Verlust. Die variablen Stückkosten – also Material- beziehungsweise Lohnkosten pro Stück – sind höher als der Preis. Unternehmer müssen entscheiden, ob solche Produkte weiterhin im Sortiment behalten werden, wie ggf. eine Preisänderung erfolgen könnte oder ob es sich als Service-Cross-Selling aufgrund einer anderen mit der negativen Leistung verbundenen rentablen Leistung dennoch rechnet. Durch die mehrstufige Deckungsbeitragsrechnung erhalten Unternehmer die notwendige Transparenz über das eigene Produktportfolio. So sehen Ihre Mandanten auf den ersten Blick, welche Produkte den besten Deckungsbeitrag erwirtschaften – und welche eben nicht.

E wie Eigenkapital – Fokus für mehr wirtschaftliche Unabhängigkeit

Eine der wichtigsten Bilanzkennzahlen eines Unternehmens ist die **Eigenkapitalquote**, kurz EK-Quote. Laut Definition ist dies der Betrag, der den Inhabern und Gesellschaftern des Unternehmens gehört. Je höher das Eigenkapital, desto unabhängiger ist das Unternehmen von Banken und Lieferanten. Somit ist der finanzielle Handlungsspielraum grundsätzlich umso besser, je größer der Eigenkapitalanteil ist. Das Eigenkapital setzt sich zusammen aus dem eingezahlten Kapital, den stehen gelassenen Gewinnen nach Gewinnverwendung und dem Jahresüberschuss des aktuellen Jahres. Zusätzlich rechnet man dem Eigenkapital noch anteilig sogenannte Mezzanine-Bestandteile der Sonderposten mit Rücklage, stillen Beteiligungen und patriarchisches Darlehen als sogenannte hybride Finanzierung hinzu. Das Eigenkapital ergibt sich aus der Differenz von Vermögen und Schulden und wird auch als Reinvermögen bezeichnet. Dabei gilt in deutschen Unternehmen eine Mindest-EK-Quote von 20 Prozent als Zielgröße. In der jüngeren Vergangenheit haben KMU-Betriebe ihre durchschnittliche EK-Quote von 18 Prozent (2002) auf über 30 Prozent (2018) steigern können.

Noch ein kleiner Exkurs in Sachen Eigenkapitalstärkung gefällig? Bürgschaften, Rangrücktrittserklärungen und Patronatserklärungen der Gesellschafter sind ein oft genutztes Instrument zur Verbesserung der Eigenkapitalquote und der Finanzierungsstruktur. Das ist allerdings eine Strategie zur Beschaffung und Sicherung von Finanzmitteln mit Tücken. Die Auswirkungen und Gestaltungsoptionen für den Gesellschafter müssen im Beratungsprozess transparent gemacht werden. Die unterschiedlichen steuerlichen Folgen gehören zwingend in Ihr Beratungsrepertoire!

Bei Aufnahme von Fremdkapital der Gesellschaft ist es üblich, die Gesellschafter mittels Bürgschaft für die gewährten Darlehen haften zu lassen. Bürgschaften können und sollten zeitlich und auch betragsmäßig begrenzt werden. Selbstschuldnerische Bürgschaften sind in der Praxis weit verbreitet, haben aber weitreichende Konsequenzen. Bei der selbstschuldnerischen Bürgschaft kann der Bürge selbst mittelbar und unmittelbar in voller Höhe zur Begleichung der Schulden durch den Kreditgeber herangezogen werden. Natürlich nur, wenn der eigentliche Schuldner seinen Zahlungsverpflichtungen nicht nachgekommen ist. So haftet der Gesellschafter, der solch eine Bürgschaft erteilt, voll und ganz mit seinem Privatvermögen.

Ein weiteres beliebtes Mittel zur Schließung von Finanzierungslücken sind die Patronatserklärungen. Hier erklärt der Patron gegenüber Gläubigern eines Schuldners (der patronierten GmbH) die Rückzahlung der Verbindlichkeiten.

F wie Five-Forces-Analyse nach Porter

Die Five-Forces-Methode ist ein Modell zur Beurteilung der Attraktivität einer Branche beziehungsweise eines Marktes. Die Attraktivität schlägt sich in den Möglichkeiten der Rentabilität von Investitionen in einen Markt nieder. Es dient vor allem der Analyse eines Marktes bevor ein Unternehmen in diesen Markt beziehungsweise diese Branche eintritt. Nach Michael E. Porter gibt es **fünf unterschiedliche Arten von Wettbewerb**. Die Wettbewerbsanalyse wird damit deutlich umfangreicher und komplexer.

- Wettbewerb zwischen bestehenden Konkurrenten: Hier geht es um das Konkurrenzverhalten innerhalb des Marktes oder der Branche. Diese Kraft spiegelt die Wettbewerbsintensität wider.
- Bedrohung durch neue Konkurrenten: Wenn neue Anbieter/Wettbewerber an den Markt kommen, kann das auf die Rentabilität und die Situation der Etablierten Auswirkungen haben.
- Verhandlungsmacht der Kunden/starke Abnehmer: Es geht um die starke Verhandlungsposition von Abnehmern/Nachfrage.
- Mögliche Ersatzprodukte: Besteht die Gefahr der Substitution, d. h. dass vorhandene Produkte durch neue ersetzt werden?
- Verhandlungsstärke des Lieferanten: Können wenige Lieferanten der Branche Preise und Konditionen diktieren?

Bauen Sie sich Schritt für Schritt die Wettbewerbsanalyse hinsichtlich der fünf Punkte auf. Erstellen Sie dazu anhand dieser fünf Wettbewerbskräfte gemeinsam mit Ihren Mandanten fünf Listen. Denken Sie darüber nach, wer dem Unternehmen gefährlich werden kann. Wichtig ist dabei, jährlich oder alle zwei Jahre die Wettbewerbsanalyse zu wiederholen und zu vertiefen. Das Modell nach Michael E. Porter ist immer nur eine Momentaufnahme.

F wie Führungs-Check

Helfen Sie Ihren Mandanten, auf wirksamem Führungskurs zu bleiben. Stellen Sie Werkzeuge und Methoden für Unternehmer bereit, die sich auch in Ihrem Berufsalltag etabliert haben. Befragen Sie Ihren Mandanten zu seinem eigenen Führungsverhalten und den eingesetzten Instrumenten oder Maßnahmen. Geben Sie Ihre Expertise und eigenes Know-how in punkto Organisation an Ihre Mandanten weiter. So nimmt Ihr Mandant Sie auch als Unternehmensbegleiter ganz außerhalb von Buchhaltung und Bilanzen wahr.

Beispiel gefällig? Bei Bewerberauswahl, Mitarbeiterweiterbildungsplänen und auch im Mitarbeitergespräch hat sich das Instrument der **Wissens- und Kompetenzlandkarte** bewährt. Dabei ist es wichtig, im Unternehmen relevante Wissens- und Kompetenzkriterien festzulegen. Anhand eines Kompetenzkatalogs wird dann für offene Stellen ein entsprechendes Anforderungsprofil festgelegt. Die Mitarbeiter des Unternehmens nehmen zunächst eine **Selbstbewertung** der jeweils relevanten Kompetenzen vor. Hier unterscheidet man üblicherweise abgestuft anhand folgender Bewertung:

- – nicht relevant für eigenen Arbeitsbereich
- 0 Einsteiger: hat noch keine Kenntnisse
- 1 Anfänger: hat Grundkenntnisse
- 2 Fortgeschrittener: hat erweiterte Grundkenntnisse
- 3 Könner: hat umfassende Kenntnisse
- 4 Spezialist: hat umfassende Spezialkenntnisse

Weiter empfiehlt es sich in der Kompetenzlandkarte abzufragen, welche neuen Lernfelder beim Mitarbeiter im nächsten Jahr aktiv aufgebaut werden sollen. Aus Erfahrung sollten hier höchstens drei Themen bewusst gemeinsam ausgewählt werden. Das Unternehmen ist gefordert, den Mitarbeiter in geeigneter Weise beim Erwerb der neuen Wissensgebiete und Kompetenzen zu fördern und Lernerfolge abzufragen sowie langfristig nachzuhalten.

Zudem können Sie einen Expertenstatus für interne Ansprechpartner als sogenannte Wissensträger eines Themengebiets festlegen. Damit ist auch hier sichergestellt, dass alle Mitarbeiter wissen, wer wofür die Fachpatenschaft und Verantwortung übernimmt. So behalten Unternehmer den Überblick über die Fähigkeiten ihrer Mitarbeiter und zeigen konkrete Entwicklungsperspektiven auf. Das Nachhalten der Mitarbeiter-Selbsteinschätzungen und die damit verbundene Verpflichtungserklärung, Lernfelder zu erarbeiten oder anderen als Experte weiterzuhelfen, sind enorm wirkungsvoll, um nachhaltig zielgerichtete Veränderungen zu bewirken.

F wie Fördermittel

Die Abgabenquote stimmt nur dann, wenn Sie für Ihre Mandanten auch die möglichen Subventionen sichern. Die Welt im Jahr 2020 ist voller Möglichkeiten, Konjunkturmaßnahmen und staatlicher Hilfsangebote. Helfen Sie Ihren Kunden, die für ihn zutreffenden Optionen zu nutzen. Steuerberater, die sich jetzt nicht um die Möglichkeiten der Fördermittel kümmern wollen oder können, sollten zumindest eine strategische Partnerschaft mit einem Fördermittel-Spezialisten vorhalten. Das könnte ein wichtiger Knackpunkt bei der Beurteilung der Servicekompetenz von Kanzleien werden. Man muss nicht alles selbst tun oder wissen. Als Unternehmensbegleiter sollten wir dennoch in punkto Fördermittel eine Lösungsoption anbieten können.

Bei Förderprogrammen als staatliche Hilfen zur Finanzierung von Vorhaben und Investitionen wurden in den ersten Wochen und Monaten der Corona-Krise eine Unmenge neuer Optionen geschaffen. Das Kleingedruckte stellte sich dabei oft erst viel später heraus. Daher sollten wichtige Grundsätze mit dem Mandanten immer vorab geklärt werden: Zuschüsse sind steuerpflichtige Betriebseinnahmen und können wahlweise sofort versteuert werden oder mindern die Einstandskosten der geförderten Beträge. Das Wahlrecht kann nur einmalig einheitlich beansprucht werden. Es gibt bundesweite Förderprogramme und bundeslandspezifische Förderpakete. Derzeit populär sind die KfW-Unternehmerdarlehen und Zuschüsse für Programme mit Blick auf das große Thema Digitalisierung. Bei größeren Vorhaben lohnt es sich immer, vorab eine Fördermittelrecherche über die Webseite www.foerderdatenbank.deanzustellen.

G wie Gewinnorientierung als erstrebenswertes Ziel

Für unsere Unternehmen in Deutschland ist es wichtiger denn je, auf die Gewinnorientierung zu achten. Hermann Simon sprach zutreffend von der »Gewinnwüste Deutschland«, wo demnach laut landläufiger Meinung die vermutete durchschnittliche Rendite von Unternehmen bei 22,8 % Nettoumsatzrendite liegen soll.[45] Die realen Nettoumsatzrenditen betrugen für die Jahre 2003 bis 2016 allerdings nur 3,24 %. Unsere deutschen Unternehmensergebnisse schneiden im internationalen Vergleich zu anderen Ländern nachhaltig schlecht ab: Der Durchschnittswert der OECD-Länder lag im gleichen Zeitraum bei 6 % und somit 76 % über dem deutschen Wert. Nur Japan schnitt mit 2,3 % noch niedriger ab als Deutschland.[46]

Aufgabe des steuerberatenden Berufsstandes ist es also, nicht allein auf Steueroptimierungen zu schauen. Vielmehr muss es uns als Steuerberater darum gehen, Unternehmen auf dem Weg zu einem nachhaltigen Gewinnkurs zu begleiten. Denn Stabilität und finanzieller Handlungsspielraum ergeben sich aus den Gewinnreserven. Hier haben deutsche Unternehmen Nachholbedarf und sollten anspruchsvolle Gewinnziele anpeilen. Unsozial handeln Unternehmen dann, wenn keine Gewinne gemacht werden.

G wie Gewinnhebel – Die zehn Hebel der Ergebnisverbesserung

Aufgrund des Nachholbedarfs der Unternehmen hinsichtlich der Ergebnisorientierung ergibt sich für unsere Branche, dass wir als Steuerberater die Zusammenhänge von Preisentscheidungen und Kostenänderungen für unsere Mandanten transparent machen müssen. Die **zehn wichtigsten Beratungsimpulse** dazu sind Analysen und Berechnungen zu:

- Preiserhöhung
- Stundensatz erhöhen

45 Vgl. Hermann Simon, S. 39–41.
46 Vgl. Hermann Simon, S. 43.

- Höhere Verkaufsmenge
- Herstellungskosten/direkte Kosten senken
- Betriebsausgaben reduzieren
- Forderungen effizienter eintreiben
- Kunden Skonto gewähren
- Optimierte Lagerhaltung/Umlaufbestand reduzieren
- Zahlung von Verbindlichkeiten verzögern
- Skonto ausnutzen

Die Wirkungen der Hebel anhand der Zahlen unserer Mandanten »live« zu demonstrieren, macht mehr mit dem Entscheider als das Studieren seitenlanger Berichte und Analysen. Probieren Sie es aus! Online auf SPmyBook (siehe Hinweis ganz vorne im Buch) finden Sie beispielhaft zehn Berechnungsmuster zur Verdeutlichung der Ausführungen.

Der Klassiker: Preiserhöhung

Mit einer pauschalen Preiserhöhung lässt sich – bei gleichbleibender Kostenstruktur – mehr Umsatz und damit auch ein höherer Zahlungsfluss erzielen. Wichtig: Der Mehrverdienst steht dem Unternehmen nicht zu 100 % als Gewinn zur Verfügung. Einige Kosten, wie zum Beispiel die Steuerbelastung, steigen proportional mit dem Umsatz. Vor allem die Zahlungsziele und das Mahnwesen haben einen entscheidenden Einfluss auf die Wirksamkeit dieser Maßnahme in Bezug auf die Verbesserung der Liquidität. Die höchsten Rechnungen nützen nichts, wenn sie nicht bezahlt werden. Für die Umsetzung gilt es die Auftragsstrukturen des Unternehmens zu beachten. Produzierende Betriebe, die an Endverbraucher verkaufen, können eine Preiserhöhung relativ einfach umsetzen. Arbeitet Ihr Unternehmen allerdings mit Vertragspartnern oder ist ein Dienstleister, gilt es oft Fristen und bereits geschlossene Vereinbarungen zu beachten oder neu zu verhandeln. Ein Ansatz ist auch die schrittweise Erhöhung in mehreren Etappen. Dabei werden die Preise beispielsweise nur für neu abgeschlossene Käufe und Verträge erhöht, Bestandskunden behalten ihren alten Preis. Dieses Prinzip wird zum Beispiel oft bei Telefonverträgen angewandt. Oder die Anpassung auf den Zielpreis erfolgt langfristig in mehreren kleineren Schritten zum Beispiel jährlich um 1 bis 3 %.

Nehmen Sie in diesem Zusammenhang ruhig eine Fokussierung nach dem Pareto-Prinzip vor. Konzentrieren Sie sich auf die Key-Account-Kunden Ihrer Mandanten. Sie erinnern sich: Mit 20 % der Kunden erwirtschaften Unternehmen statistisch gesehen etwa 80 % des Gesamtumsatzes. Gleiches gilt für den Gewinn. Natürlich ist eine Preiserhöhung nicht in jedem Fall möglich. Wer das Prinzip der Preisführerschaft am Markt verfolgt oder seine Preise in einer hart umkämpften Branche vom Wettbewerb diktiert bekommt, muss eine andere Strategie wählen. Fakt ist aber, dass jede Preiserhöhung direkt auf die Gewinnsituation Ihrer Mandanten durchschlägt, wenn die anderen Kosten stabil bleiben. Gleiches gilt jedoch auch bei etwaigen Preissenkungen, deren Wirkung Sie nicht unterschätzen sollten. Wer beispielsweise einen Gewinn von 15 % (75.000 €) bei einem Umsatz von 500.000 € erwirtschaftet, verdient bei einer Preiserhöhung von nur 5 % ein ganzes Drittel mehr, also 100.000 €. Eine Gewinnverdoppelung würde man hier mit einer Preiserhöhung von 15 % erreichen. Nicht schlecht, oder?

Weil Zeit wertvoll ist: Stundensätze erhöhen

Vor allem Dienstleister und Handwerker verkaufen ihre Leistungen hauptsächlich über Stundensätze. Auch diese müssen regelmäßig angepasst werden, um der laufenden Kosten- und Lohnentwicklung Rechnung zu tragen. Grundsätze dabei entsprechen den zuvor angeführten Überlegungen zur Preiserhöhung. Hier kann eine geringfügige Änderung bereits einen großen Hebel erzeugen. Durch die regelmäßige Überprüfung der Lohnverrechnungssätze entsteht Transparenz über den Entwicklungsverlauf der gestiegenen Lohn- und Sachkosten. So ergeben sich neu anzusetzende Preise, die rechnerisch fair und exakt ermittelt sind und zwingende Grundlage der Angebotskalkulationen sein sollten. Eine Navigation des Unternehmens mit gefühlten Verrechnungspreisen ist fahrlässig. Genaueres dazu erfahren Sie im Kapitel über aktives Personalcontrolling.

Die Menge macht's: höhere Verkaufsmengen erzielen

Wer mehr verkauft, erhöht automatisch auch den Kapitalfluss im Unternehmen – allerdings an mehreren Stellen. Denn um mehr zu produzieren, entstehen in der Regel auch höhere Kosten für die Produktion beziehungsweise Erbringung der Leistung. Diese Maßnahme macht also besonders Sinn für Angebote, die gut skalierbar sind und eine gute Marge mit sich bringen. Auch das Mahnwesen spielt hier eine entscheidende Rolle für den tatsächlichen Cashflow im Unternehmen.

Höhere Verkäufe erfordern außerdem oftmals Investitionen und Folgekosten an anderer Stelle, die bei der Entscheidung berücksichtigt werden sollten. Welche Werbebudgets werden dafür benötigt? Werden Rabatte gewährt, die die Marge und den Kapitalfluss wieder schmälern? Ist die Produktion und Unternehmensstruktur für die erhöhte Auslastung überhaupt geeignet? Bestehen ausreichend freie zeitliche Kapazitäten oder muss zum Beispiel in den Schichtbetrieb gewechselt werden, wodurch Schichtzuschläge fällig werden? Wachstum erfordert immer mehr Führungsaufmerksamkeit und muss gut gesteuert und geplant werden. Es müssen Finanzmittelreserven aufgebaut, neue Strukturen geschaffen und auch eine etwaige Anlaufkurve beachtet werden. Sehr starke Expansionen bedürfen der gleichen Controller-Aufmerksamkeit wie neu gegründete Unternehmen. Nur wenn durch die Maßnahmen mehr frisches Geld ins Unternehmen kommt als an neuen Verbindlichkeiten entsteht und die Führung ein enges Controlling ansetzt, ist dieser Schritt ein guter Prozess. Denn Wachstum muss man vorbereiten und sich auch leisten können.

Die Kosten im Griff: Herstellungskosten senken

Ebenfalls ein klassisches Optimierungsthema sind die Materialkosten beziehungsweise direkten Herstellkosten. Einsparungen in diesem Bereich führen automatisch zu einer Erhöhung des Rohertrags und zu geringeren kurzfristigen Verbindlichkeiten. Der Preiskampf ist hart und so lohnt sich eine kleine Lieferantenrecherche allemal. Oft genügt schon ein günstigeres Angebot des Wettbewerbers, um Stammlieferanten zu einem Rabatt zu bewegen. Auch ihnen ist daran gelegen den Auftrag und eine langjährige Kundenbeziehung nicht zu gefährden. Nach alter überlieferter Kaufmannsweisheit liegt der Segen eines Geschäftes im Einkauf.

Kosteneinsparungen kennen wir auch aus der Lebensmittelindustrie. Dort wird der Austausch eines teuren Rohstoffs durch eine billigere Zutat meistens mit einer »verbesserten Rezeptur« verkauft. Warum also nicht von den großen Konzernen abschauen? Gibt es Bestandteile einer Leistung beziehungsweise eines Produktes, die auch einfacher und günstiger zu haben sind? Gibt es neue technische Entwicklungen auf dem Markt, die eine solche Substitution erlauben? Als Unternehmensbegleiter ist es nicht Ihre Aufgabe, das alles selbst zu tun. Sie könnten und sollten Ihre Mandanten aber immer wieder auf solche Fragen hinweisen. Die digitale Welt bietet eine Vielzahl an Hilfsmitteln. Ihre Mandanten könnten sie nutzen, um Arbeitsschritte einzusparen und damit die zuordenbare Arbeitszeit zu senken. Auch eine Überarbeitung der Prozesse während der Leistungserstellung kann die Arbeitseffizienz erhöhen. Gerade für Dienstleister, denen die konkrete Zuordnung ihrer Zeiten auf einzelne Kunden/Aufträge schwerfällt, ist die Mitarbeiterproduktivität eine wichtige Kenngröße. Sie berechnet sich aus Umsatz/Personalkosten und zeigt, wie viel Umsatz je eingesetztem Euro Personalkosten erwirtschaftet wird. Eine gute Quote garantiert zwar noch keinen positiven Cashflow, kann aber als Steuerungsinstrument dienen.

Kosten, die kosten: Betriebsausgaben reduzieren

Gemeint sind die operativen Kosten, die zur Aufrechterhaltung des Geschäftsbetriebs notwendig sind. Dazu gehören die Material- und Personalkosten genauso wie klassische Gemeinkosten in Form von Miete, Strom, Versicherungen etc. Vor allem die Gemeinkosten werden in den meisten Unternehmen nicht regelmäßig geprüft und steigen so nach und nach durch neue Verträge und Abonnements an. Durch die laufenden Ausgaben schrumpft das zur Verfügung stehende Geld, die fixen Kosten kosten die Firma Performance und Kreditwürdigkeit. Deshalb lohnt es sich, alle Kostenbereiche des Unternehmens regelmäßig auf den Prüfstand zu stellen. Das sollten Sie als guter Steuerberater für Ihre Mandanten im Blick haben! Nicht mehr benötigte Ausgaben sollten schnellstmöglich gekündigt werden. Um den Überblick zu behalten hilft zum Beispiel ein Vertragsradar, in dem alle dauerhaften Verbindlichkeiten festgehalten, regelmäßig geprüft und rechtzeitig beendet werden können.

Mahnwesen straffen und Forderungen effizient eintreiben

Jede Rechnung beinhaltet ein Zahlungsziel. Für den Zeitraum bis zum Geldeingang gewähren Unternehmen ihren Kunden sozusagen einen Kredit. Da dieser zumindest bis zum Mahnverfahren nicht verzinst wird, ist genau zu berücksichtigen, wem und wie lange das Firmengeld geliehen wird und ob das Unternehmen dies in der Zwischenzeit selbst zwischenfinanzieren muss. Ein effizientes Forderungsmanagement ist deshalb eine der Grundsäulen des Cashflows und jeder Tag, den ein Unternehmen länger auf den Geldeingang warten muss, kann enorme Auswirkungen haben. Effizientes Mahnwesen funktioniert vor allem über Regelmäßigkeit und klare Abläufe und zeitnahe Buchhaltung mit adäquaten Reporting. Für alle Unternehmen daher ein Muss: effizientes Forderungsmanagement mit festgelegten Ablaufroutinen bei Abweichungen.

Das Zünglein an der Waage: Kunden-Skonto

Viele Firmen gewähren ihren Kunden Skonto, um einen schnelleren Forderungsausgleich zu erreichen. Schließlich lässt kaum jemand einen eingeräumten Rabatt ungenutzt. Mit diesem Instrument lässt sich also die durchschnittliche Zeit bis zum Zahlungseingang oftmals verkürzen. Vor einigen Jahren, als auch kurzfristig angelegtes Geld noch gut verzinst wurde, war dieser Schritt lohnenswert, da sich so der Umsatzverlust durch die Skontierung wieder ausgleichen ließ. In Zeiten von Niedrigzinsen sollte allerdings eine klare Kosten-Nutzen-Rechnung aufgestellt werden. Skontobeträge schmälern zu 100 % den Gewinn (Wirkung wie bei einer Preisreduzierung) und können diesen im schlimmsten Fall sogar zu einem Verlust wandeln. Nur wenn die Einbuße aus Liquiditätssicht gerechtfertigt oder bereits von vornherein mit eingepreist ist, macht das Angebot also Sinn.

Ein einfaches Rechenbeispiel zum weit verbreiteten Kundenskonto von 2 % bei Zahlung innerhalb von 10 Tagen: Ihr Mandant gibt 2 % Nachlass, um das Geld in 10 statt in 30 Tagen zu erhalten. Er hat das Geld also 20 Tage früher auf dem Konto. Bei einem Rechnungsbetrag von 50.000 € ergibt sich eine Gewinnminderung beziehungsweise ein Rabatt von 1.000 €. Der Jahres-Zinssatz für die 20 Tage-Zahlungszielverkürzung beträgt nominal 72 % (!) – ein denkbar schlechtes Geschäft für Ihren Mandanten – für seinen Kunden hingegen top. Wenn wir dann noch die Umsatzrendite im bundesdeutschen Schnitt von 3,4 % annehmen, mindert der Skontobetrag den Gewinn um zwei Drittel. Rechnen Sie Ihrem Mandanten diese Hebelwirkung unbedingt vor! Klarheit über die dramatische Wirkung der gern angebotenen Skonto-Konditionen wird vorsichtigere Entscheidungen bei Preisnachlässen aller Art bewirken.

Geparktes Geld: Das Materiallager

Der Blick ins Lager und auf die Vorräte Ihrer Mandanten verrät das gebundene Kapital, welches als Grundlage für die tägliche Arbeit gebraucht wird. In Produktions- und

Handelsbetrieben ist die Steuerung des sogenannten Working Capitals elementar. Der Inhalt des Lagers, der Vorräte und unfertigen Aufträge steht für gebundenes Geld. Der genaue Umfang wird in der Regel im Rahmen der Inventur mindestens einmal zum Wirtschaftsjahresende festgestellt. Diese Zahl sagt aus, wie viel Geld aktuell nicht auf dem Unternehmens-Bankkonto verfügbar ist, sondern in Ware und angefangene Arbeiten investiert wurde. Um die Liquidität zu verbessern, ist es also wichtig, den Lagerbestand so gering wie möglich zu halten. Werden wirklich alle Rohstoffe in der entsprechenden Menge benötigt? Wiegen die Mengenrabatte beim Kauf die höhere Verbrauchsdauer wieder auf? Lässt sich das Lager vielleicht insgesamt verkleinern und so auch Lagerkosten (Miete, Betriebskosten, Personal usw.) sparen? Wie hoch ist die durchschnittliche Material-Umschlags-Zeit und lässt sich diese in Absprache mit den Lieferanten zum Beispiel mit »just in time«-Prozessen optimieren? Tracken sie die Monatswerte des Working Capitals, um das Unternehmen schlank und handlungsfähig zu halten. Bei größeren Aufträgen, für die ihre Mandanten in Vorleistung gehen müssen, sollten feste Abschlagsrechnungen und Teilleistungen vereinbart werden.

Zahlungsziele für Verbindlichkeiten nutzen

Die Zahlungsziele der Lieferantenrechnungen liegen vor und geben an, in welchem Zeitraum die bestehenden Verbindlichkeiten abgebaut werden. Mandanten sollten diesen Spielraum bis zum letzten Tag ausnutzen, um die eigene Liquidität zu optimieren. Hier spielen auch Lastschrifteinzüge eine Rolle. Nur wenn Sie selbst überweisen, können Sie Ihre Auszahlungen genau steuern. Gerade in der Krise macht es zudem Sinn, mit Geschäftspartnern über längere Zahlungsziele zu verhandeln. Zwischen Rechnungslegung und deren Begleichung gewähren Lieferanten einen Zusatzkredit. Dieses Geld sollten Unternehmen sinnvoll nutzen.

Ergebnis vor Liquidität: Lieferanten-Skonto

Lieferanten wollen ihre Forderungen möglichst schnell realisieren und gewähren den Kunden deshalb oftmals einen Skontoabzug oder eine Lastschriftenvergütung von bis zu 4%. Das lohnt sich vor allem bei großen Rechnungsbeträgen, mit denen große Einsparungen durch den Skontoabzug verbunden sind. Hier gilt es abzuwägen, ob der höhere Gewinn den Liquiditätsverlust rechtfertigt. Je nachdem ob Sie ausreichend liquide Mittel haben, ist diese Option meist sehr rentabel, siehe das Rechenbeispiel weiter oben. Aus der Ersparnis in Bezug auf Skonti und Lastschriften können im Beratungsalltag oft die Umschuldung und Abzahlung von kurzfristigen Betriebsmitteldarlehen bedient werden. Gerade in der derzeitigen Niedrigzinsphase ist diese Option also ein gutes Gestaltungsmittel. Und: Der Effekt dieser Umschuldungen ist zweimal positiv. Zum einen haben wir eine sofortige Kostenreduzierung erreicht. Zum anderen ist die Finanzierungsstruktur verbessert, da dem Unternehmen mittel- oder langfristig nun ein Kreditrahmen zur Verfügung steht anstelle von Lieferantenverbindlichkeiten.

H wie Haushaltseinkommen – Gewinnentnahmen als Unternehmer-Avantage
Privatentnahmen und Ausschüttungen sind der Unternehmerlohn. Oftmals sind zu hohe Entnahmen in der Vergangenheit Ursache für bilanzielle Ungleichgewichte und geringes Eigenkapital. Das ist gerade in unsicheren Zeiten von besonderer Bedeutung und sollte Anlass sein, mit dem Mandanten eine klare Strategie zu Haushalteinkommen und Entnahmeverhalten zu treffen. Zu hohe Entnahmen beschädigen nicht nur die Liquidität. Vielmehr sind sie bei Kreditwürdigkeitsprüfungen häufig der Grund für die fehlende Kapitaldienstfähigkeit eines Unternehmens. Das kann durch planvolles Handeln verhindert werden. Eine interessante und viel beachtete Betrachtung des Entnahmefokus für Unternehmen findet sich im Buch »Profit First« von *Mike Michalowicz*: Danach sollte sich der Unternehmer selbst zuerst bezahlen und sämtliche Unternehmenskosten einschließlich Steuern und Investitionen fest budgetieren. Ein spannender Ansatz, der nicht zu allen Unternehmern passt, aber durch seine einfache Handhabung klare Vorgaben enthält.

Im Alltag der Steuerberatung sind Privatentnahmen, Einlagen sowie die Höhe der Steuerzahlungen stets ein zentrales Thema. Die Höhe der Privatentnahmen und der angemessenen Geschäftsführervergütung in wirtschaftlich und steuerlich angemessenen Grenzen zu gestalten, ist impliziter wichtiger Beratungsauftrag. So können klare Festlegungen mit Blick auf mögliche beziehungsweise notwendige Entnahmen/Gehälter und des in das Privatvermögen ausschüttbaren Restgewinns helfen, die zutreffenden Dispositionen zu tätigen. Eine wichtige Aufgabe des Controllings sollte zudem sein, dem Unternehmer zu helfen, ein Privatvermögen aufzubauen.

Unternehmerhaushalte haben derzeit mehr als 60 % ihres gesamten Vermögens im eigenen Unternehmen gebunden. Zielstellung sollte neben unternehmerischem Erfolg der Aufbau einer privaten Alters- und Zukunftsabsicherung sein. Das gelingt eben nur aus den verfügbaren Gewinnanteilen der Eigentümer. Neben den Löhnen der Mitarbeiter ist es für Unternehmer daher unverzichtbar, regelmäßig Geld für die Kosten der privaten Lebensführung vom Betriebskonto auf ein privates Konto einzuzahlen. Ein in der Praxis bewährtes Modell ist Folgendes: Vom BWA-Gewinn berechnet man 55 % als maximal entnahmefähigen Gewinn. 45 % des Geldes sind für Steuerzahlungen (Gewerbe- und Einkommensteuer) und für etwaige Investitionen fest verplant. Sie stehen dem Unternehmer nicht nachhaltig zur Verfügung. Nicht jeder Unternehmer braucht die vollen 45 % für Steuern und Neuinvestitionen. Die so entstandenen etwaigen Rücklagen stehen später als Entnahmeoption zur privaten Verfügung. Selbstverständlich müssen die persönlichen Versicherungen, die bereits vom Unternehmen bezahlt wurden, den Entnahmen zugerechnet werden. Aus Gründen der Transparenz und zur Vorbereitung der Steuererklärungsinformationen empfiehlt es sich, sämtliche Sonderausgaben und privaten Steuerzahlungen über ein Firmenkonto abzuwickeln. Ein Berechnungsbeispiel zum Haushalteinkommen finden Sie im Anhang.

I wie Investitionsrechnung und Investitionsplanung
Eine planvolle Unternehmensstrategie hinsichtlich künftiger Anschaffungen, Reinvestitionen und Erweiterungen zahlt sich für Unternehmen aus. Diese Informationen frühzeitig zu haben und den richtigen Finanzierungsmix hinsichtlich der anstehenden Investitionen zu wählen, sollte im Fokus einer guten Unternehmensberatung stehen. Wenn Unternehmen Investitionsentscheidungen zu treffen haben, ist es von großer Bedeutung bereits im Vorfeld verschiedene Möglichkeiten zu vergleichen und die langfristigen Konsequenzen (d. h. Chancen und Risiken) einer Investition zu bewerten und zukunftsorientiert zu analysieren. Welche Auswirkungen haben die geplanten Anschaffungen auf die künftige Bilanzstruktur? Wie wird das Verhältnis der Abschreibungen zu den geplanten Kredit- oder Leasingraten sein?

Diese Aufgaben der Beurteilung und systematischen Entscheidungsfindung werden im Rahmen der oft zu Unrecht vernachlässigten Investitionsplanung realisiert. Dabei sind sowohl Finanzierbarkeit als auch Wirtschaftlichkeit genau zu betrachten, um bei unterschiedlichen Investitionsobjekten die optimale Wahl treffen zu können. Das beinhaltet zunächst eine möglichst umfangreiche Beschaffung von Informationen und deren exakte Auswertung, um im Anschluss zu entscheiden, welche Investition am sinnvollsten ist. Eine langfristige Kapitalbindung, die schwer rückgängig zu machen ist, sollte im Vorfeld gut überlegt sein. Eine fundierte Planung ermöglicht effizientes Arbeiten und wirkt vorschnellen, risikoreichen Handlungen entgegen. Hier sind Sie in der Vorbereitung als Unternehmensbegleiter gefragt!

Es gibt unterschiedliche Rechenverfahren, um eine Investition im Vorfeld zu bewerten. Folgende Fragen sollte sich der Unternehmer bei der Investitionsentscheidung stellen:
- Ist die Investition unter finanziellen Aspekten realisierbar? Erfüllt die Investition einen positiven Beitrag zur Erfüllung der monetären Unternehmensziele?
- Welche Investition ist beim Vergleich alternativer Investitionsprojekte, deren Realisierung sich gegenseitig ausschließt, die vorteilhafteste Alternative, insbesondere bei begrenzten Ressourcen (u. a. Personal)?
- Ist eine vorhandene Anlage unter finanziellen Aspekten durch eine neue Anlage zu ersetzen (Ersatzinvestition)?

Die skizzierten Fragenkomplexe sind in der Unternehmenspraxis eng miteinander verknüpft. Investitionsprojekte sind häufig sowohl Ersatz- als auch Erweiterungsinvestitionen. Die Aufgaben der **Investitionsplanung** umfassen:
- Zusammentragen und Analysieren der Informationen
- Prüfen der Vorteile verschiedener Investitionen
- Wirtschaftlichkeitsprüfung (Investitionsrechnung)
- Ermittlung des optimalen Ersatzzeitpunktes (bei Maschinen und Anlagen)

- Erkennen von Chancen und Risiken
- Bestimmung eines optimalen Investitionsprogramms
- Koordination
- Prognose

Da die genauen Werte oftmals nicht sicher bekannt sind und äußere Einflussfaktoren auch nur teilweise bedacht werden können, sind in die Zukunft gerichtete Prognosen immer kritisch zu betrachten. Sie können (leider) niemals sämtliche Eventualitäten berücksichtigen – wie uns die Corona-Pandemie erst schmerzlich vor Augen geführt hat. Dennoch ist eine gründliche Investitionsplanung der sicherste Weg, um Entscheidungen durchdacht und bestmöglich zu treffen und zumindest einige Probleme bereits im Vorhinein ausschließen zu können.

Mithilfe einer Amortisationsrechnung lässt sich zudem bestimmen, innerhalb welchen Zeitraums sich eine Investition refinanziert. Dabei gibt es ein statisches und ein dynamisches Verfahren. Im statischen Verfahren wird das Verhältnis errechnet zwischen Kapitaleinsatz, reduziert um den Liquidationserlös, und dem jährlichen Gewinn vor Zinsen addiert mit der jährlichen Abschreibung. Das sich daraus ergebende Verhältnis gibt die Dauer der Amortisation in Jahren an. Im dynamischen Verfahren addiert man hingegen die Investitionsauszahlung mit den jährlichen Erlösen. Das Jahr, in dem die summierten Erlöse größer sind als die getätigte Auszahlung, ist der Amortisationszeitpunkt. Die Amortisationsdauer wiederum ist die Anzahl der Jahre, bis dieser Zeitpunkt erreicht wird.

J wie Jahresabschluss

Der Jahresabschluss bleibt für Unternehmer und Steuerberater ein vom Gesetzgeber vorgegebenes standardisiertes Ritual. Der Jahresabschluss gibt Auskunft über den Status quo des Unternehmens und dessen Kreditwürdigkeit. Er dient der Information der Öffentlichkeit und des Fiskus. Aufgrund der weitreichenden Tragweite des richtigen Abschlusses – siehe zuletzt den Bilanzskandal um Wirecard – bleibt seine Bedeutung nach Handels- und Steuerrecht wohl auch in Zukunft erhalten. Ausführlicher informieren können Sie sich über den Jahresabschluss als eine der wichtigsten Entscheidungsgrundlagen für Ihre Mandanten im Kapitel Jahresabschluss-Reporting. Denn der Jahresabschluss ist wesentlich mehr als Grundlage der Besteuerung. Diese Zahlen sollten von uns Steuerberatern vielmehr als der gebotene Anknüpfungspunkt für die rechnungswesennahe Unternehmensberatung unserer Mandanten genutzt werden.

K wie Kostenrechnung

Aus der Buchhaltung ein detailliertes Controlling zu entwickeln, gelingt mit der Implementierung einer aussagefähigen Kostenrechnung. Wenn die individuelle Kostenrechnung in Unternehmen richtig eingerichtet und regelmäßig ausgewertet wird, entstehen wertvolle Analysen als relevante Chefinformation. Das bedarf anfangs einiger Mühe, lohnt im Ergebnis aber immer. Die Hauptherausforderung der Kostenrechnung besteht meist u. a. in der Verteilung der Gemeinkosten auf die Kostenträger, weil die Gemeinkosten oft in keinem direkten Zusammenhang mit der Produktion stehen. Die unterschiedlichen Optionen der Gemeinkostenverteilung sind immer eine Herausforderung. Es braucht eine praktikable und wirtschaftlich sinnvolle Zuordnung der Bereiche.

Es ist wichtig, gut geeignete Kostenrechnungssysteme auszuwählen, die Datenbestände der Buchhaltung auf Zuordnung und Eigenschaften zu überprüfen und entsprechend zu implementieren. So geht es einerseits um eine verursachungsgerecht vorzunehmende Kostenverteilung, andererseits darum, die Gegebenheiten des konkreten Betriebsablaufs zu beachten. Sehr häufig gibt es hierfür keinen Standard, sondern individuelle Anforderungen. Der initiale Kalkulations- und Einführungsaufwand von Kostenrechnungssystemen sollte vorab ausreichend zeitlich und finanziell budgetiert sein. Diese Auswahl ist für jedes Unternehmen eine komplexe Aufgabe, weil beispielsweise handwerkliche Produktionsprozesse oft nicht standardisiert sind und erheblichen Schwankungen unterliegen. Das erschwert nicht nur die Gemeinkostenzurechnung, sondern führt manchmal sogar dazu, dass Einzelkostenarten als unechte Gemeinkosten angesehen werden, um den Kalkulationsaufwand zu verringern.

Doch jede Kalkulation ist nur so gut, wie sie die tatsächliche Praxis in Zahlen abbildet. Eine Nachkalkulation des Auftrags gibt Aufschluss darüber, inwieweit der Angebotspreis kostendeckend war. Firmen berichten zwar oft, dass es im Unternehmen eine Nachkalkulation gibt. Bei genauerer Befragung fehlen dann jedoch oftmals die Kostenrechnungsteile aus Lohn oder den tatsächlichen Gemeinkosten. Die Kostenrechnung aus der Buchhaltung heraus umfasst immer alle Kosten und ordnet sie den Bereichen zu. So kann mithilfe des Steuerberaters genau benannt werden, aus welchem Bereich welcher Ergebnisteil entstanden ist.

K wie Kapitaldienstgrenze

Die Berechnung der **Kapitaldienstfähigkeit** im Vorfeld ist mehr als die bloße Risikobetrachtung von Banken. Sie ist elementar, um das Unternehmen auf sicherem Kurs zu halten und die Eintrittskarte zum »unternehmerischen Mitspielen« und Teilhabe am Markt dauerhaft zu sichern. Die Berechnung der eigenen Kapitaldienstfähigkeit ist eine wichtige Kontrollfunktion für Unternehmen. Sie ist für die Rückzahlung der aufgenommenen Kredite und sonstigen Verbindlichkeiten elementar wichtig und steht im direkten Zusammenhang mit der Berechnung des Mindestgewinns und Mindestumsatzes.

Die Banken berechnen vor jeder Kreditvergabe, ob das Unternehmen in der Vergangenheit kapitaldienstfähig war. Dabei spielen neben den Gewinngrößen insbesondere die aus dem Unternehmen abgeflossenen Entnahmen der Unternehmer eine große Rolle. Oftmals ist eine (temporäre) Einlage von Eigenkapital schon hilfreich, um das Ungemach der fehlenden Kapitaldienstfähigkeit abzuwenden. Dafür müssen Unternehmer »nur« rechtzeitig Bescheid wissen und nicht erst zur Bilanzanalyse davon Kenntnis erlangen. Das strategische Herbstgespräch zum Thema Bilanz und Steuerprognose wird so unverzichtbares Mittel zur Steuerung und begleitenden Beratung. Bei Neuvergabe der Kredite wird auch die künftige Kapitaldienstfähigkeit prognostiziert. Das Thema wurde durch die Corona-Darlehen besonders prekär. Da die Hausbanken die künftige Kapitaldienstfähigkeit den Förderbanken bescheinigen sollten, kam es zu weitaus weniger Darlehensausreichungen in der ersten Jahreshälfte 2020 wie politisch beabsichtigt. Allgemein ist damit zu rechnen, dass durch die prognostizierte Rezession ein erhöhter Kreditbedarf von Unternehmen nachgefragt wird. Dabei ist die Kerngröße Kapitaldienstfähigkeit elementar. Für kreditabhängige Unternehmen empfiehlt sich die monatliche Auswertung der Kapitaldienstgrenzen-BWA, um Abweichungen frühzeitig erkennen und Gegenmaßnahmen ergreifen zu können.

L wie Liquiditätsplanung

Cashflow, EBIT und EBITDA – ohne genügend Wasser unter dem Kiel ist keine stabile operative Unternehmensführung möglich. Die altbekannte Weisheit, dass Liquidität vor Rentabilität kommt bewahrheitet sich besonders in Krisenzeiten. Eine ausreichende Liquidität ist eine der wichtigsten Lebensadern eines Unternehmens. Idealerweise sollte die Liquiditätsplanung wöchentlich im Rahmen eines rollierenden Finanzplans erfolgen. **Das Ziel einer Liquiditätsplanung** ist die Ermittlung des voraussichtlichen Liquiditätsbestands. Der Liquiditätsplan wird dabei als Controlling-Instrument zur rechtzeitigen Risikoeinschätzung verstanden. Bei der Erstellung des Liquiditätsplans werden alle Zahlungsflüsse der betreffenden Planungsperiode aufgezeichnet, sodass die Zahlungsfähigkeit stets im Vordergrund steht und Risiken entgegengewirkt werden kann.[47]

Auch das Thema Steuerzahlungen sollte bei den Liquiditätsbetrachtungen ausreichend beachtet werden. Durch Corona konnten viele Unternehmen fällige Steuern zinsfrei bis zum 31.12.2020 stunden. Damit der Unternehmer weiß, wann welche Steuern fällig sind und die Steuerrücklage rechtzeitig auf einem separaten Konto anspart, empfiehlt es sich einen Steuerzahlungskalender zu führen. Steuern sind nur ein Kostenteil der Betriebswirtschaft und können bei Kenntnis des endgültigen Gewinns zuverlässig berechnet werden. Reichen die Vorauszahlungen und wie viel des Gewinns muss für das Finanzamt noch entrichtet werden?

Wie ist nun ein Liquiditätsplan aufgebaut? Zuerst ist es nötig, den Anfangsbestand an liquiden Mittel zu ermitteln. Dafür werden zunächst die Bank- und Kassenbestände auf-

47 Vgl. dazu www.controllingportal.de für weitere Ausführungen.

gestellt. Der nächste Schritt erfordert die Auflistung der Einnahmen und Ausgaben einer Periode. Zusammen bilden diese den Endbestand der liquiden Mittel. Je nach Situation des Unternehmens kann eine Periode u. a. einen Tag, eine Woche, einen Monat oder ein Jahr umfassen. So wird beispielsweise ein Handelsunternehmen mit hohen Tagesumsätzen eher eine tägliche oder wöchentliche Liquiditätsplanung erstellen.

Im Gegensatz zur GuV werden hier nur zahlungswirksame Geldflüsse aufgezeichnet. Abschreibungen und Rückstellungen werden nicht einbezogen. Demgegenüber werden Kredite sowie Anlagenkäufe in der GuV nicht berücksichtigt, spielen aber bei der Liquiditätsplanung eine große Rolle.

	Anfangsbestand liquide Mittel (Bank, Kasse)
+	Einzahlungen einer Periode
=	verfügbare Mittel
-	Auszahlungen einer Periode
=	Endbestand liquide Mittel

Schematisch sieht das dann so aus: Welche Positionen werden zum Erstellen eines Liquiditätsplans benötigt?

Einzahlungen	**Auszahlungen**
• Bar- und Kassenbestand • Voraussichtliche Zahlungseingänge – Einzahlungen aus Verkäufen – Umsatzsteuer-Einzahlungen • Sonstige Einzahlungen – Zinseinzahlungen – Anlagenabgänge – Kreditaufnahmen – Erstattungen z. B. Steuern – Privateinlagen (nur Einzelunternehmer)	• Wareneinkauf • Personalkosten, Sonderzahlungen, Sozialversicherungsbeiträge • Dauerfristverträge (z. B. Zeitschriften-Abo) • Sonstige betriebliche Auszahlungen wie z. B. – Kredittilgung – Miete – Leasing – Kfz – Anlagenkäufe – Werbung – Telekommunikation – Vorsteuer – Beratung – Reisekosten – Instandsetzung – Weiterbildung – Privatentnahmen (nur Einzelunternehmer)

Wir haben anhand der Controlling-Report-Schemata ein Excel-Tool zur einfachen Liquiditätsplanung der nächsten zwölf Wochen basierend auf den Buchhaltungsdaten der Vergangenheit erstellt, damit Unternehmen schnell wieder ins Handeln kommen können. Mehr Informationen dazu finden Sie unter www.kanzleicampus.de.

M wie Magisches Finanzierungsdreieck als Grundregel
Liquidität, Rentabilität und Stabilität – das sind die Finanzierungsziele von Unternehmen, auch bezeichnet als magisches Dreieck der Finanzierung. Diese drei Aspekte werden bei der Bilanzanalyse beziehungsweise beim Rating gemessen und bewertet. Liquidität vor Rentabilität ist ein bewährter Grundsatz, wie bereits zuvor ausgeführt. Eine ausreichende Liquidität ist unverzichtbar für jedes Unternehmen. Das Ziel der Stabilität beziehungsweise Sicherheit beschreibt die Unabhängigkeit von Fremdkapitalgebern und die Vermeidung und Verringerung von Risiken hinsichtlich Zinsen und Tilgungen sowie einer etwaigen Überschuldungsgefahr. Das Risiko nimmt bei höherer Fremdfinanzierung zu, die Unabhängigkeit sinkt bei steigender Verschuldung.

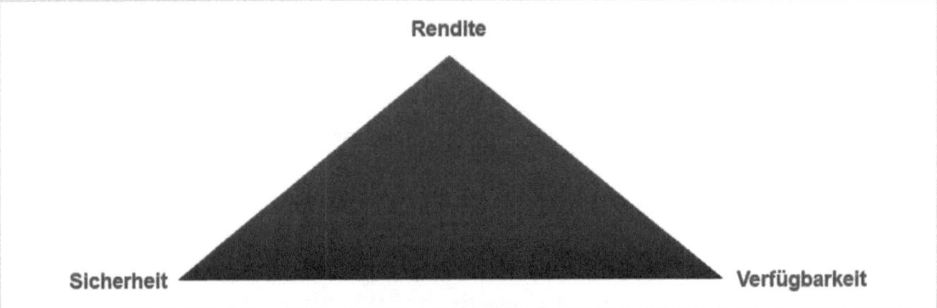

Abb. 16: Das magische Finanzierungsdreieck (Quelle: eigene Darstellung)

Ein wichtiges Unternehmensziel ist der wirtschaftliche Erfolg des Unternehmens, gemessen an der Rendite des eingesetzten Geldes oder des Umsatzes. Bei der Gesamtrentabilität wird durch die Wahl der Finanzierung die Rendite gesteuert – wird beispielsweise Eigenkapital eingesetzt oder ein Darlehen aufgenommen? Durch höhere Kreditzinsen sinkt die Rentabilität. Die Eigenkapitalrendite wiederum ist aus Sicht der Vermögensanlage interessant: Wie viel Rendite hat man durch das investierte eigene Geld erzielt?

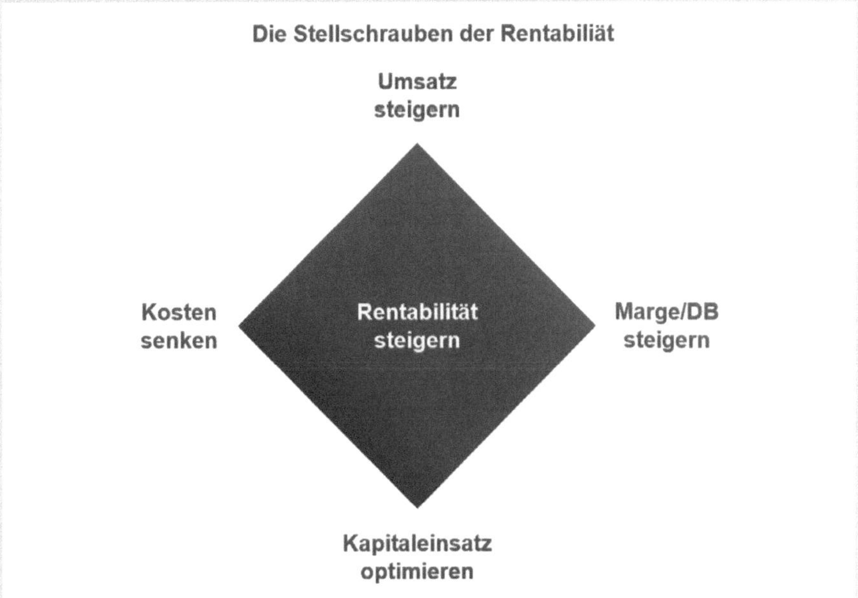

Abb. 17: Die Stellschrauben der Rentabilität (Quelle: eigene Darstellung)

Eine weitere wichtige Kenngröße ist die Umsatzrendite. Sie misst den Erfolg gemessen am Umsatz, ist ein wichtiger Vergleichsindikator und zeigt den Preisverhandlungsrahmen eines Unternehmens. Der deutsche Mittelstand erwirtschaftete im Jahr 2017 eine durchschnittliche Umsatzrendite von 7,2 %. Je nach Branche ergeben sich unterschiedliche Zielkorridore. Das absolute Renditemindestziel über alle Branchen hinweg liegt bei 5 %. Nur dann wird ein Unternehmen im Rating als gut eingestuft. Hinweis: Unternehmen, deren Inhaber oder deren nahe Angehörige ohne Lohnkosten mitarbeiten, müssen mit kalkulatorischen Kosten zunächst bereinigt werden, um die wahre Rentabilität ermitteln zu können.

M wie Mindestgewinn

In der betriebswirtschaftlichen Beratung haben wir einen Kern-Grundsatz: Die Berechnung des notwendigen Mindestumsatzes und Mindestgewinns, um die Schmerzgrenze als wichtigste Zahl für die unternehmerische Planung und Steuerung zu ermitteln. Eine Zahl mit hohem praktischem Nutzen. Sie sorgt für Zielklarheit und Transparenz. Im Controlling kommt es zunächst darauf an, die eigenen Unternehmenszielgrößen auf relevante Eckdaten festzulegen und den Kern des Controllings – Steuerung und Überwachung – auf einen Blick zu ermöglichen. Ausgeklügelte Dashboards, Reporting-Tools und Kostenrechnungsanalysen kommen erst später. Zunächst ist es wichtig, auf einfache Kennzahlen im Controlling zugreifen zu können.

In der Praxis bewährt ist beispielsweise die Berechnung und Festlegung von Mindestumsatzgrößen und absolutem Mindestgewinn. Anhand dieser Berechnungen lässt sich jede Unternehmensplanung auf relevante Keyfacts bringen und auf einfache Zielgrößen herunterbrechen. Bei allen betriebswirtschaftlichen Detailkalkulationen und Vorgaben kommt es immer auf das Erreichen dieser Zahl an. Nur wer seine Kredite bedienen kann und genügend Geld für Steuern und eigenen Lebensunterhalt verdient, wird dauerhaft am Markt existieren können.

So berechnet sich der **Mindestgewinn für Unternehmen** (2 bis 6 % vom Umsatz je nach Branche und Unternehmensphase):

	Mindestgewinn
+	Tilgung betrieblicher Darlehen
+	(bei Personenunternehmen) Privatentnahmen für Lebenshaltung, private Versicherung, Vermögensaufbau
+	Investitionen/Reinvestitionen aus Eigenmitteln
+	Steuerbelastung kalkuliert (Ertragssteuer und ggf. Gewerbesteuer)
./.	Abschreibung auf das Anlagevermögen
=	Mindestgewinn für Kapitaldienstfähigkeit und Privatentnahmen

Bei Einzelunternehmern oder Personengesellschaften sind die privaten Aufwendungen, die in der Regel aus dem Unternehmen über Privatentnahmen finanziert werden, zu berücksichtigen. Hierzu zählen Vorsorgeaufwendungen wie Renten-, Kranken-, Pflege-, Lebens- und sonstige Versicherungen. Des Weiteren ist der Kapitaldienst für das Eigenheim oder sonstige freie Entnahmen (Lebensführung) zu berücksichtigen. Der Mindestgewinn ist beim Einzelunternehmer stark abhängig vom Entnahmebedarf des Unternehmers. Ausgehend vom Mindestgewinn wird der Mindestumsatz im Wesentlichen von den variablen Kosten bestimmt. Welche Kostenpositionen werden sich in den nächsten Jahren wie ändern? Hier schlagen insbesondere der Materialkostenanteil, die bezogenen Fremdleistungen, die Personalkostenentwicklungen und die Sachkosten-Vertragsänderungen durch.

Ausgangsbasis für diese Berechnung ist die Rohertragsquote in Prozent, die anhand von Material und Fremdleistungsquote des Unternehmens aktuell eingeschätzt werden muss:

	Mindestgewinn/Plangewinn
+	Personalkosten
+	Abschreibungen
+	Betrieblicher Sachaufwand
=	Mindestumsatz hochgerechnet auf Basis des Rohertrags

Unternehmen müssen immer genau wissen, wie viel Umsatz im Monat abgerechnet werden muss, damit der Mindestgewinn erreichbar ist. Der Mindestumsatz kann vereinfacht monatlich konstant unterstellt werden. Bei wesentlichen Schwankungen empfiehlt sich eine Detailplanung auf Monatsbasis. Zusammengefasst stellt diese wieder auf das Gesamtergebnis ab.

N wie Nachfolge: Die Staffelstabübergabe begleiten

In den nächsten Jahren steht in einer Vielzahl von Unternehmen die Nachfolge an. Aus Erfahrung ist es dringend geboten, dass die Vorbereitung möglichst drei bis fünf Jahre vor der eigentlichen Übergabe beginnen sollte. Oftmals müssen Firmen- und Privatvermögen aktiv umgestaltet und verändert werden, manchmal auch Immobilienvermögen aus dem Unternehmen in separate Vermögensbetriebe ausgegliedert werden. Unternehmerhaushalte haben mitunter mehr als 70 % ihres Gesamtvermögens im eigenen Unternehmen gebunden (im Durchschnitt immerhin 60 %) und sind somit sehr abhängig davon, ob ein Nachfolger gefunden wird. Im Notfall arbeiten Unternehmer oft selbst bis weit in ihre Siebziger hinein im Unternehmen mit.

Auf das Thema Nachfolge und Absicherung der Zukunft kann sich grundsätzlich jedes Unternehmen unabhängig vom Lebensalter des Inhabers vorbereiten. Es gilt Strukturen zu schaffen, in denen die Unternehmer einen Teil Privatvermögen und eine persönliche, vom Unternehmen unabhängige, Form der Ruhestandsvorsorge aufbauen. Auch wenn die Unternehmensnachfolge häufig noch nicht in der nahen Zukunft geplant ist, sollte also jeder Unternehmer die Unternehmensnachfolge rechtzeitig überdenken und planen. Es gibt unterschiedliche Faktoren, die sich unmittelbar und/oder mittelbar auf die Unternehmensnachfolge auswirken. In diesem Zusammenhang sind insbesondere folgende Punkte zu berücksichtigen:

- wirtschaftliche Versorgung nach der Unternehmensübertragung
- Ermittlung der Ziele
- Zuordnung des Unternehmens auf Angehörige oder fremde Dritte
- entgeltliche oder unentgeltliche Übertragung
- geeignete Rechtsform des Unternehmens für die Unternehmensnachfolge
- erbrechtliche Regelungen

Betriebswirtschaftlich sinnvolle, zivilrechtlich zulässige und steuerrechtlich optimierte Gestaltungen bedürfen einer rechtzeitigen Vorbereitung! Um das Thema konkret anzugehen, hilft es sich um Bilanzanalysen und aktive Unternehmens-Finanzpolitik, die eigenen Prozesse und Standards auf Höhe der Zeit zu kümmern, um für Mitarbeiter und Kunden weiterhin am Markt attraktiv zu bleiben. Zudem sollten die privaten Belange einmal genauestens durchdacht und geklärt werden. Was passiert im Krankheits- oder im Todesfall? Wer muss versorgt werden? Was ist an Vermögen vorhanden? Wie geht es für die Firma weiter? All das sind Fragen, die insbesondere dann geklärt sein sollten, wenn noch minderjährige Kinder des Unternehmers abgesichert und versorgt werden müssen.

N wie Notfallkonzept

Ein individueller Notfallplan ist in jedem Unternehmen Pflicht. Ein solcher Plan ist wichtiger als die jährliche Steuererklärung oder Bilanz, denn im Ernstfall kann man auf die existentielle Absicherung des Unternehmens bauen. Als Steuerberater können wir helfen, die Hausaufgaben zu erledigen.

Welche Regelungen würden im Notfall eintreten? Bei der Ausgestaltung des Regelwerks sollten Sie folgende Überlegungen auf jeden Fall auf den Prüfstand stellen:

- Wer könnte im Notfall vorübergehend oder dauerhaft das Unternehmen weiterführen?
- Gibt es einen Familienangehörigen, einen Mitarbeiter oder einen Externen, der diese Funktion vertrauensvoll wahrnehmen könnte?
- Muss eventuell die Unternehmensführung auf mehrere Personen verteilt werden?
- Wer weiß über aktuell anstehende Aufträge Bescheid?
- Wer kennt die Kunden? Wer die Lieferanten?
- Wer ist mit den wichtigsten Projekten vertraut?
- Wer hat Bankvollmachten?
- Gibt es Personen, die schon einen Überblick über die Konten haben?
- Wer kennt die entsprechenden Passwörter vom PC oder Codes?
- Wer kommt an Schlüssel heran?
- Steht ein Unternehmensnachfolger bereit? Muss er eingearbeitet werden? Oder kann in der Übergangszeit auch ein anderer das Unternehmen führen?
- Gibt es im Unternehmen einen Beirat? Soll ein solches Gremium eingerichtet werden?
- Ist ausreichende Vorsorge für den Lebenspartner und für die Kinder getroffen worden?
- Gibt es mehrere Erben und müsste das Unternehmen auf sie aufgeteilt werden?
- Ist ausreichendes Vermögen vorhanden, um Pflichtteilsansprüche der Erben zu befriedigen?
- Gibt es schon Regelungen, wie das Vermögen aufgeteilt wird?
- Sollten Pflichtteilsverzichte mit möglichen Erben besprochen werden?
- Wie hoch kann die anfallende Erbschaftsteuer sein? Entzieht sie dem Unternehmen wichtige Liquidität? Wie kann vorgesorgt werden?

Darüber hinaus sind weitere Punkte individuell zu klären. Dabei ist es sinnvoll, Familienangehörige und Mitarbeiter, die in den Notfallplan eingebunden werden sollen, bei der Ausgestaltung einzubeziehen, zumindest aber diese Personen über die Existenz des Notfall-Handbuchs zu informieren. Im Anhang und online auf SPmyBook (siehe Hinweis ganz vorne im Buch) finden Sie zum Download und Einsatz in der Praxis Checklisten für den »Notfallkoffer«.

O wie OKR-Methode: Das Quartal wird zum Planungshorizont

Vielleicht kennen Sie die OKR-Methode schon und wenden Sie im Unternehmen an? Dann ist das schon einmal eine solide Grundlage für die Krisen-Kurzfrist-Planung. Bei der OKR-Methode geht es um Objectives and Key Results, also Ziele und wichtige Ergebnisse. Dabei werden die Ziele des Unternehmens mit denen jedes einzelnen Mitarbeiters verbunden und über den Quartalsfokus werden so für die nächsten drei Monate wichtige Leitplanken für die Zielerreichung gesetzt. OKRs helfen somit, Klarheit über die wichtigsten Aufgaben im Unternehmen zu gewinnen. Die OKR-Methode hat starke Lenkungskräfte, um Unternehmen auf Kurs zu halten und die Aufgaben der Mitarbeiter wirkungsvoll nachzuhalten. Sie bewährt sich durch große Alltagsnähe. Auch in Zeiten von Homeoffice und/oder Kurzarbeit sollten Regelmeetings dabei keinesfalls abgeschafft, sondern bei Bedarf deren Frequenz sogar erhöht werden. Über Videokonferenzen oder Online-Seminare können Sie auch für nicht persönlich anwesende Mitarbeiter eine Kommunikationsplattform für die Teilnahme organisieren.

Unternehmer, die den ganzen Tag im operativen Tagesgeschäft engagiert sind, brauchen **feste Planungszeiten,** um ihr Unternehmen auf Kurs zu halten und Kursabweichungen rechtzeitig festzustellen. Diese Unternehmer-Premiumzeiten zu nehmen, ist gerade bei Abwärtstrends elementar, denn nun kommt es darauf an, die richtigen Entscheidungen mit etwas Abstand zur Hektik des Alltags zu treffen. Wichtig ist dabei, immer vorab den Status quo des Unternehmens mittels relevanter Analysen und Kennzahlen für sich selbst zu reflektieren. Entscheidungen, neue Projekte, wichtige Vorhaben und Prioritäten werden fest auf der Agenda verankert. Sie als Steuerberater können den Zielprozess und einen Teil der Analyse beisteuern. Die Zahlen und Daten der Buchhaltung werden so entscheidungserhebliche Fakten. Den Blick für das Wesentliche kann man oft mit einem externen Sparringspartner klarer erhalten. Wie bereits im 12-Punkte-Plan beschrieben, braucht es zudem den regelmäßigen Zielabgleich.

P wie papierloses Büro

Das papierlose Büro und die digitale Buchführung sind Beispiele für eine wirksame Prozessoptimierung in der Zusammenarbeit zwischen Unternehmen und Kanzleien. Dreh- und Angelpunkt ist dabei das Abschaffen der Papierablage von Dokumenten zugunsten einer digitalen Lösung. Mit Buchhaltung online spart man Zeit und Geld. Dabei werden die analogen und digitalen Belege (zum Beispiel über den E-Mail-Posteingang) grundsätzlich neu »gedacht« und organisiert. Eine einheitliche und wiederauffindbare Ordnung und Digitalablage wird umgesetzt und nachgehalten. Nur wer sich ständig verbessert, bleibt wirklich gut. Eigene Standards zu setzen und diese im täglichen Doing zu optimieren und langfristig umzusetzen, ist elementar, um ein Unternehmen auf ein gutes Niveau zu bringen und es dort zu halten. Organisationsentwicklung auf zeitgemäßen Standard wird auch zum Unterscheidungskriterium im Wettbewerb um Fachkräfte der eigenen Branche. Beratung und Umsetzung vor Ort beim Mandanten sind das Gebot der Stunde.

Die Lösung Unternehmen online im DATEV-Rechenzentrum ist eine bewährte Form der digitalen Buchhaltung. Mittelpunkt ist der zentrale Datenspeicher als digitaler Unternehmer-Arbeitsplatz. Vorteile der digitalen Buchhaltung sind effiziente, zeitsparende Abläufe und zeitgemäßer Beleg-Workflow. Digitalisierte Belege, einfache OCR-Suchfunktionen und personalisierter Zugriff auf ein zentrales digitales Datenarchiv, ganz gleich wo man gerade ist. Dazu transparente Buchhaltungsdaten durch die Steuerkanzlei und Überblick über Unternehmensinformationen wie BWA, Lohnabrechnung und Buchungen. Ergänzend dazu bieten wir die Möglichkeit einer Partnerschaft mit »Cheftresor®«an. Diese Software-Lösung erzählt die Ergebnisse aus Buchhaltung und Lohnabrechnung für Unternehmer neu aus. Ähnlich einem Fitnesstracker bietet der Businesstracker Cheftresor® für den Mandanten tagesaktuelle Auswertungen der Arbeitsergebnisse seiner Buchhaltung und das auf Knopfdruck. Diese Lösung gibt es für DATEV-Kanzleien und eigene ERP-Buchhaltungssysteme.

Prozesse klug zu verändern und nachvollziehbar zu dokumentieren, braucht immer auch ein Investment in Form von Zeit und Geld. Wesentliche Zeitersparnis und weniger Informationsverlust sind der Lohn. Voraussetzung für nachhaltige Umstellungen ist, sich permanent um die alltäglichen Belange und reibungsfreie Prozesse zu kümmern. Damit ist das Prozessmanagement eine der wirkungsvollsten Methoden, um Unternehmen effizienter zu gestalten. Eine zeitnah erstellte Online-Buchhaltung erfüllt das gestiegene Informationsbedürfnis der Unternehmer und bringt ein signifikantes Plus an Effizienz für Unternehmen und Kanzlei.

Q wie QM-Handbuch – IT-Vereinbarungen aktuell halten

Längst sind wir in allen Unternehmen von der Technik abhängig. Branchenunabhängig bauen Verwaltung, Vertrieb und Produktion mittlerweile auf mehr oder weniger digitalen Prozessen auf. Deshalb ist es wichtig, frühzeitig firmeninterne IT-Standards zu definieren und weiterzuentwickeln. Je besser Firmen standardisierte Prozesse vorhalten, desto geringer fallen die Kosten aus. Helfen Sie Ihren Mandanten bei der Umsetzung der

Orga-Themen. Vieles davon haben Sie in Ihrer Kanzlei sicherlich für die eigenen Mitarbeiter bereits praktisch umgesetzt.

So sollten den Mitarbeitern von Anfang an die firmeninternen Spielregeln über die obligatorische IT-Betriebsvereinbarung mitgeteilt werden. Das Risiko rechtlicher Probleme steigt immer stärker. Insbesondere folgende Themen sind für Ihre Mandanten relevant: Jegliche Form von Privatnutzung der Unternehmens-IT ist unzulässig. Unternehmen sollten sich unangekündigte Kontrollen vorbehalten. Andernfalls haben sie die privaten Schutzrechte der Mitarbeiter zu beachten; d. h. als Firma hat man keinen Zugriff auf den geschäftlichen E-Mail-Account der Mitarbeiter, wenn darüber auch private Mails empfangen werden dürfen. Zudem sollte jegliche eigenständige Software auf Unternehmen-PCs verboten sein. Auch Unternehmensdaten dürfen ohne geschäftlichen Grund nicht kopiert, verschickt und verbreitet werden. Bei der Kündigung von Mitarbeitern muss darauf geachtet werden, dass sämtliche Daten, Geräte und Zugangsdaten unaufgefordert zurückzugeben sind.

Setzen Sie gemeinsam mit Ihren Mandanten auf einfache IT-Checklisten, um im Vertretungsfall oder bei einer Havarie die richtigen Schritte einleiten zu können. Ziel muss es sein, die Routineüberwachung so gut zu dokumentieren, dass auch ein Dritter damit zurechtkommt. Stichworte standardisierte PC-Arbeitsplätze, IT-Notfallhandbuch und Richtlinien zur Nutzung der EDV: Unternehmen müssen sich gegen Haftungsrisiken und Lizenzverstöße absichern. Dafür sollte alljährlich eine Betriebsvereinbarung mit den Mitarbeitern erstellt und diese per Unterschrift bestätigen werden. So viele Prozesse und Vereinbarungen wie möglich sollten standardisiert vorliegen. Neben der allgemeinen Software und Hardware im Unternehmen sind zunehmend auch mobile Endgeräte der Firmenmitarbeiter relevant.

R wie Rating

Das Rating von Banken und Sparkassen dient dazu, sich vor Kreditgewährung und während der Kreditlaufzeit einen Einblick in die wirtschaftliche Lage des Kreditnehmers zu verschaffen. Die bankenspezifischen Bilanzanalysesysteme wurden hinsichtlich der Beurteilungskriterien vereinheitlicht. Neu ist der sogenannte digitale Finanzbericht. Dabei werden die Zahlen aus Jahresabschluss und Gewinnermittlung direkt an die jeweilige Bank per XBRL-Datensatz und PDF übermittelt. Von Seiten der Banken wird im Gegenzug die papierhafte Einreichung und Bearbeitung von Bilanzen abgeschafft.

Jedes Finanzinstitut hat eigene Regeln über die hausinterne Beurteilung von Bilanzzahlen. Während es hinsichtlich der klassischen Bilanzanalyse (quantitative Faktoren) nur marginale Unterschiede gibt, ist bei der Beurteilung der sogenannten weichen Faktoren ein erheblicher Unterschied zwischen den einzelnen Kreditgebern festzustellen. Bei den quantitativen Faktoren handelt es sich um Kennzahlen, die aus dem Jahresabschluss, der Einnahmen-Überschussrechnung und der betriebswirtschaftlichen Auswertung abgeleitet werden. Beteiligungen, einbehaltene Gewinne oder Einlagen aus dem Privatvermögen erhöhen das Eigenkapital. Je höher dieses ausgewiesen wird, desto besser ist das Rating. Ziel sollte es sein, eine Eigenkapitalquote von 30 Prozent und mehr zu erreichen. Stichwort Anlagevermögen: Langfristige Investitionen sollten über langfristige Darlehen gedeckt werden. Keinesfalls sollte dafür der Kontokorrentkredit in Anspruch genommen werden. Er dient allein dazu, kurzfristige Liquiditätsengpässe zu überbrücken. Der Verschuldungsgrad dokumentiert das Verhältnis von Eigen- zu Fremdkapital. Als Faustregel gilt: Das Fremdkapital sollte nicht mehr als das Doppelte des Eigenkapitals ausmachen. Auch die Rentabilität ist eine wichtige Variable. Der Gewinn im Verhältnis zum Umsatz (Umsatzrentabilität) oder die Verzinsung der Investitionen (Kapitalrentabilitäten) sind ratingrelevante Kriterien. Der Cashflow zeigt den Zugang an flüssigen Mitteln und ist die wichtigste Kennzahl. Ein perfektes Forderungsmanagement trägt dazu bei, die Liquidität zu sichern.

Bei den qualitativen, sprich **weichen Faktoren** kommt es im Wesentlichen auf die Geschäftsführung an. Hierbei werden häufig folgende Faktoren beurteilt:

- Management-/Mitarbeiterqualifikation (persönliche und fachliche Qualifizierung, Weiterbildungsaktivitäten, Nachfolgeregelung usw.)
- Wettbewerbssituation/Markstellung (Wettbewerber vor Ort, Marktanteil, Konkurrenzfähigkeit der Dienstleistungen usw.)
- Qualität der Betriebsorganisation (Aufbauorganisation, Abgrenzung von Leitungsaufgaben usw.)
- Risikomanagement
- Jahresabschlusspolitik
- Planung und Steuerung
- Rechnungswesen und Controlling
- Brancheneinschätzung/Wettbewerbssituation
- Qualität der Kontoführung
- Rechtsform
- Kundenbindung
- Unternehmensstrategie
- Produktion
- Informationspolitik

Wichtig ist darüber hinaus unter anderem die Nachfolgeplanung. Es wirkt sich positiv auf das Rating aus, wenn der Firmenchef frühzeitig einen Nachfolger bestimmt.

R wie Risiko-Check

Ein Bild sagt oft mehr als viele Worte – so wie hier in der nachstehenden Grafik:

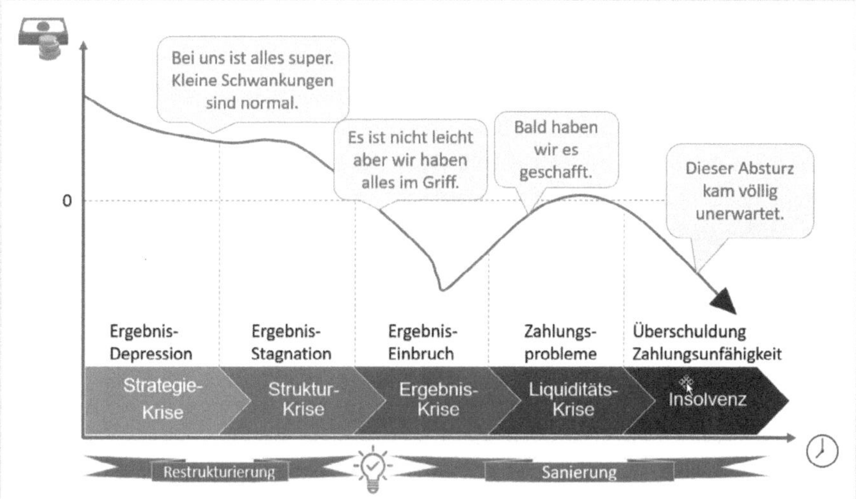

Abb. 18: Ablauf eines Krisenszenarios (Quelle: eigene Darstellung)

Die Grafik zeigt den typischen Krisenverlauf eines Unternehmens. Es beginnt mit der strategischen Fehlentwicklung, die oftmals von außen nicht erkennbar ist – die Mitarbeiter des Unternehmens nehmen dies in der Regel jedoch sehr wohl als Zeichen der Zeit wahr. Wenn daraus bereits eine Ertragskrise folgt, wird es Zeit zu handeln, denn die Situation spitzt sich zu und der mögliche Handlungsspielraum wird kleiner. Deshalb gilt: Wer bei den ersten Krisenindikatoren frühzeitig ins Handeln kommt, sichert den Fortbestand. Nur so kann sinnvoll gegengesteuert und das »Schiff« wieder auf Kurs gebracht werden.

Unternehmenskrisen kommen nicht von ungefähr: Sie haben vorausgehende und erkennbare Ursachen, oft frühzeitig aus Bilanz und Buchhaltung erkennbar. Früh erkannt, Gefahr gebannt! Gut wenn man die Zusammenhänge von Ursache und Wirkung kennt. Die folgenden 10 Punkte gelten als die relevantesten **Gründe für eine Insolvenz**:

1. *Fehlendes Controlling*
   Es gibt keinen Finanzplan, die monatlichen Reports werden nicht gelesen und analysiert, notwendige Gegensteuerungsmaßnahmen unterbleiben.
2. *Kapitallücken bei der Unternehmensfinanzierung*
   Es fehlt an ausreichender Liquidität, um Verpflichtungen jederzeit adäquat erfüllen zu können. Die finanzielle Stärke des Unternehmens muss ausgebaut werden.

3. *Unzureichendes Forderungsmanagement*
   Fehlendes Mahnwesen, keine aktuellen Forderungslisten und kein wirksames Forderungsbetreiben führen zu Zahlungsausfällen. Oft werden auch Rechnungen nicht oder viel zu spät gestellt. Eine Bonitätsprüfung der Kunden unterbleibt meist ebenso.
4. *Mängel beim Führungsstil und fehlende Kommunikation*
   Der wichtigste Produktivfaktor ist die Arbeitskraft und Motivation der Mitarbeiter. Wer keine Führungskompetenz beweist und bei der Führung von Mitarbeitern Fehler macht, wird wirtschaftlich abgestraft. Auch die unzureichende oder fehlende interne Kommunikation ist eine häufige Ursache.
5. *Investitionsfehler*
   Gut geplante, rentable Investitionen sichern die Zukunft des Unternehmens. Falsche Investitionen gefährden sie. Fehlende Vertragsverwaltung führt oft dazu, dass Verträge nicht rechtzeitig gekündigt oder angepasst werden.
6. *Verändertes Marktumfeld und falsche Produktionsplanung*
   Der Markt bestimmt, ob die Produkte und Dienstleistungen morgen noch gebraucht werden – bestes Beispiel sind KODAK- Röntgenfilme. Die richtigen Kapazitäten vorzuhalten und die Produktionsabläufe klug zu takten sind wichtige Erfolgsfaktoren.
7. *Falsche Prioritätensetzung*
   Ohne Festlegung von Handlungsprioritäten wird man allzu oft Opfer der operativen Hektik ohne wirksame Erfolge.
8. *Egozentrischer Blickwinkel und kurzfristige Entscheidungen statt strategischer Planung*
   Die Intelligenz der Vielen statt Egotrips Einzelner sichert eine breite Erfolgsbasis. Ohne langfristige Unternehmensplanung und eine durchdachte Unternehmensstrategie gerät man kurzfristig in neue Entscheidungssituationen, die zu wenig auf das notwendige große Ganze abzielen.
9. *Fehler im Personalmanagement*
   Dieser Bereich umfasst Themen wie eine hohe Fluktuation der Mitarbeiter, die Fehleinstellung neuer Mitarbeiter, unzureichende Aus- und Weiterbildung, falsche Personalbedarfsplanung oder Schwierigkeiten neue Mitarbeiter zu finden.
10. *Unkontrollierte Expansion*
    Neben der Gründung eines Unternehmens ist das rasante Wachstum von Unternehmen ebenfalls ein kritischer Zeitraum. Hier müssen die Bedingungen neu auf die veränderte Situation angepasst werden. Es werden meist erheblich mehr Finanzmittel zur Vorfinanzierung von Aufträgen benötigt. Die Neueinstellung von Mitarbeitern und Ingangsetzung neuer Geschäftsprozesse müssen professionell gelöst werden.

S wie SWOT-Analyse

Ein bewährtes praktisches Analysemittel der Betriebswirtschaft ist die SWOT-Analyse. SWOT steht als Abkürzung für S-strength-Stärken, W-weakness-Schwächen, O-opportunities-Chancen und T-threats-Gefahren. Mit der Analyse der Stärken und Schwächen als interne Faktoren wird auch die Sichtweise auf die externen Faktoren der Chancen und Bedrohungen vorgenommen. So kann schnell und einfach ein Bild der tatsächlichen Ist-Situation gewonnen werden. Risiken oder Chancen beleuchten das Unternehmensumfeld und Faktoren, die nicht direkt durch das Unternehmen beeinflusst werden können. Nach Christian Ziemann sind mögliche Fragen zur Ermittlung von Stärken und Schwächen eines Unternehmens Folgende:

- Mit welchen Ressourcen hebt sich das Unternehmen positiv/negativ vom Wettbewerb ab?
- Gibt es Technologien, die das eigene Unternehmen besser oder schlechter beherrscht als der Wettbewerb?
- Wie gut/schlecht ist die Performance im Hinblick auf die Markteinführung?
- Was sind positive/negative Leistungsmerkmale des Kundenservice?
- Bieten sich durch den Standort des Unternehmens Vor- oder Nachteile (z. B. durch eine nahe liegende Universität oder niedrige Lohnkosten)
- Welche strategischen Partnerschaften bestehen/bestehen nicht?
- Besteht eine innovationsfördernde Unternehmenskultur oder sind diesbezüglich eher Innovationsblockaden vorhanden?
- In welchen Unternehmensbereichen, Abteilungen, Teams besteht eine über-/unterdurchschnittliche Performance?
- Lässt sich aus dem Marktanteil eine Stärke ableiten?
- Wie zufrieden sind bestehende Kunden?

Chancen und Risiken eines Unternehmens können mit diesen oder ähnlichen Fragen ermittelt werden:

- Gibt es Trends und Entwicklungen am Markt, die sich positiv/negativ auf den Unternehmenserfolg auswirken können?
- Können durch bestehende oder laufende Produktentwicklungen Chancen/Risiken entstehen?
- Aus welchen Produkten oder Dienstleistungen können Chancen/Risiken erwachsen?
- Bestehen USP, die sich zum Vorteil nutzen lassen?
- Welche Nachteile hat mein Produkt gegenüber dem Wettbewerbsprodukt?

Analyse interner Rahmenbedingungen **Analyse externer Rahmenbedingungen**	**Stärken** • Innovationskraft und R&D Ressourcen hoch • Gutes Vertriebsnetzwerk • Effiziente Produktion	**Schwächen** • Starke Abhängigkeit von einem Produkt • Steigende Kosten am Produktionsstandort • Keine Erfahrungen auf dem wachsenden US Markt
Chancen • Wachsender Markt in den USA • Möglichkeit einer Kooperation mit einem amerikanischen Hersteller	**StC** 1.) Entwicklung einer speziell für den ameriakanischen Markt konzipierten Produktreihe 2.) Aufbau einer Produktion in den USA in Zusammenarbeit mit einem Partner	**ScC** 1.) Entwicklung einer alternativen Produktreihe zugeschnitten auf die Anforderungen des US Marktes 2.) Preis- und Kostenattraktivität durch lokale Produkton sichern 3.) Lokale Manager akquirieren mit Erfahrung des Marktes
Risiken • Wachsender Wettbewerb aus dem asiatischen Raum • Verknappung von Ressourcen am derzeitigen Produktionsstandort	**StR** 1.) Wettbewerb durch lokale Produktreihe herausfordern 2.) Reduktion der Produktions- und Supply Chain Kosten mit Hilfe einer lokalen Produktion	**ScR** 1.) Produktabhängigkeit durch modulare Entwicklung und zusätzliche Produktreieh abbauen. 2.) Lokale Produktion 3.) Rückzug vom US Markt

Abb. 19: Analyse der Rahmenbedingungen (Quelle: www.christianziemann.de)

S wie Soll-Ist-Abgleich

Der Sinn jeder Unternehmensplanung besteht in der Umsetzungskontrolle der selbst gesteckten Ziele. Dabei ist es empirisch erwiesen, dass man selbst gesetzte Ziele zuverlässiger erreicht, wenn Zielklarheit besteht und schriftlich die einzelnen Bereiche des Unternehmens geplant sind: Umsatz, Sachkosten, Personal, Aufträge usw. Vergleichbar mit einem Sportler im Stabhochsprung, der sein Ziel nie erreichen könnte, ohne dass eine Messlatte angelegt würde, verhält es sich im Unternehmen: Nur, wenn ambitionierte, doch zugleich auch realistische Ziele vorgegeben sind, behält man als Unternehmen den Vorsprung am Markt und die eigene Konkurrenzfähigkeit.

Eine Planungsrechnung erfolgt auf Grundlage von Vergangenheitswerten unter Beachtung der bereits bekannten Veränderungen des kommenden Geschäftsjahres sowie der Fortschreibung der Erlöse und Kosten. Trotz grober Unterstellungen und vieler Unsicherheiten (keiner kann wirklich wissen, was nächstes Jahr kommen wird) sollten Unternehmer zwingend eine Planungsrechnung erstellen. So erhält man einen Überblick über den notwendigen Zielumsatz, die angenommenen Kostensteigerungen und kann Planszenarien berechnen. Was beispielsweise passiert, wenn ein neues Darlehen aufgenommen wird, wenn sich die Lohnkosten um 10 % erhöhen, wenn ein Umsatzrückgang von 10 % wahrscheinlich ist. Welche Auswirkungen ergeben sich für den Gewinn? Reicht die Liquidität, um die geplante Anschaffung zu realisieren?

Planungsrechnungen per se sind eher eine betriebswirtschaftliche Trockenübung. Kraft bekommen diese Berechnungen immer dann, wenn man konsequent die Ergebnisse des Soll-Ist-Abgleichs auswertet und eine Ergebnishochrechnung auf Basis der Ist-Monate zuzüglich der noch offenen Planmonate erstellt.

S wie Sicherheiten und weitere wichtige Finanzierungsregeln im Überblick
Die Finanzierung von Unternehmen erfolgt oft klassisch über die Aufnahme von Bankdarlehen. Da wir uns in einer historischen Niedrigzinsphase befinden, ist der Kapitaldienst für die Bedienung der Kredite derzeit meist günstig zu haben und Darlehensnehmer können ihre Darlehen erheblich schneller tilgen. Die Zeiten sind grundsätzlich günstig, Fremdfinanzierungen im Unternehmen einzusetzen, vorausgesetzt Bonität, Rating und Kapitaldienstfähigkeit stimmen. Bei der Vergabe von Darlehen wird die Sicherheitenlage geprüft und die Besicherung der Kreditaufnahmen verlangt. Hier empfiehlt es sich immer, eine vollständige Aufstellung aller vertraglichen Vereinbarungen und gegebener Sicherheiten vorzunehmen. Oftmals werden im Laufe der Zeit die Kredite abbezahlt, die damit verbundenen Sicherheiten jedoch erst spät und zögerlich von den Banken freigegeben. Bei der Wahl der Finanzierungsinstrumente ist auf die planmäßige Entschuldung und die Bilanzwirkung in der Zukunft zu achten. Bei einer Darlehensvereinbarung werden vom Kreditnehmer beziehungsweise Debitor Sicherheiten eingefordert. Hierüber sollten separate Aufstellungen sämtlicher gegebener Sicherheiten mit Detailinformationen, Zusatzvereinbarungen und Laufzeiten erstellt werden. Fremdfinanzierungen werden bilanzanalytisch wie bei Fremdkapitalquote und Verschuldungsdauer in Jahren gemessen.

Es gibt hinsichtlich der **Finanzierungsregeln** einige **Grundsätze**, wie Unternehmen ihre Gesamtkapitalausstattung gestalten sollten. Der statische Verschuldungsgrad wird berechnet aus Fremdkapital/Eigenkapital. Dabei müssen auch die branchentypischen Unterschiede hinsichtlich der Kapitalintensität Beachtung finden. So finanzieren sich Immobilienunternehmen anders als ein Großhändler.

Beim **Verschuldungsgrad** gilt grundsätzlich Folgendes:
1. erstrebenswerter Mix (50 % EK – 50 % FK)
2. als gesunde Finanzierungsstruktur (33 % EK – 66 % FK)
3. noch als zulässig (25 % EK – 75 % FK)

Der dynamische Verschuldungsgrad ist die Kennzahl zur Bestimmung der Schuldentilgungsfähigkeit aus eigener Kraft. Er zeigt theoretisch an, innerhalb wie vieler Jahren ein Unternehmen aus dem Cashflow heraus schuldenfrei werden kann. Die goldene Bilanzregel besagt, dass langfristiges Vermögen auch über langfristiges Kapital finanziert sein muss. In der strengen Auslegung wird sogar gefordert, dass sich das Anlagevermögen aus dem Eigenkapital finanziert. Die nicht so strenge Auslegung besagt, dass die Finanzierung des Anlagevermögens durch Eigenkapital und langfristiges Fremdkapital gedeckt wird. Für die vereinbarten Finanzierungsinstrumente wie Darlehens- und Leasingverpflichtungen gelten besonders strenge Maßstäbe der Organisation. Da es sich in der Regel um wirtschaftlich bedeutende Verpflichtungen handelt, braucht es hier besonderen Fokus. Zum einen ist ein Kreditspiegel mit den Laufzeiten der Zahlungsverpflichtungen notwendig, um die Entschuldung im Zeitablauf zu überblicken und die notwendigen Kapitaldienstbedarfe frühzeitig zu erkennen. Wichtig ist hierbei, die Lebensphasen des Unternehmers und des Unternehmens im Blick zu haben. Oftmals werden Firmen bis zum 60. Lebensjahr des Unternehmers komplett entschuldet. Wenn aber eine Nachfolgeregelung schon gefunden ist, kann das Darlehen wirtschaftlich oft sinnvoller über längere Zeiträume gestreckt werden.

Der zweite wichtige Aspekt ist der Überblick über die bei den Banken gegebenen **Sicherheiten**. Welche Bürgschaften, zeitlich befristet oder unbefristet, welche Grundschulden, welche Abtretungen von Forderungen und anderen Rechten, welche sonstigen Sicherungen liegen vor? Wann laufen diese aus? Wann können Sicherheiten von den Banken zurückverlangt werden? Banken dürfen zudem keine Übersicherung ihrer ausgeeichten Darlehen von ihren Kunden verlangen. Eine (nachträgliche) Übersicherung liegt dann vor, wenn die Sicherung den Kreditbetrag um mehr als 150 Prozent übersteigt. Dann ist ein Freigabeanspruch des Sicherungsgebers zu prüfen.

Besondere Aufmerksamkeit sollten Sie und Ihre Mandanten **Leasingverträgen** beziehungsweise Mietverträgen (Miete = Leasing) schenken. Hier gibt es diffizile Unterscheidungen zwischen Mietkauf (Ratenkaufvertrag) und tatsächlichem Leasingvertrag. Es wird nach der betriebsgewöhnlichen Nutzungsdauer unterschieden. Vereinfacht gesagt wird ein Leasingvertrag als Mietvertrag behandelt, wenn die vereinbarte Vertragsdauer mehr als 40 % und weniger als 90 % der betriebsgewöhnlichen Nutzungsdauer beträgt. Zudem kommt es auf das vereinbarte Andienungsrecht an.

Hinweis: Bei Leasingverträgen wird manchmal eine selbstschuldnerische Bürgschaft von GmbH-Geschäftsführern verlangt. Das eröffnet im Insolvenzfall dem etwaigen Insolvenzverwalter den Rückgriff auf die bezahlten Leasingbeträge plus der Gesamtsumme des geleasten Gegenstands. Wer einen Oberklasse-Wagen für eine kleine Leasingrate nutzen konnte, erlebt hier dann später böse Überraschungen.

Die **Kontokorrentfinanzierung** ist eine besondere Form der kurzfristigen Finanzierung mit Fremdmitteln und ist rechtzeitig beantragt eine zusätzliche Bargeldreserve. Statt etwaiger Kontoüberziehungen sichern Unternehmen so ihre finanzielle Handlungsfähigkeit. Ein Kontokorrentkredit (KKR)-Vertrag ist eine mit der Bank vereinbarte Eventual-Zusatz-Kreditlinie. So lassen sich Finanzierungsspitzen durch Vorfinanzierung von Material oder zusätzlichen Aufträgen besser ausgleichen. Der Kontokorrentkredit sollte zum Finanzierungsmix von Unternehmen mit hoher Kapitalbindung und geringem Geldvermögen immer frühzeitig einbezogen werden. In der Praxis werden KKR-Linien von einem Monatsumsatz oder den monatlichen Kosten des Unternehmens als angemessen erachtet. Bei saisonalen Betrieben erfolgt eine periodengerechte Ausgestaltung des Kreditrahmens. Häufig wird eine genaue Finanzbedarfsberechnung eingefordert und vorgenommen.

Bei der KKR-Beantragung gilt: Je früher der etwaige Finanzierungbedarf beantragt und genehmigt ist, desto besser. Bei akuten Liquiditätsproblemen ist es ungleich schwerer, einen neuen Finanzierungsrahmen bei den Banken zu erhalten. Der KKR-Zins ist relativ teuer, rechnet sich aber bereits bei nur kurzfristigen Inanspruchnahmen von Zahlungsspitzen. Die dauerhafte KKR-Inanspruchnahme ist aufgrund der dabei entstehenden negativen Ratingabwertung unbedingt zu vermeiden. Es gilt ein Analysezeitraum von zwölf Monaten, in dem die KKR-Inanspruchnahme nicht mehr als 75 % betragen sollte. In einem solchen Fall ist eine mittelfristige Betriebsmittelfinanzierung das geeignetere Instrument. Keinesfalls sollten Sie Investitionen des Anlagevermögens durch kurzfristige KKR-Finanzierung aufbringen. Auch bei einer knappen Kapitaldienstgrenze ist der KKR-Rahmen das falsche Finanzierungsinstrument, da einige Finanzinstitute das Kontokurrent voll in den Kapitaldienst einrechnen. Wichtiger Hinweis: Eine etwaige Kontenüberziehung und Kontopfändung durch Gläubiger bzw. Kreditoren bei der Hausbank gilt mit Blick auf die Finanzierungswürdigkeit als absolutes K.-o.-Kriterium und verschlechtert die Möglichkeit der Kreditfinanzierung eines Unternehmens ernsthaft und nachhaltig. Darauf müssen Sie Ihre Mandanten als Steuerberater unbedingt rechtzeitig hinweisen.

T wie Transparenz durch Tracking der Ergebniszahlen und Entwicklungen

Zentraler praktischer Ansatz der rechnungswesennahen Unternehmensberatung durch Steuerberatung ist, dem Unternehmen analog des Fitnesstracker-Prinzips die eigene Entwicklung zu visualisieren und Ergebnisse transparent zu machen. Eine wichtige Dienstleistung für Unternehmen könnte sein, ein Scoreboard mit den Monats- oder Quartalsergebnissen für die gezielte Mitarbeiterinformation zu erstellen. Hierbei reichen oftmals die Darstellung einiger weniger Ergebnisse. Gerne mit Vorjahresvergleich und Veröffentlichung der Planwerte. So sollte für die Darstellung der Unternehmensleistung die prozentuale Entwicklung der Monatswerte getrackt werden. Am einfachsten ist dabei der Umsatz – möglichst noch in Verbindung mit der Bekanntmachung der Zielgröße des absoluten Mindestumsatzes oder des Zielumsatzes des Unternehmens. Alternativ kommen die Auswertung des Rohertrags oder des Deckungsbeitrags (Rohertrag nach Abzug der Personalkosten) in Frage.

Dazu sollte noch die **Mitarbeiterwertschöpfung** transparent gemacht werden. Hier wird der Wert des Rohertrags je einem Euro Personalkosten gemessen. Ist dieser Leistungsfaktor stabil oder in der Entwicklung aufwärts gerichtet, haben sich Personalkosten auch in adäquate Leistung entwickelt. Ist der Trend rückläufig, sollte gemeinsam Ursachenforschung betrieben werden. Mitarbeiter können oft am besten benennen, wo und warum Performanceverluste eingetreten sind. Der dritte zu veröffentlichende Teil sollte aus dem Liquiditätsbereich kommen. Denkbar ist hier die Laufzeit der Kundenforderungen in Tagen oder als absolute Zahl. Deutlich besser und wirksamer ist jedoch die Bekanntmachung des operativen kumulierten Cashflows bezogen auf den Unternehmensgewinn.

Liegt dieser im Bereich von ca. 100 %, so ist es dem Unternehmen gelungen, die Bilanzergebnisse auch zahlungswirksam zu realisieren. Liegt er jedoch dauerhaft signifikant unter 80 % fehlen dem Unternehmen mehr als 20 % zur Deckung der eigenen Kosten. Das kann nicht dauerhaft kompensiert werden und das gesamte Team ist zum gemeinsamen Handeln aufgefordert. Ein anderer Aspekt der transparenten Darstellung von Firmenzahlen kann auch die Berechnung der finanziellen Reichweite des Unternehmens sein. Gerade in der Wirtschaftskrise interessiert es Mitarbeiter sehr, wie viele Tage das eigene Unternehmen aus den Finanzreserven heraus die monatlichen Kosten tragen kann.

U wie Unternehmensplanung

Für Unternehmer ist das Tun auf Grundlage der richtigen Überlegungen und Entscheidungen elementar. Gut, wenn die Chefin oder der Chef sich dazu die notwendige Zeit nimmt und sich regelmäßig einige Fragen hinsichtlich Verbesserung und notwendiger Veränderungen stellt. Das können Sie als Unternehmensbegleiter regelmäßig anstoßen und sollten das natürlich auch selbst als Unternehmerin oder Unternehmer beherzigen. Fragen Sie sich und/oder Ihre Mandanten beispielsweise nach den beruflichen Zielen, nach Erwartungen in punkto Umsatz, Gewinn und Kosten. Wie bewerten Sie die Organisation, wie läuft es mit Investitionen? Muss die Finanzierung verbessert werden? Werden besondere Stärken im Unternehmen und im Team effizient genutzt und der Vorsprung am Markt ausgebaut? Wie schaut es hinsichtlich der Wettbewerbsfähigkeit aus? Bieten wir unseren Kunden einen wirklichen Nutzen? Werden Prozesse und Abläufe stetig optimiert oder eingefahrene Routinen zumindest hinterfragt? Sind wir für unsere Mitarbeiter ein attraktiver Arbeitgeber oder ist die Fluktuation hoch? Die Liste an Fragen lässt sich fortsetzen. Entscheidend ist, dass wir als Unternehmer niemals stehen bleiben! Dabei ist uns vor allem im privaten Bereich die Arbeit mit Zielen in verschiedenen zeitlichen Horizonten geläufig. Die gesetzte Aufgabe für den nächsten Tag, das weit entfernte Reiseziel, auf das noch ein bisschen gespart werden muss, oder der lang gehegte Traum vom eigenen Haus sind gute Beispiele dafür. Auch in Unternehmen spielen verschiedene lang- und kurzfristige Ziele eine Rolle, denn sie strukturieren den Arbeitsalltag und geben die Richtung vor.

Kurzfristige Ziele sind entweder Zwischenziele für größere Herausforderungen oder dienen der Aufgabenorganisation. So sollten Sie sich selbst und zum Teil auch Mitarbeitern Tages-, Wochen und Monatsziele setzen, um bestimmte Prozesse zu steuern und schneller voranzubringen. Gerade monatliche Vereinbarungen können auch Bestandteil eines längeren Planungshorizonts sein. In der Jahreszielplanung werden zum Beispiel verbindliche Ziele festgelegt, deren Erreichung anschließend über Monatsziele kontrolliert wird. Gibt es Probleme beim Erreichen einzelner Etappen, kann rechtzeitig nachjustiert werden.

Jahresziele basieren auf der mittelfristigen strategischen Ausrichtung des Unternehmens über etwa sieben Jahre. Innerhalb dieses Zeitraums kann beispielsweise ein neues Marktsegment erobert und ausgebaut werden. Das lässt sich aber nur mit längeren Entwicklungszeiträumen und jährlichen Schritten erreichen, kürzere Perioden sind dafür ungeeignet. Solche großen Planungshorizonte werden nur durch langfristige Perioden (etwa 21 Jahre = eine Führungsgeneration) und die übergeordnete, allzeit gültige Vision des Unternehmens bedingt. Das sind Aufgaben, die eines Sparringpartners hinsichtlich Zielklarheit und Ergebnisabgleich bedürfen.

V wie Vertrags- und Kostencheck

Geschlossene Verträge gehören regelmäßig auf den Prüfstand. Ein Vertrags-Check sorgt für Klarheit und Überblick. Unter das Vertragsmanagement fallen alle abgeschlossenen Rechtsbeziehungen. Hier sind Miet- und Kreditverträge ebenso zu verstehen wie Anstellungsverträge der Mitarbeiter, Leasingvereinbarungen für den Firmenfuhrpark oder Mobilfunkverträge der Mitarbeiter, Versicherungspolicen und vieles mehr. Ein oft vernachlässigter Bereich besteht in den Verträgen der Gesellschaften selbst, zum Beispiel Satzungen der GmbH oder Gesellschaftsverträge von GbR-Verträgen oder KG-Satzungen. Vieles davon liegt in unseren Steuerkanzleien bereits vor.

Wichtig ist, möglichst alle Verträge im Blick zu behalten und die wesentlichen Konditionen und Vereinbarungen auf den Punkt zu kennen, Anpassungsbedarfe frühzeitig zu sehen und bei Bedarf entsprechend zu ändern. Ein wichtiger Punkt hierbei ist die Kenntnis von Vertragslaufzeiten und die vertragsgemäße Kündigung von sogenannten Dauerverträgen.

V wie Verfahrensdokumentation

Längst ist die betriebliche Buchhaltung digital und unterliegt den ordnungsgemäßen Grundsätzen digitaler Buchführung, kurz GoBD. Die Schwerpunkte liegen hierbei auf einer immer stärkeren Automatisierung der Prozesse. Die GoBD fordern von steuerpflichtigen Unternehmen für zahlreiche Bereiche eine Verfahrensdokumentation über die prüfungsrelevanten Prozesse sowie die Speicherung und Dokumentation der originären digitalen Daten. Dabei lassen sich folgende **drei Hauptbereiche** unterscheiden:

- Aufbewahrungspflichten für elektronische Unterlagen
- Führung elektronischer Bücher
- Verantwortlichkeiten für die vorgenannten Bereiche

Alle Steuerpflichtigen, die Bilanzen oder Einnahmenüberschussrechnungen (EÜR) erstellen, müssen die GoBD beachten, sofern sie unternehmerische Prozesse EDV-gestützt abbilden und ihre Buchführungs- und Aufbewahrungspflichten teilweise oder ganz in elektronischer Form erfüllen. Dabei gelten die GoBD ganz unabhängig von der Betriebsgröße.

Buchführungsrelevante Systeme sind in diesem Kontext sowohl das Hauptbuchführungsprogramm als auch Nebenbereiche wie etwa die Anlagen- oder Lohnbuchhaltung. Zudem werden elektronische Archivsysteme sowie elektronische Zeiterfassungssysteme von den Regelungen der GoBD erfasst, wenn sie buchführungsrelevante Daten liefern. Ein wichtiger Teilbereich der GoBD, der alle drei Hauptaspekte berührt, ist die Verfahrensdokumentation, in der insbesondere alle relevanten IT-Prozesse dargestellt werden müssen. Zentrale Grundsätze der GoBD bezüglich der elektronischen Buchführung sind Nachvollziehbarkeit und Nachprüfbarkeit, Vollständigkeit sowie »richtige« und zeitgerechte Buchung bzw. Aufzeichnung, zudem Ordnung und Unveränderbarkeit. Um die Anforderungen zu erfüllen, braucht es eine Verfahrensdokumentation. Darin sind alle Vorgehensweisen sowie Systeme und Programme im Einzelnen darzustellen, mit denen Nachvollziehbarkeit und Nachprüfbarkeit erreicht werden (sollen).

Der **konkrete Inhalt einer Verfahrensdokumentation** hängt stark von den Prozessen im jeweiligen Unternehmen ab. Deshalb kann es auch kein einheitliches Muster geben, wohl aber Punkte, die auf jeden Fall in der Dokumentation thematisiert werden sollten. Die Verfahrensdokumentation dient insbesondere dazu, dass sich ein sachverständiger Dritter, also etwa ein Betriebsprüfer, innerhalb einer angemessenen Zeit einen Überblick verschaffen kann. Daher sollte sie entsprechend formal aufbereitet sein: mit Übersichten, Grafiken und einem Inhaltsverzeichnis. Eine bloße Aneinanderreihung von Details ohne weitere Erläuterung und Strukturierung dürfte die Anforderungen nicht erfüllen. Die Verfahrensdokumentation muss allen am Verfahren beteiligten Personen bekannt gemacht werden und jederzeit zugänglich sein. Bei häufigeren Überarbeitungen oder Änderungen empfiehlt es sich, einen inhaltlich stabilen Hauptteil durch sich häufiger ändernde Anlagen zu ergänzen. Wichtig ist, dass das dokumentierte Verfahren regelmäßig und unverändert angewendet wird. Nur so können Sie die Akzeptanz der GoBD bei der Finanzverwaltung sicherstellen.

W wie Working Capital

Unter diesem Stichwort müssen wir ein weniger tiefer in die Theorie einsteigen. Die Ausführungen entstammen zusammengefasst größtenteils der Webseite www.controllingportal.devon Alexander Witt. Es empfiehlt sich aber, sich weitergehend mit diesem spannenden Managementthema auseinanderzusetzen, wenn Sie Ihren mittelständischen Mandanten als Unternehmensberater zur Seite stehen möchten.

Das Working Capital dient also der **Liquiditätsanalyse**. Es ist die Differenz zwischen Umlaufvermögen und kurzfristigen Verbindlichkeiten. Das Working Capital sollte in einem Unternehmen größer null sein. Ein positives Working Capital signalisiert, dass das gesamte Anlagevermögen und Teile des Umlaufvermögens durch langfristiges Kapital finanziert sind. Die Goldene Bilanzregel wird somit eingehalten. Sie besagt, dass das Anlagevermögen sowie das langfristige Umlaufvermögen (eiserner Bestand) durch langfristiges Kapital finanziert sein soll. Falls das Working Capital kleiner null ist, wird es entsprechend negatives Working Capital genannt. In diesem Fall ist die Gefahr einer Illiquidität des Unternehmens höher, da das Umlaufvermögen (kurzfristiges Vermögen) nicht ausreicht, um die kurzfristigen Verbindlichkeiten zu decken. Im Allgemeinen gilt, je höher das Working Capital ist, desto gesicherter ist die Liquidität und damit auch die Beweglichkeit des Unternehmens.

Das Working Capital sollte idealerweise ein **Verhältnis von 2:1** zwischen Umlaufvermögen und kurzfristigem Fremdkapital aufweisen. Diese Regel basiert auf der sogenannten »Bankers Rule« – eine Forderung amerikanischer Banken, nach der das Umlaufvermögen mindestens doppelt so groß sein sollte wie das kurzfristige Fremdkapital.

Bilanz (mit positivem Working Capital)

Anlagevermögen	100	Eigenkapital und langfristiges Fremdkapital	150
Umlaufvermögen	100	*Working Capital*	*50*
		kurzfristiges Fremdkapital	50
	200		200

Abb. 20: Bilanzdarstellung mit positivem Working Capital (Quelle: eigene Darstellung)

Die Formel dazu lautet:

$$\text{Working Capital} = \frac{100\,(\text{Umlaufvermögen})}{50\,(\text{kurzfristiges Fremdkapital})}$$

Das Working Capital ist zudem sehr stark **branchenabhängig**. Die Kennzahl kann darüber hinaus herangezogen werden, um Optimierungsmöglichkeiten im Unternehmen aufzudecken. Zum Beispiel kann das Working Capital Indikator für eine schlechte Lagerhaltung oder ein schlechtes Forderungsmanagement sein. Es könnte zum Beispiel auch ein Problem in der Verwaltung von Verbindlichkeiten sein, die das Ergebnis erheblich beeinflussen. Um solche Sachverhalte zu ermitteln, ist ein aktives Working Capital-Management nötig.

Dabei geht es um die Optimierung der Kennzahl. Das bedeutet, es muss gewährleistet sein, dass die liquiden Mittel in ausreichender Höhe jederzeit zur Verfügung stehen. Dieses Ziel erreichen sie durch eine optimierte Lagerhaltung und Produktpalette sowie ein optimiertes Forderungs- und Kreditorenmanagement. Hierfür werden dann Umschlagskennzahlen, wie zum Beispiel Vorräte, herangezogen. Zudem werden Kennzahlen wie das durchschnittliche Zahlungsziel benötigt. Um eine optimierte Lagerhaltung zu erreichen, müssen u. a. die Lagerbestände exakt kontrolliert werden, der Lageraufbau muss optimal gestaltet sein, damit die benötigten Rohstoffe schnell gefunden werden. Zudem werden durch Just-in-Time Lieferungen die Lagerkosten relevant gesenkt. Eine optimale Produktpalette wird unter anderen erzeugt, indem die entsprechenden Analysen von Umschlagszeiten usw. durchgeführt werden und dementsprechend für Produkte mit langen Umschlagszeiten Produktion und Lagerhaltung angepasst werden. Hierdurch wird die Kapitalbindung weiter gesenkt. Das Forderungsmanagement weist oft Mängel in den Zahlungszielen und der Einforderung offener Forderungen auf. Dies kann optimiert werden durch ein optimales Mahnwesen und Bonitätsprüfungen. Außerdem kann durch Mittel wie Skonti die Zahlungsgeschwindigkeit von Kunden erhöht werden – beachten Sie hierfür jedoch die Wirtschaftlichkeit, siehe die Ausführungen oben. Verbindlichkeiten können zudem durch Verhandlungen mit Lieferanten optimiert werden. Hier stehen die Verlängerung von Zahlungszielen oder die Optimierung gewährter Skonti im Mittelpunkt.

X wie 4DX-Methode

Die vier Disziplinen der Umsetzung wurden als Strategie von *Franklin Covey* entwickelt. Die 4DX-Methode ist ein wirksamer Ansatz für ein effektives Controlling und zielt auf eine **Verhaltensänderung im Tagesgeschäft** ab. Diese Methode soll auf systematische Art und Weise dafür sorgen, dass inmitten des Alltags trotzdem auch die erwünschte Verhaltensänderung stattfindet. Im Mittelpunkt hierbei stehen eher die Frühindikatoren statt der bisher gemessenen Ergebniszahlen (KPIs). Es kommt darauf an, welche frühen Indizien dafür Beweis sind, dass das Unternehmen mit seiner Strategie erfolgreich sein wird. Relevant für **4DX** sind die folgenden vier Punkte:

1. Fokussieren Sie auf die wirklich wichtigen Ziele. Das sind diejenigen Ziele, die – falls sie nicht erreicht werden – andere Ziele irrelevant machen.
2. Definieren Sie die führenden Ziele und setzen Sie diese um. Das sind diejenigen Maßnahmen, die den größten Hebel auf den Erfolg ausüben.

3. Führen Sie ein überzeugendes Scoreboard, um die Belegschaft zu engagieren und emotional einzubinden.
4. Geben Sie eine hohe Auswertungs-Taktung mit regelmäßigem Zielabgleich (mindestens wöchentlich oder häufiger) vor, indem Verantwortung übernommen wird und sich das Team trotz Tagesgeschäft auf die 4DX-Kriterien fokussiert.

Z wie Zukunftsbilanz

Vermögensbilanzen im Privatbereich helfen Unternehmern auch die privaten Ziele fokussiert anzugehen. Private Zielplanung mit Beratung durch den Steuerberater und eine umfassende Ist-Aufnahme sorgen für ruhigen Schlaf und Sicherheit unserer Mandanten. Die jährliche Bilanzerstellung für Unternehmen ist Pflicht und wird vom Gesetzgeber verlangt. Die eigene Bilanz der Ersparnisse und des erworbenen Versicherungsschutzes kommt hingegen oft zu kurz. Das gute alte Ritual, am Jahresanfang Kassensturz zu machen, und die Wertentwicklung der einzelnen Anlagen und Investments zu dokumentieren, sorgt jedoch für einen klaren Überblick.

Neben der Vermögensbilanz sind die Einnahmen-Ausgaben-Rechnung, die Ergebnisrechnung, die Ausfallvorsorgerechnung, die Altersvorsorge- und die Steuerrechnung wichtige Teilschritte, um sich einen Überblick über das Nettovermögen und das verfügbare Haushaltseinkommen zu verschaffen. Wer die eigenen Vermögenswerte und Schulden im Blick hat, kann fundierte Entscheidungen treffen. Je nach Risikobereitschaft kommen unterschiedliche Formen der Anlage in Betracht. Eine wichtige Grundregel beim Aufbau eines privaten Vermögens: Legen Sie niemals alle »Eier« in einen Korb. Also niemals nur über Versicherungen eine Altersvorsorge ansparen, sondern vielmehr eine Streuung über Wertpapiere, Anleihen, Aktien, Geldwerte und/oder Immobilien vornehmen und die Aufteilung sichtbar machen. Jeder nach seinen Überzeugungen und dem jeweiligen Risikoprofil.

Z wie (Unternehmer-)Zeugnis

Ein sogenannter »Quick-Check« der Bilanz gibt Aufschluss über den Gesamterfolg des Unternehmens zum Bilanzstichtag. Umfangreiche Analysen sind hierbei nicht notwendig. Es genügt, sich ähnlich wie bei der uns allen bekannten Schulnote halbjährlich und jährlich sein Zeugnis ausstellen zu lassen. Der **Quick-Check** geht in seiner Urform auf *Peter Kralicek* zurück. Ähnlich wie Zensuren in unserem Schulsystem umstritten sind, ist es auch nicht für jeden Unternehmer angenehm oder annehmbar, sich benoten zu lassen. Probieren Sie es trotzdem einmal (zumindest versuchsweise) bei sich selbst und mit Ihren Mandanten aus. Sie werden sehen, dass die Bilanzplanung und Bilanzgestaltung ebenso wie das Jahresbilanzgespräch wesentlich besser in Fahrt kommen.

Statt eine Fülle von Vergangenheitskennzahlen zu erhalten, wird eine **Gesamtnote** errechnet, die wesentliche Kernaussagen der Bilanzanalyse in sich vereint. Unternehmer erkennen auf einen Blick positive und etwaige negative Aspekte und können somit einfacher Entscheidungen für die Zukunft ableiten. Das Unternehmerzeugnis sorgt zusammen mit der Finanzplanung und einer selbst festgelegten Kennzahlen-Matrix für Transparenz im Bilanznirwana. Hinweise auf mögliche Verbesserungen der Bilanzkennzahlen runden das Reporting ab. So wird Bilanz erlebbar und transparent. Für Unternehmer bleiben die wesentlichen Fakten auf dem Tisch liegen, anschließend kann man gemeinsam mit dem Mandanten tiefer in die Detailinformationen einsteigen.

Beispiel Unternehmenszeugnis Cheftresor®

Für Unternehmen: XY GmbH
Gründungsdatum Firma:

	Wert	Note
Eigenkapitalquote	59,8 %	1
Schuldentilgungsdauer in Jahren	1,2 Jahre	1
Finanzielle Stabilität		**1**
Gesamtkapitalrentabilität	19,3 %	1
Cash-Flow-Leistungsrate (Bilanz-Cashflow)	5,2 %	3
Ertragslage		**2**
Mitarbeiterproduktivität	1,50 €	3
Entwicklung Deckungsbeitrag	58,4 %	1
Entwicklung		**2**
Gesamtnote Unternehmerzeugnis		**1,60**

Anhang

1 Fragebogen Unternehmens-Selbstcheck nach EFQM

1.1 Kundenperspektive

	Kriterium	Nicht relevant	Oberste Priorität	0 %	25 %	50 %	75 %	100 %	über 100 %
1	Kundenzufriedenheit								
2	Reklamationsquote								
3	Serviceleistung (Customer Journey)								
4	Marktanteil								
5	Neukundenquote								
6	Lebensdauer Kundenbeziehung								
7	Kundenbindungsmaßnahmen								
8	Image/ Markenbekanntheit								
9	Produkt- und Dienstleistungsportfolio								
10	Netzwerkarbeit/ Benchmark								
11	Kundennutzen/ USP								

1.2 Finanzperspektive

	Kriterium	Nicht relevant	Oberste Priorität	0 %	25 %	50 %	75 %	100 %	über 100 %
1	Umsatz								
2	Deckungsbeitrag/ Kostenrechnung								
3	Liquidität								
4	Fremdkapitalquote								
5	Mahnwesen (offene Posten)								
6	Regel-Reporting für Führungskräfte								
7	Rücklagen/ Eigenkapital								
8	Investitionen in Anlagevermögen								
9	Rentabilität								
10	Führungsinformationssystem								
11	Vertragscontrolling								

1.3 Mitarbeiterperspektive

	Kriterium	**Nicht relevant**	**Oberste Priorität**	**0 %**	**25 %**	**50 %**	**75 %**	**100 %**	**über 100 %**
1	Mitarbeiterzufriedenheit								
2	Fluktuation								
3	Krankenstand								
4	Wertschöpfungsentwicklung (Rohertrag je 1 € Personalkosten)								
5	Personalkostenquote								
6	Produktivität								
7	Wissenszuwachs/ Fortbildungsquote								
8	Ideenmanagement								
9	Unternehmenskultur								
10	Zielerreichung (Mitarbeiter-Zielvereinbarung)								
11	Attraktiver Arbeitgeber/ Bewerberfokus								

1.4 Prozessperspektive

	Kriterium	Nicht relevant	Oberste Priorität	0%	25%	50%	75%	100%	über 100%
1	Störzeiten/Ausfallzeiten								
2	Kontinuierlicher Verbesserungsprozess								
3	Prozessdokumentation/ Standards								
4	Qualitätsmanagement/ Zertifizierung								
5	Technische Ausstattung								
6	Klare Stellenbeschreibungen /Zuständigkeiten								
7	Ausstattung Arbeitsplätze								
8	Durchlaufzeiten Aufträge								
9	Anwendung neuer Technologie/Digitalisierung								
10	Schlanke Verwaltungsprozesse								
11	Transparente Frühindikatoren-Überwachung (Balanced Scorecard)								

2 Corona-Risiko-Checkliste

	Ja	Nein
Ist die Auftragslage stabil?		
Liegt eine Liquiditätsplanung vor?		
Ist der operative Cashflow 2019 und 2020 nachhaltig positiv?		
Reicht die Finanzreserve für zwei Monate Vorlauf aus?		
Kennen Sie Ihren monatlich aufzubringenden Kapitaldienst (Wert aller Zinsen, Tilgungen und sonstiger Kreditverbindlichkeiten)?		
Haben Sie ein straff organisiertes Mahnwesen und wird dieses regelmäßig überwacht?		
Ist Ihnen das Banken-Rating Ihres Unternehmens bekannt und positiv?		
Haben Sie noch nicht genutzte Möglichkeiten für Darlehensneuaufnahmen, Kontokorrentlinien oder Bürgschaftsrahmen?		
Haben Sie die Möglichkeit geprüft, zusätzliches Eigenkapital ins Unternehmen zu bringen?		
Wurden die Hilfsangebote des Landes in Form von Sonderkrediten (zinsfrei) geprüft?		
Wurden Stundungsanträge für die Umsatzsteuer und Ertragsteuer gestellt?		
Wurde ein Vollstreckungsaufschub für fällige Steuerzahlungen beantragt?		
Wurde die Sondervorauszahlung 1/11 Umsatzsteuer für die Dauerfristverlängerung zurückgeholt?		
Wurde eine Anpassung der Vorauszahlungen der Ertragsteuern vorgenommen?		
Wurde eine Anpassung der Schätzung der Sozialversicherungsbeiträge vorgenommen?		
Wurden Laufzeitverlängerungen für eventuell vorhandene Fördermittel-Projekte beantragt?		
Wurde eine Soforthilfe des Landes für Kleinstunternehmen (wenn berechtigt) beantragt?		
Haben Sie eine etablierte Unternehmenskultur?		
Gibt es klare Zuständigkeiten/Stellenbeschreibungen in Ihrem Unternehmen?		
Überdenken Sie regelmäßig Ihre Position als attraktiver Arbeitgeber?		

	Ja	Nein
Tracken Sie die Produktivität Ihrer Mitarbeiter?		
Sind mindestens 10 % aller Mitarbeiter der Firma bzw. der Betriebsabteilung von Arbeitsausfall/ mehr als 10 % des monatlichen Entgeltes betroffen?		
Gibt es bereits eine Kurzarbeitsregelung für Ihr Unternehmen bzw. ist diese geplant?		
Haben alle Mitarbeiter der Kurzarbeitergeld-Regelung zugestimmt?		
Hat der Betriebsrat zugestimmt?		
Wurden die Resturlaubsansprüche aus 2019 genommen?		
Sind die vorhandenen Arbeitszeit- und Überstundenkonten bis 10 % der Jahresarbeitszeit bereits abgebaut (kein negativer Aufbau nötig)?		
Wurde die Anzeige im Monat der beabsichtigten Kurzarbeit gestellt?		
Ist es gewünscht, Urlaubstage statt Kurzarbeitergeld zu nehmen, um Entgeltausfall zu vermeiden?		
Kommt eine Weiterbildung/Qualifizierung einzelner Mitarbeiter während der Kurzarbeit in Frage?		
Wurde der Jahresabschluss 2019 schon erstellt?		
Gibt es eine Ertragsplanung/Bilanzplanung?		
Wird die Buchhaltung zeitnah und qualitativ abgegrenzt erstellt?		
Gibt es ein Controlling-Review der letzten sechs Monate über alle relevanten Zahlen und Entwicklungen?		
Liegt ein Managementinformationssystem/eine zeitnahe BWA mit Cashflow-Analyse und relevanten Kennzahlen vor?		
Kennen Sie die Rentabilität Ihrer Geschäftsfelder?		
Kennen Sie Ihre Personalkostenquote?		
Konnten Sie die Nettoverschuldung in den Vorjahren kontinuierlich abbauen?		
Haben Sie eine Kostenplanung der nächsten Monate?		
Haben Sie einen Überblick über finanzielle Verpflichtungen aus Dauerverträgen wie Miete, Abos, Wartungen oder Leasing?		
Sind Sie mit Ihren Führungskräften auf ein Regelreporting verabredet?		
Setzen Sie bereits neue Technologien/digitale Wege ein, um Ihre Arbeitsprozesse auch in der Krise weiterführen zu können?		

	Ja	Nein
Wurde geprüft, ob für einzelne Projekte (z. B. Digitalisierung der Arbeitsprozesse, externe Beratungsleistungen) Fördermittel beantragt werden können?		
Haben Sie geprüft, ob zusätzliche noch freie Sicherheiten bei der Bank gestellt werden können?		
Wurde eine Bürgschaft über die KfW für einen Kredit der Hausbank in Anspruch genommen?		
Können Durchlaufzeiten optimiert werden (Lagerzeiten/Lagerumschlag)?		
Besteht eine Kunden- und/oder Lieferantenabhängigkeit?		

3 Neukundencheck

Wie bewerten Sie folgende Aussagen im Hinblick auf Ihr Unternehmen (Skala von 1 = »trifft nicht zu« bis 10 = »trifft voll und ganz zu«)?

1. Eine aktuelle und qualitätsgerechte Buchführung ist uns als Basis für Führungsinformationen wichtig.
2. Wir haben regelmäßig (mindestens wöchentlich) Zeiträume für die Erledigung der Buchhaltung bzw. Zuarbeiten dazu eingeplant.
3. Wir wünschen uns aktuelle betriebswirtschaftliche Auswertungen und eine enge Zusammenarbeit mit unserem Steuerberater.
4. Die Informationen zur Lohnabrechnung (Stundenmeldung, Krankenscheine etc.) reichen wir immer fristgerecht und komplett ein.
5. Unsere Mitarbeiter sind uns wichtig. Deshalb legen wir Wert auf eine fachlich gute Beratung in Sachen Lohnabrechnung.
6. Die Buchführung ist so organisiert, dass Belege schnell und unkompliziert verarbeitet und GobD-konform archiviert werden bzw. ist das unser Ziel.
7. Wir arbeiten in vielen Bereichen digital. Deshalb ist auch die digitale Zusammenarbeit mit dem Steuerberater z. B. über Schnittstellen unser Ziel.
8. Für uns hat der Preis oberste Priorität bei der Auswahl des Steuerberaters.
9. Fachliche Beratung ist uns wichtig. Dabei muss ich nicht genau wissen, was diese am Ende kosten wird.
10. Wir sehen unseren Steuerberater als Wegbegleiter und holen für wichtige unternehmerische Entscheidungen seinen Rat ein.

4 Stellenbeschreibung Unternehmensberater in der Steuerkanzlei

Aufgaben und Tätigkeitsschwerpunkte

Der Unternehmensberater übernimmt die Aufgaben eines Controlling- und Wirtschaftsberatungsspezialisten mit Bereichsverantwortung. Zudem übernimmt er im Umfang von 15% seiner Arbeitszeit (6h/Woche) weitere Aufgaben bei der Akquise, Vorbereitung, Durchführung und Abrechnung von Beratungsleistungen auf Basis der in der Kanzlei angebotenen Beratungsleistungen (s. u.):

- Er unterstützt die Kanzleileitung (KL) bei der Akquise von Dienstleistungen (DL), d. h. er
  - unterstützt die KL (ggf. nach Vorgaben) bei der Ermittlung von Potenzialmandaten und
  - führt nach Absprache mit der KL zielgerichtete Vertriebsmaßnahmen durch (z. B. gezielte Anschreiben, Telefonate, Pitches ...) [initiiert, schlägt vor, setzt um, etc.].
- Er bereitet die Beratungsleistung (ggf. nach Vorgaben der KL) vor, d. h. er
  - unterstützt bei der umfassenden Auftragsklärung und übernimmt Teilaufgaben,
  - erstellt kanzleistandardisierte Unterlagen und Auswertungen für die Beratung vor und stimmt diese mit der KL ab,
  - bereitet überwiegend standardisierte Beratungstermine auf Basis des Auftrags und ggf. weiterer Recherchen vor und stimmt das Vorgehen mit der KL ab und
  - gleicht Wechselwirkungen mit anderen Dienstleistungen für den Mandanten ab.
- Er setzt die Beratungsleistungen nach den vereinbarten Kanzleistandards um, d. h. er
  - arbeitet der KL zu,
  - erfragt während des gesamten Beratungsprozesses die jeweils aktuellen Erwartungen und aktuelle Zufriedenheit des Kunden und berichtet eng der KL,
  - entwickelt Standards weiter und
  - erbringt standardisierte Beratungsleistung nach Abstimmung mit der KL eigenständig.
- Er führt Cross-Selling und Sell-on Maßnahmen durch, d. h. er
  erkennt Zusatzbedarfe (Sell-on) beim Kunden, gibt die Information an die KL weiter und arbeitet mit bei der Umsetzung möglicher Maßnahmen.
- Er schließt den Beratungsprozess ab, d. h. er
  führt ein Abschlussgespräch mit dem Kunden, dokumentiert die erbrachten Leistungen, rechnet sie ab (erstellt Rechnungsvorschlag) und informiert bei Bedarf weitere Beteiligte.
  Er erkennt Innovationen und entwickelt sie zur Marktreife, d. h. er bringt Ideen und Vorschläge ein, um die vorhandenen Beratungsleistungen zu verbessern.

Für seine Aufgaben im Bereich Unternehmensberatung greift der Stelleninhaber auf folgende **Beratungsleistungen** zurück.

Beratungsleistungen

Beratungsleistungen im Bereich Jahresabschluss und betriebliche Steuerung

- Jahresabschlussanalyse
- Controlling und Wirtschaftsberatung mit Cheftresor®
- Berechnungen Mindestgewinn und Kapitaldienstgrenze
- Beratung zur Mitarbeiterführung/ Mitarbeiterentwicklung im Rahmen von Zukunftscampus
- Rating-Check
- SWOT & Krisen-Check
- Potenzialanalyse
- Unternehmensplanungen
- Maßnahmendefinition und Handlungsanleitung zur Ergebnis-KVP Mandanten

Beratungsleistungen im Bereich Fibu/Controlling

- Einführung und Umsetzung Digitales Buchen beim Mandanten
- Organisationsberatung beim Mandanten
- Erstellung und Jahres-Review Verfahrensbeschreibung »Ersetzendes Scannen«
- Einrichtung von Kostenrechnungen
- Erstellen von Monats-Controlling-Reports
- Beratung bei der Einführung und Nutzung von Controlling-Instrumenten
- Umsetzung Digitalisierungsbegleitung und -umsetzung/ Schnittstellen-Optimierer

Beratungsleistungen im Bereich Lohn

- Mehr-netto-vom-Brutto-Konzept in Firmen umsetzen
- Stundensatzkalkulation
- MALICK-Konzept für Mandanten

Beratungsleistungen im Bereich ESt-Erklärungen/Privatfokus

- Vermieterberatung hinsichtlich Investition und Finanzierungen
- Zukunftsbilanz und jährliches nachhalten der Vermögensbilanzen
- Selbstauskunft

Beratungsleistungen im Bereich betriebswirtschaftliche Beratung

- Nachfolgeberatung, Planung und Begleitung
- Unternehmensberatung allgemein
- Finanzierungsoptimierungen und Bankenverhandlungen

- Fördermittelbeantragung
- Existenzgründerberatungen
- Markt- und Branchenanalysen
- Pflegesatzverhandlungen
- Benchmarking von Branchen/ Workshop und Konzepte
- Erstellen von Unternehmensgutachten und Berichten, Unternehmensbewertungen

Beratungsleistungen im Bereich Eigenorganisation, Planung und Controlling

- Zeitmanagement
- Prüfung von Kalkulationsansätzen
- Jahreszielplanungen für Mandanten

Weitere Beratungsleistungen: fachliche Anleitung von Kollegen und Netzwerkpartnern

Neben den oben aufgeführten Aufgaben führt der Stelleninhaber/die Stelleninhaberin Einzelaufträge aus, die dem Wesen nach zu seiner/ihrer Tätigkeit gehören bzw. sich aus den betrieblichen Notwendigkeiten ergeben.

Entscheidungs- und Handlungskompetenzen der Stelle
Der/Die Stelleninhaber(in) handelt und entscheidet in folgenden Punkten völlig eigenständig:

- Selbstauskunft
- Checks
- Präsentationen
- Controlling
- Kostenrechnung
- Zukunftsbilanzen
- Workshops
- Beratungsaufträge bis zu X €

Der/Die Stelleninhaber(in) handelt und entscheidet in folgenden Punkten nach Rücksprache mit dem Vorgesetzten (ggf. Kollegen):

- Existenzgründungs- und allgemeine betriebswirtschaftliche Beratungen
- Angrenzende steuerliche Fragen
- Umstrukturierungen
- Fördermittelbeantragung und Angebots- und Projektstruktur

Der/Die Stelleninhaber(in) delegiert folgende Handlungen und Entscheidungen an Vorgesetzte oder befugte Kollegen:

- Unternehmensbewertungen
- Nachfolgeberatungsinhalte
- Vertragsänderungen und Vertragsprüfungen von wirtschaftlich bedeutendem Gewicht

Anforderung an den Stelleninhaber/die Stelleninhaberin

(Qualifikationen, Zusatzausbildungen, besondere Eigenschaften und Kompetenzen)

- Fachliche Kompetenzen
  - Erfolgreiche Ausbildung in einem der klassischen Berufsbilder der steuerberatenden Berufe oder adäquate kaufmännische Grundlage
  - Sicherer Umgang mit Situationen unternehmerischer und steuerlicher Relevanz im Mandantenkreis
  - Wissen um die Prozesse der betreuten Unternehmen
  - Kenntnisse und Einhaltung der Kanzleistandards
- Methodische Kompetenzen
  - Profundes Können bei Werkzeugen und Methoden der Leistungserbringung
  - Effektive Gesprächsführung und aktives Zuhören
  - Proaktive Haltung gegenüber Kunden und Mitarbeitern
  - Zeit- und Prioritätenmanagement
  - Troubleshooting
  - Wissens- und Datenmanagement
- Soziale Kompetenzen
  - Sicherer Umgang mit Sprache und Schrift
  - Sichere Umgangsformen
  - Freude am Gespräch mit Mandanten und Kollegen
  - Freude an Weiterbildung (auch fachfremd und persönlichkeitsbildend)
  - Netzwerker
- Persönliche Kompetenzen
  - Sichere Selbstorganisation in unklaren Situationen
  - Eher extrovertierter Umgang mit Mandanten und Kollegen
  - Analytische Entscheidungsfindung
  - Flexibles Arbeiten

Weisungsbefugte Vorgesetzte

- Geschäftsleitung
- Teamleiter

Weisungsgebundene Mitarbeiter

- Sachbearbeiter

Informationspartner

- Kanzleileitung
- Teamleiter und Mandatsverantwortliche
- Alle Mitarbeiter

Stellvertretungen

Der/Die Stelleninhaber(in) wird vertreten durch:

Kritische Erfolgsfaktoren zur erfolgreichen Arbeit

- Eigener Umsatz X € p. a.
- »Hereingeholte« Fördermittel für Mandanten und Kanzlei X € p. a.
- Zwei persönlich initiierte und umgesetzte Digitalprojekte p. a.
- Controllingstandards und Monats- und Wochenreporting in Kanzlei etabliert
- Beratungswerkzeuge definiert

Beiträge zum Erfolg der Kanzlei

Wie kann der Erfolg der Kanzlei durch die Art der Mandatssachbearbeitung positiv beeinflusst werden?

- Vernetztes Arbeiten in Kanzlei und aktive Informationsbeschaffung und -weitergabe
- Sehr saubere Dokumentation von Gesprächen, Vereinbarungen und Festlegung der nächsten Schritte
- Überwachen und nachhalten der Ergebnisse bei Dauermandaten
- Ausbau der Beratungsumsätze Controlling und betriebswirtschaftliche Beratung auf mindestens X% des Gesamtumsatzes der Kanzlei (Ziel 2020)

Beiträge zu Zielvereinbarungen

- Monatsumsatzziel X € (stufenweise Erhöhung in den ersten vier Monaten)
- Eigenständige Akquise von mindestens X Firmenmandaten p. a.
- Deckungsbeitrag des Bereiches Wirtschaftsberatung/ eigene Projekte mindestens X%

5 Kompetenzfragebogen

	Wissen	ausgezeichnet	sehr gut	gut	vorhanden	keine Kenntnisse	Experte	pers. Lernfeld
Fachwissen 1	Thema 1							
	Thema 2							
	Thema 3							
	Thema 4							
	Thema 5							
Fachwissen 2	Thema 1							
	Thema 2							
	Thema 3							
	Thema 4							
	Thema 5							
	Einarbeitung neuer Mitarbeiter							
	Zeitplanung/ Prioritäten							
	fachliche Anleitung MA							
	Outlook							
	Standards							
	Aufträge/ Rechnungsschreibung							
	Englisch-Kenntnisse							
	andere Fremdsprachen							

6 Kennzahlen-Basis zum Jahresabschluss

Gewinn- und Verlustrechnung:[48]

	Erlös
./.	Umsatzkosten (Aufwand zur Herstellung der Produkte)
	Bruttogewinn
./.	Betriebsaufwendungen
./.	Vertriebs-, Verwaltungs- und sonstige Gemeinkosten
./.	Forschung und Entwicklung
./.	Abschreibung
	Operativer Gewinn
./.	Zinsaufwendungen (Bilanzposition: Verbindlichkeit)
./.	Gewinn (Verlust) aus der Veräußerung von Betriebsvermögen
./.	Sonstige
	Gewinn vor Steuern
./.	bezahlte Ertragssteuer
	Reingewinn

Kapitalflussrechnung[49]

	Reingewinn
+	Abschreibung materieller Vermögensgegenstände
+	Abschreibung immaterieller Vermögensgegenstände
	Kapitalfluss aus laufender Geschäftstätigkeit

Cashflow aus Investitionstätigkeit

	Investitionsaufwendungen
+	Sonstiger Kapitalabfluss aus Investitionstätigkeit
	Summe Kapitalabfluss aus Investitionstätigkeit

48 Vgl. Buffett, Clark, S. 39 ff.
49 Vgl. Buffett, Clark, S. 164 ff.

Cashflow aus Finanzierungstätigkeit

	Ausgezahlte Bardividenden
+	Emissionen (Rücknahme) von Aktien, netto
+	Emission (Rücknahme) von Anleihen, netto
	Summe Kapitalfluss aus Finanzierungstätigkeit

Cashflow aus Geschäftstätigkeit

	Kapitalfluss aus laufender Geschäftstätigkeit
+	Kapitalfluss aus Investitionstätigkeit
+	Kapitalfluss aus Finanzierungstätigkeit
	Zahlungswirksame Änderung des Finanzmittelbestands

Working Capital[50]

	Vorräte
+	Forderungen aus Lieferungen und Leistungen
./.	Verbindlichkeiten aus Lieferungen und Leistungen
./.	erhaltene Anzahlungen
	Working Capital

50 Vgl. Alter, Kapitel 5.4.

7 Checkliste digitale Identität

Allgemein

- ☐ Wird mit einem festgelegten Corporate Design, Corporate Branding, einer Corporate Identity bzw. Styleguides für die Kanzlei gearbeitet (beispielsweise bei Farbe, Schriftart, Logo usw.)?

Website

- ☐ Ist eine Website für die Kanzlei vorhanden?

Wenn ja, was soll mit der Website erreicht werden?

- ☐ Kanzleipräsentation
- ☐ Leistungspräsentation
- ☐ Mandantengewinnung
- ☐ Mitarbeitergewinnung

- ☐ Hebt sich die Kanzlei mit der eigenen Website von den drei größten Marktbegleitern ab?
- ☐ Gibt es Beispiel-Websites, die vom Design, den Inhalten und Funktionen gefallen? Wenn ja, was genau gefällt:
- ☐ ____

Kommunikationsplattform

Auf welchen Plattformen ist die Kanzlei aktiv vertreten?

- ☐ Google
- ☐ Facebook
- ☐ Instagram
- ☐ XING
- ☐ LinkedIn
- ☐ YouTube
- ☐ Sonstige: ____

Bewertungsmanagement

☐ Nutzt die Kanzlei aktiv ein Bewertungsmanagement?

Wenn ja, welche Plattform?

☐ ProvenExpert

☐ Kununu

☐ Google Bewertungen

☐ Trustpilot

☐ Sonstige: ____

Inhalte

☐ Es gibt eine Botschaft, die dem Mandanten und Bewerber vermittelt werden soll.

☐ Es gibt eine kurze Vorstellung, was die Kanzlei auszeichnet (ggf. Elevator Pitch).

☐ Es sollen bestimmte Ziel-Mandanten angesprochen werden.

☐ Das Angebot hebt sich von den anderen Marktbegleitern ab.

☐ Professionelles Bild- und Videomaterial ist vorhanden.

☐ Bestimmte Dienstleistungen werden in der Kanzlei besonders hervorgehoben.

8 Muster digitale Handlungsempfehlungen

Sehr geehrter Kunde,

Sie nutzen bereits das Programm DATEV Unternehmen Online mit seinen umfangreichen Funktionen der Prozessoptimierung. Wir haben als Serviceleistung eine Ist-Analyse Ihrer Prozesse durchgeführt und festgestellt: Sie nutzen für Ihr Unternehmen noch nicht alle Vorteile des Online-Tools. Daher freuen wir uns, Ihnen folgende Handlungsempfehlungen für Ihr Unternehmen aufzuzeigen:

1. **Auftragswesen Online der DATEV für nur 5,00 €/Monat**
   Ihre Kundenrechnungen schreiben Sie derzeit mit Word oder Excel. Hier liegt in der Regel ein Verstoß gegen die GOBD vor, sodass es im Rahmen einer Betriebsprüfung zu **Hinzuschätzungen bis zu 10 % des Jahresumsatzes** kommen kann.
   Ihre Vorteile beim Einsatz von Auftragswesen Online:
   - Sie besitzen ein rechtssicheres System für Ihre Ausgangsrechnungen ohne Schnittstellenprobleme,
   - haben Überblick über Ihre offenen Rechnungen,
   - die Möglichkeit eines Mahnsystems und
   - vermeiden eine Hinzuschätzung bei der Betriebsprüfung durch das Finanzamt.
   - Es können mehrere Nutzer auf das System zugreifen.

   Wir unterstützen Sie bei folgenden Prozessen:
   - Vorbereiten der Vorlagen (Kundenrechnungen/Mahnwesen)
   - Einrichten der Stammdaten Ihrer Kunden anhand der Buchhaltungsdaten
   - Installation und Schulung des Systems
2. **DATEV-Schnittstelle im Abrechnungssystem für Ihre Umsätze**
   Wussten Sie, dass immer mehr Abrechnungssysteme eine DATEV-Schnittstelle enthalten, um Daten und Belegbilder zu exportieren? Bitte teilen Sie uns den Namen und die Version Ihres Softwaresystems sowie die Kontaktdaten Ihres IT-Betreuers mit. Wir kümmern uns um die Einrichtung.
   Ihre Vorteile:
   - Zeitersparnis beim Bereitstellen der einzelnen Belege an uns.
   - Kostenersparnis: Ausdrucken und Scannen entfällt.

   Wir unterstützen Sie
   - bei der Prüfung, ob eine DATEV-Schnittstelle zu welchen Bedingungen vorhanden ist und
   - bei der Einrichtung der Schnittstellen für einen reibungslosen Start.

3. **Zahlungsverkehr im DATEV-Unternehmen Online**
   Eingangsrechnungen können bequem aus dem Unternehmen online bezahlt werden. Dabei können unterschiedliche Rechte für einzelne Personen vergeben werden. Ihre Mitarbeiter erfassen die Daten und Sie steuern die Zahlung an.
   Ihre Vorteile:
   - Die Zahlung der erfassten Rechnung kann direkt angesteuert werden, lästige manuelle Übertragungen entfallen (Zeitersparnis).
   - Überwachung der Zahlungen: Sie sehen alle Fälligkeiten auf einen Blick.
   - Bei wiederkehrenden Lieferanten werden die Stammdaten einmalig erfasst.
   - Lohnzahlungen werden durch uns bereitgestellt – Sie veranlassen nur noch die Zahlung.

   Wir unterstützen Sie bei folgenden Prozessen:
   - Integration Ihrer Geschäftskonten im DATEV-Unternehmen Online,
   - Schulung im Prozess,
   - Einbindung Ihrer Lieferanten-Stammdaten.
4. **Arbeitnehmer Online**
   Mit der DSGVO wurden die Anforderungen an die persönlichen Daten Ihrer Mitarbeiter verschärft. Diese werden von Ihnen eingehalten, wenn Sie das Portal ***Arbeitnehmer Online*** nutzen. Über dieses Portal stellen Sie jedem Ihrer Mitarbeiter seine persönlichen Lohnunterlagen zur Verfügung.
   Ihre Vorteile:
   - Kein monatliches Ausdrucken und Verteilen der Lohnabrechnungen an Ihre Mitarbeiter.
   - Ihre Mitarbeiter können jederzeit auf Ihre Lohnunterlagen online zugreifen.

   Wir unterstützen Sie mit folgenden Angeboten:
   - Umstellung des Versands im Lohnabrechnungsprogramm auf Arbeitnehmer Online.
5. **DATEV-Upload-Mobil App für Ihre »fliegenden Belege«**
   Stellen Sie sich vor: Sie fotografieren z. B. Ihre Tank-, Essens- und/oder Taxibelege einfach mit dem Handy. Ein Klick und schon befinden Sie sich im DATEV-Unternehmen Online. Ihr Beleg wird automatisch und zeitnah bereitgestellt. Ihren Mitarbeitern können Sie ausschließlich dieses Recht zuweisen. Sie erhalten zeitnah die Belege und Abbuchungen von der Kreditkarte des Mitarbeiters sind nachvollziehbar.
   Ihre Vorteile:
   - Umständliches Einscannen entfällt.
   - Sofortige Belegerfassung kann via Handy von unterwegs erledigt werden.
   - Es gehen keine Belege verloren.

   Wir unterstützen Sie
   - bei der Einrichtung des Smart-Logins mit den dazugehörigen Rechten und
   - mit einer persönlichen Einweisung für die erstmalige Anmeldung.

6. **DATEV-Upload-Mail für Ihren digitalen Rechnungseingang**
   Sie erhalten die meisten Ihrer Rechnungen via Briefpost? Überzeugen Sie Ihre Lieferanten, dass Sie Ihnen die Rechnungen per E-Mail schicken und leiten Sie diese direkt an DATEV-Online weiter.
   Ihre Vorteile:
   - Das lästige Scannen von Belegen bei verbesserter Lesbarkeit der Daten entfällt.
   - Die Anforderungen an die rechtssichere E-Mail-Archivierung sind erfüllt – keine Beanstandung durch das Finanzamt.

   Wir unterstützen Sie
   - und richten Ihre eigenständige E-Mail-Adresse im DATEV Unternehmen Online ein.
7. **a) Kassensystem für Ihre elektronischen Barumsätze mit DATEV-Schnittstelle**
   Immer mehr Abrechnungssysteme enthalten eine Datev-Schnittstelle, um Daten und Belegbilder einfach zu exportieren? Bitte teilen Sie uns den Namen und die Version Ihres Abrechnungssystems bzw. Ihrer elektronischen Registrierkasse und des Softwaresystems sowie die Kontaktdaten Ihres IT-Betreuers mit. Wir kümmern uns um die Einrichtung.
   Ihre Vorteile:
   - Zeitersparnis für das Bereitstellen der einzelnen Belege.
   - Kein zusätzliches manuelles Führen eines Kassenbuches.
   - Kostenersparnis: Ausdrucken und Scannen entfällt.

   Wir unterstützen Sie:
   - Wir prüfen, ob eine DATEV-Schnittstelle zu welchen Bedingungen vorhanden ist.
   - Wir unterstützen Sie bei der Einrichtung der Schnittstellen für einen reibungslosen Start.

   b) Kassenbuch Online für Ihre offene Ladenkasse/Registrierkasse ohne DATEV-Schnittstelle
   Sie führen eine offene Ladenkasse / Registrierkasse ohne DATEV-Schnittstelle und benötigen ein Kassenbuch? Das Kassenbuch online erfüllt die Anforderungen des Gesetzgebers (GOBD) und damit auch die des Finanzamtes.
   Ihre Vorteile:
   - Kombination mit dem Auftragswesen Online – alle erforderlichen Einzelaufzeichnungen werden erfüllt.
   - Im Bedarfsfall kann der Beleg an den Kunden ausgehändigt werden.
   - Erfassung der Stammdaten für wiederkehrende Bezeichnungen (Zeitersparnis).
   - Zählprotokolle sind im System vorbereitet – es müssen nur noch die Stückzahlen erfasst werden.
   - Keine Hinzuschätzung **bis zu 10 % des Jahresumsatzes bei der Betriebsprüfung** wegen eines formellen Programm-Mangels.

Wir unterstützen Sie:
- Wir schulen bei der Anwendung des Kassenbuch Online.
- Wir legen in Absprache mit Ihnen Artikel an.

8. **Auswertungspakete im DATEV Unternehmen Online**
   Bereitstellung Ihrer betriebswirtschaftlichen Auswertungen und Ihrer Lohnauswertungen im Unternehmen Online.
   Ihre Vorteile:
   - Alle Auswertungen zu Ihrem Unternehmen auf einen Blick.
   - Rechtssichere Ablage in einem verschlüsselten System.
   - Alle Auswertungen sind jederzeit von überall abrufbar.

   Wir unterstützen Sie:
   - Wir stellen die Auswertungen durch SKG bereit.
   - Wir weisen Sie ein für ein schnelles und unkompliziertes Abrufen Ihrer Daten.
9. **Meine Steuern**
   Jedes Jahr suchen Sie die Belege für Ihre Einkommensteuererklärungen in verschiedenen Ordnern. Sparen Sie Zeit und stellen Sie uns die Belege unmittelbar nach Erhalt online im Ordner »Meine Steuern« zur Verfügung.
   Ihr Vorteil:
   - Das Suchen und Sammeln von Einkommensteuerbelegen zu Beginn des Folgejahres entfällt.

   Wir unterstützen Sie:
   - Wir richten den Zugang bzw. den jeweiligen Ordner ein.
   - Wir stellen Videos zur Erläuterung der Funktionsweise bereit.
   - Wir stellen eine Belegübersicht, welche Kosten absetzbar sind, bereit.
10. **Kanzlei One**
   Mit dem Online-Tool Kanzlei One tauschen Sie sich schnell und direkt mit Ihrem Steuerberater-Team aus. Gemeinsam bearbeiten wir Informationen und Dateien an einem Ort. Das Portal befindet sich auf den Servern der DATEV mit höchster Datensicherheit.
   Ihre Vorteile:
   - Bereitstellung von Informationen/Fragen ohne gesonderte Verschlüsselung.
   - Das ständige Zwischenspeichern von Dateien sowie die Dokumentation von Fragen entfällt.
   - Excel-Dateien (z. B. Lohn- und Gehaltskonverter) oder Fragen zur Fibu werden jährlich neu angelegt und können von beiden Parteien jederzeit bearbeitet werden.
   - Wir nutzen ein rechtssicheres System.

   Wir unterstützen Sie:
   - Wir richten den Zugang ein.
   - Wir weisen Sie in das System ein.

11. **Dokumentation interner Prozesse für das Finanzamt**
    Inzwischen verschickt die Finanzverwaltung umfangreiche Fragebögen vor Beginn der Betriebsprüfung zu den vorhandenen Vorsystemen. Spätestens im Eröffnungsgespräch wird noch einmal die Frage nach den dokumentierten internen Prozessen gestellt. Ein Fehlen der Verfahrensdokumentation kann zu einer **Hinzuschätzung von 10 % des Jahresumsatzes führen.**
    Ihre Vorteile:
    - Überprüfung Ihrer aktuellen Prozesse im Unternehmen
    - Erkennen von zukünftigem Optimierungspotenzial in den Prozessen

    Wir unterstützen Sie:
    - Gemeinsam mit Ihnen nehmen wir die Prozesse in Form eines Interviews auf und stellen Ihnen Handlungsempfehlungen zu deren Optimierung bereit.
    - Wir nehmen ein jährliches Update Ihrer Verfahrensdokumentation vor, um die Aktualität Ihrer Prozesse zu gewährleisten.

Gern möchten wir die Handlungsempfehlungen telefonisch mit Ihnen am .... um .... besprechen. Hierzu wird sich Herr/Frau ... mit Ihnen in Verbindung setzen. Das Gespräch wird voraussichtlich .... 30 Minuten dauern. Falls Sie einen anderen Termin wünschen, informieren Sie uns bitte.

Damit Ihnen die Kosten für die vorgestellten Leistungen überschaubar bleiben, nutzen wir die Förderung der BAfA für Unternehmensberatungen. Als Anlage erhalten Sie die Aufstellung über die Förderbeträge bzw. Fördersätze. Somit bleibt bei Ihnen ein Eigenanteil von ... €.

9 Notfall-Checkliste

Name/Vorname:

Geburtsdatum/Geburtsort:

Straße/Hausnummer:

PLZ/Wohnort:

Telefon-/Mobilnummer:

Dokumente	Bemerkungen/Wo hinterlegt?	Ja	Nein
Geburtsurkunde			
Familienstammbuch			
Kopien Ausweis/Reisepass			
Führerschein			
Impfausweis			
Organspendeausweis			
Ärztliche Gutachten/Atteste			
Versichertenkarte			
Unterlagen zur Rentenversicherung			
Unterlagen zur Krankenversicherung			
Auslandskrankenversicherungen			
Pflege- und Zusatzversicherungen			

Persönliches Eigentum/Vermögen	Bemerkungen/Wo hinterlegt?	Ja	Nein
Auflistung Immobilien			
Fahrzeugunterlagen			
Übersicht aller Kapitalanlagen			
Übersicht aller Versicherungen			

Persönliches Eigentum/Vermögen	Bemerkungen/Wo hinterlegt?	Ja	Nein
Altersvorsorgeverträge			
Unfallvorsorge/ Risikolebensversicherung			
Berufsunfähigkeitsversicherung			
Sterbeversicherung/ Absicherung für Hinterbliebene			

Private Verbindlichkeiten	Bemerkungen/Wo hinterlegt?	Ja	Nein
Tabellarische Übersicht aller Darlehen			
Sicherheitenverträge (Verpfändung/ Abtretung von Guthaben)			

Versicherungen	Bemerkungen/Wo hinterlegt?	Ja	Nein
Ansprechpartner und Telefonnummer			
Tabellarische Übersicht aller Versicherungen			
Immobilienversicherungen			
Privater Rechtschutz			
Pflegeversicherung			

Bankverkehr	Bemerkungen/Wo hinterlegt?	Ja	Nein
Ansprechpartner und Telefonnummer bei Banken			
Tabellarische Übersicht über Daueraufträge			
Tabellarische Übersicht über Lastschrifteinzüge			
Abbuchungsaufträge/Schließfächer			
Privatgirokontovertrag und Vertretungsbefugnisse			

Name/Anschrift des Steuerberaters:

Vollmachten / Verfügungen	Bemerkungen/Wo hinterlegt?	Ja	Nein
Testament			
Patientenverfügung			
Ausgestellte Vollmachten			
Erhaltene Vollmachten			
Sorgerechtsbescheid			
Vollmacht über den Tod hinaus (Bankvollmacht)			

Computer, Kommunikation, Online-Dienste	Bemerkungen/Wo hinterlegt?	Ja	Nein
Übersicht über passwortgeschützte Geräte			
Computer, Handy etc.			
Passwortgeschützte Programme			

Unternehmernotfallplan

Die Benachrichtigung im Falle des Chefausfalls übernimmt:

Listen mit Anschriften und Telefonnummern befinden sich:

Die Generalvollmacht befindet sich:

Die Zuständigkeit für Kreditangelegenheiten übernimmt:

Die Überwachung des gesamten Zahlungsverkehrs übernimmt:

Die Überwachung des gesamten Rechnungswesens liegt bei:

Um Versicherungsangelegenheiten kümmert sich:

Wichtige Auftragsentscheidungen trifft:

Ein Adressverzeichnis wichtiger Ansprechpartner liegt:

Bei Chefausfall sind sofort zu benachrichtigen:

Der Ehepartner:

Der Stellvertreter:

Die engsten betrieblichen Mitarbeiter, und zwar:

Der vorgesehene Betriebsnachfolger:

Die kooperierende Anwaltskanzlei:

Die kooperierende Steuerkanzlei:

Literatur

Buchtipp zu Kapitel 2: Mit dem Zwölf-Punkte-Aktionsplan ins Handeln kommen

Sinek, Simon: Frag immer erst: Warum, München 2016

Buchtipps zu Kapitel 3: Der Steuerberater als Unternehmensberater mit Rundumblick

Schulz, Christopher: Das perfekte Beratungsangebot, Eigenverlag 2018

Schulz, Christopher: Consulting Akquise Toolbox, Eigenverlag 2017

Buchtipps zu Kapitel 4: Personalcontrolling und Arbeitgebersupport

Bayer, Werner/Beck, Christoph: Ziele erreichen – Zukunft gestalten, München 2008

Jossé, Germann: Balanced Scorecard – Ziele und Strategien messbar umsetzen, 2. Auflage, München 2018

Rath, Tom: Entwickle deine Stärken: mit dem StrenghtsFinder 2.0, München 2014

Zimmermann, Manuel: Die besten Checklisten für die erfolgreiche Personalarbeit, Zürich 2017

Literatur zu Kapitel 5: Jahresabschluss-Reporting – Informationen aufbereiten

Alter, Roland: Cashflow-Management: Verbesserungshebel – Cockpit-Kennzahlen – Umsetzungsworkshop, Stuttgart 2016

Buffett, Mary/Clark, David: So liest Warren Buffett Unternehmenszahlen. Quartalsergebnisse, Bilanzen & Co. – und was der größte Investor aller Zeiten daraus macht, 5. Auflage, Kulmbach 2019

Horváth, Péter: Grundlagen des Management Reportings, in: Gleich, Ronald/Horváth, Péter/ Michel, Uwe (Hrsg.): Management Reporting – Grundlagen, Praxis und Perspektiven, Freiburg 2008

Pfau, Wolfgang: Betriebliches Informationsmanagement. Flexibilisierung der Informationsstruktur, Wiesbaden 1997

Schmidt, Thomas: Praxisleitfaden Management Reporting. Aufbau und Gestaltung als unternehmerisches Entscheidungstool. Wiesbaden 2016

Schneider, Christian/Stahl, Kai-Uwe/Wiener, Andreas (Hrsg.): Managementberichte gekonnt visualisieren. Standards und Design-Grundsätze für ein aussagekräftiges Reporting, Freiburg/München 2016

Schulze, Mike/Wiesmann, Wolfgang: Crashkurs Management Reporting, Freiburg 2019

Taschner, Andreas: Management Reporting. Erfolgsfaktor internes Berichtswesen, Wiesbaden 2013

Weber, Jürgen/Malz, Regina/Lührmann, Thomas: Excellence im Management-Reporting. Transparenz für die Unternehmenssteuerung. Advanced Controlling, Band 62, Weinheim 2008

Literatur zu Kapitel 8: Was macht ein Unternehmen stark? – Unternehmenskultur und Leistungsfähigkeit

Gigerenzer, Gerd: Risiko: Wie man die richtigen Entscheidungen trifft, 5. Auflage, München 2013

Pinker, Steven: Gewalt: Eine neue Geschichte der Menschheit, Frankfurt 2011

Scharmer, C. Otto/Käufer, Katrin: Von der Zukunft her führen, Heidelberg 2017

Simon, Hermann: Am Gewinn ist noch keine Firma kaputt gegangen, Frankfurt 2020

Spitzer, Manfred: Lernen – Gehirnforschung und Schule des Lebens, Heidelberg 2006

http://www.joerg-knoblauch.de/willkommen, abgerufen am 15.06.2020

Buchtipps zu Kapitel 11: So begleiten Sie Mandanten durch die Krise

Atiker, Ömer: Das Survival-Handbuch Digitale Transformation, Frankfurt 2018

Bleiber, Reinhard: Crashkurs Controlling, 3. Auflage, Freiburg 2006

Diederichs, Marc: Risikomanagement und Risikocontrolling, München 2012

Ebbing, Tanja: Der richtige Umgang mit KMU-Fördermitteln, Herne 2019

Erichsen, Jörgen/Treuz, Jochen: Professionelles Liquiditätsmanagement, 2. Auflage, Herne 2016

Friedrich, Kerstin/Malik, Fredmund/Seiwert, Lothar: Das große 1 x 1 der Erfolgsstrategie, 19. Auflage, Offenbach 2013

Götze, Uwe: Investitionsrechnung, Wiesbaden 2014

Goldshteyn, Michael/Thelen, Stefan: Praxishandbuch digitale Betriebsprüfung, Stuttgart 2019

Horváth, Péter/Michel, Uwe: Digital Controlling & Simple Finance, Stuttgart 2016

Knoblauch, Jörg/Frey, Jürgen/Kummer, Rolf/Stängle, Lars: 30 Minuten für eine bessere Unternehmensfitness, Offenbach 2002

Kralicek, Peter/Böhmdorfer, Florian/Kralicek, Günther: Kennzahlen für Geschäftsführer, München 2013

Kralicek, Peter: MBA-Pocket-Guide – Praktische Betriebswirtschaft immer dabei, Berlin 1996

Krause, Hans-Ulrich: Controlling-Kennzahlen für ein nachhaltiges Management, Berlin 2016

Lamprea, Pedro J.: BWL verstehen, Berlin 2009

McChesney, Chris/Covey, Sean/Huling, Jim/Maron, Andreas: Die 4 Disziplinen der Umsetzung, München 2016

Schmidt, Günther: Persönliche Finanzplanung, Berlin 2005

Michalowicz, Mike: Profit First, Leverkusen 2015

Nickel, Susanne: Ziele erreichen, 2. Auflage, Freiburg 2019

Pölzl, Georg/Simma, Elmar/Wallmann, Carsten: Erfolgreiche Unternehmensführung, Mödling 2015

Posluschny, Peter: Die wichtigsten Kennzahlen, München 2007

Riedel, Hannspeter: Unternehmensnachfolge regeln, 3. Auflage, Wiesbaden 2000

Robbins, Tony: Unangreifbar– Deine Strategie für Finanzielle Freiheit, 3. Auflage, München 2018

Rustler, Florian: Denkwerkzeuge der Kreativität und Innovation, Zürich 2016

Schlembach, Claudia/Schlembach, Hans-Günther: Businessplan: Geldgeber überzeugen, Berlin 2005

Simon, Herman: Am Gewinn ist noch keine Firma kaputt gegangen, Frankfurt 2020

Sterzenbach, Slatco: Change als Chance, 3. Auflage, München 2016

Stöger, Roman: Die wirksamsten Management-Werkzeuge, Stuttgart 2016

Wolf, Jakob: Deckungsbeitragsrechnung, Berlin 2005

Wolf, Jakob: Kostenrechnung, Berlin 2004

Zimmermann, Manuel: Die besten Checklisten für die erfolgreiche Personalarbeit, Zürich 2017

Zwirner, Christian: Unternehmensbewertung, München 2012

www.christianziemann.de, abgerufen am 04.06.2020

Stichwortverzeichnis

Z